Peter Rühmkorf

Dreizehn deutsche Dichter

Rowohlt

1. Auflage Oktober 1989

Quellennachweise s. S. 207

Umschlaggestaltung Peter Wippermann
(Illustration Christian Boltanski)
Gesetzt aus der Garamond auf Linotron 202
Gesamtherstellung Clausen & Bosse, Leck
Printed in Germany
ISBN 3 498 05725 1

Inhalt

Suppentopf und Guillotine – zu Heinrich Heines Frauengestalten

Meine sehr geehrten Damen und Herren,

in meiner Hand sehen Sie eine alte, in grünes Leinen gebundene Heine-Ausgabe, herausgegeben von Gustav Karpeles, kein besonderes Prachtstück gerade, aber trotzdem eine Reliquie, denn aus dem zart marmorierten Beschnitt ragen noch heute die stockfleckigen Löschblattstreifen hervor, die der Student des ersten deutschen Heine-Seminars nach dem letzten Kriege hineinlegte.

Es war im Sommersemester 1956 – also just auf dem Wogenkamm des «Restauratoriums»; falls eine Restauration überhaupt Wogen schlagen und nicht bloß Sinkstoffe absetzen kann –, es war in jener verstunkenen und mit sich selbst in trügerischem Einvernehmen befindlichen Stillhaltezeit, daß ich auf dem Bildungswege mit Heinrich Heine bekannt wurde, und der uns die ersten Weihen gab, war mein geliebter Unilehrer Hans Wolffheim. Wolffheim war ein akademischer Außenseiter, der schon im Nazistaat nicht ganz unverschont durch die Zeit gekommen war und in der Nachkriegsära niemals über den außerordentlichen Professor hinaus, der unterhielt sein Jakobinerkränzchen (das waren wir) gern mit schwer verdaulichen Zweideutigkeiten. Statt uns einen Heine nahezulegen, wie er seinerzeit vielleicht opportun gewesen wäre – einen mosaisch gefaßten Altersheine, der die revolutionäre Harfe mit der Lazarusklapper vertauscht hatte –, führte er uns den revolutionären Freigeist in seiner ganzen griechischen Jünglingsfrische vor Augen, aber er zog den gemeinen verwertungsgenossenschaftlichen Nutzvorstellungen auch gleich den erhofften Kartoffelboden unter den Füßen weg: Wer war Heinrich Heine? Ein Sohn der Französischen Revolution, aber in der Kunst war er Supernaturalist.

Folge ich meinen alten Einlegestreifen, rühren mich die gehabten Vorlieben keineswegs nur nostalgisch an. Wie tief schnitt das alles einmal ein, und wie lange hat es gehalten! Wie genau brachte das unsere eigenen gefährlich zerteilten Interessen auf einen gespannten Nenner, und wie mächtig regte es an, aus gehäuftem Konfliktstoff Funken zu ziehen. «Als Cyrus die Revolte der Lydier gestillt hatte», lese ich dick unterstrichen in der *Romantischen Schule*, «wußte er den störrigen freiheitssüchtigen Geist derselben nur dadurch zu bezähmen, daß er ihnen befahl, schöne Künste und sonstige lustige Dinge zu treiben. Von lydischen Emeuten war seitdem nicht mehr die Rede, desto berühmter aber wurden lydische Restaurateure, Kuppler und Artisten.» Das habe ich wer weiß wie oft hervorgezogen und es den Kupplern und Restauratoren unseres eigenen Juste Milieu um die Ohren geschlagen. Als hingegen unsere 68er, 69er, 70er Kulturrevolutionäre die Kunst das Fürchten und die Dichter das Kleinschreiben lehren wollten, habe ich mich in logenbrüderlicher Verbundenheit immer wieder gern an den anderen Heine gehalten: «Die Demokratie führt das Ende der Litteratur herbei: Freiheit und Gleichheit des Stils. Jedem sei es erlaubt, nach Willkür, also so schlecht er wolle, zu schreiben, und doch soll kein anderer ihn stilistisch überragen und besser schreiben dürfen.» So hat man mal den einen und mal den anderen Heine für sich herangezogen – je nachdem wie die Strömung lief und der Trend sich wendete –, der zweigeteilte Heine war schon genau die richtige Bibel für eine Gemeinschaft der Ungläubigen. Freilich sind wir inzwischen ein paarmal um die Uhr, und das Herunterklavieren klingender Widersprüche ist zu einer eigenen Universitätsdisziplin geworden. Um nicht in alle Ewigkeit «Politik und Poesie», «Artistik und Engagement», den «Kämpfer» und den «Dichter» gegeneinanderzuhalten und statt bei einem bewegenden Poeten vor geronnenen Paradoxa zu verweilen, schlage ich der Abwechslung halber vor, die Persönlichkeitsspaltung einmal nicht als gegeben, sondern als geworden zu betrachten und viel zitierte «Zerrissenheiten» bis in ihre letzten, heißt ihre frühesten Haarrisse zu verfolgen.

Heine selbst hat sie sich – und das ist bei solch einem Wunder an Widerspruch nicht erstaunlich – übrigens auf zweierlei Weise zurechtzulegen versucht, einmal als geschichtsmythologische Koinzidenz und einmal als Resultat der persönlichen familiären Sozialisation. In den *Bädern von Lucca*, einer Reiseepistel aus dem Jahre 1828 und insofern aus Heines Aufbruchs- und Selbstfindungsjahren, liest sich der private Schadensbericht noch ganz wie ein Auszug aus dem großen Leidensregister einer Umbruchs- und Übergangszeit. «Ach teurer Leser», wendet sich der Verfasser an den bei seinen Lamentationen gern mitvorgestellten Tragödienbesucher, «wenn du über jene Zerrissenheit klagen willst, so beklage lieber, daß die Welt selbst mitten entzwei gerissen ist. Denn da das Herz des Dichters der Mittelpunkt der Welt ist, so muß es wohl in der jetzigen Zeit jämmerlich zerrissen werden.» In den *Memoiren* von 1853 oder 1854 engt sich der Panoramablick allerdings – wohltuend – auf den Guckkastenausschnitt des familiären Privattheaters ein, und statt des sich in der Einzelexistenz offenbarenden Weltgeistes gewahren wir ganz andere Präge-, Druck- und Zerreißmomente. «Alles Bedeutsame und Charakteristische ist hier treuherzig mitgeteilt», heißt es jetzt, «und die Wechselwirkung äußerer Begebenheiten und innerer Seelenereignisse offenbart Ihnen die Signatura meines Seins und Wesens. Die Hülle fällt ab von der Seele, und du kannst sie betrachten in ihrer schönen Nacktheit. Da sind keine Flekken, nur Wunden. Ach! und nur Wunden, welche die Hand der Freunde, nicht die der Feinde geschlagen hat. Aus den frühesten Anfängen erklären sich die spätesten Erscheinungen.»

Wer dem *Memoiren*-Schreiber eine Weile beim Porträtzeichnen zusieht, gewahrt allerdings, daß sich ein kritischer Bruch in der Anschauungsweise auch im Hinblick auf die Beschreibungsgegenstände auswirkt. Mit ein paar kühnen Federstrichen aufgerissen das von Tugendlinien und Entsagungsfalten gleichermaßen geprägte Charakterbild der Mutter, jeder Rohrfederschmiß ein Persönlichkeitsmerkmal, jede Strichlage eine verhaltene Wetterfront; in verschwimmendem Pastell gehalten dagegen das Porträt des Vaters, dessen augenanziehendes Wesen «etwas Überweiches, Charakterloses, fast Weibliches hatte». Offensichtlich ist, was der Skizze der Mutter an Farbe und zarten Gemütswerten fehlt, ganz in das Bildnis dieses «schönen» und «weiblichen» Vaters eingegangen. Er «besaß das schönste Haar, das man sich denken kann [...] blond, fast golden und von einer Weichheit, wie ich sie nur bei chinesischer Flockseide gefunden»: wo, unter uns Bilder- und Bücherkennern, haben wir je ein literarisches Vaterporträt derart liebevoll von seinem Kopfschmuck her aufgezogen gesehen? Oder weiter: «Seine Stimme, obgleich männlich, klangvoll, hatte etwas Kindliches, ich möchte fast sagen etwas, das an Waldtöne, etwa an Rotkehlchenlaute erinnerte; wenn er sprach, so drang seine Stimme so direkt zu Herzen, als habe sie gar nicht nötig gehabt, den Weg durch die Ohren zu nehmen»: wo und wann hat ein kritischer und satirischer Autor seinem Vater jemals so zartes Gehör geschenkt? Dabei scheint Samson Heine außerhalb seines häuslichen Wirkungskreises und vor dem Ausbruch seiner Gemütskrankheit alles andere als ein zurückgenommener Melancholiker gewesen zu sein. Im Gegenteil, «eine grenzenlose Lebenslust war ein Hauptzug im Charakter meines Vaters, er war genußsüchtig, frohsinnig, rosenlaunig. In seinem Gemüt war beständig Kirmes, und wenn auch manchmal die Tanzmusik nicht mehr rauschend, so wurden doch immer die Violinen gestimmt. Immer himmelblaue Heiterkeit und Fanfaren des Leichtsinns. Eine Sorglosigkeit, die des vorigen Tages vergaß und nie an den kommenden Morgen denken mochte.»

An den kommenden Morgen, die ungesicherte Zukunft, drängende Termine, laufende Schulden, unaufschiebbare Tagespflichten dachte mit um so peinlicherem Realitätssinn die Mutter. Sie hatte das Schicksal der Familie schon vor der Eheschließung in eine strenge Tugendregie genommen. Sie hatte die Verbindung mit dem zugereisten und in der Düsseldorfer Jüdischen Gemeinde unerwünschten Paradiesvogel gegen den Willen des Rabbinats und mit Hilfe der bürgerlichen Gerichte durchsetzen können. Sie hatte dem in das Soldatenspiel vernarrten ehemaligen Proviantoffizier des Herzogs von Cumberland den bunten Rock ausgeredet und ihm von ihrem eigenen Erbe ein Tuch- und Manufakturwarengeschäft eingerichtet. Sie hatte ihm schließlich – weil jede Mühe ihren Preis und jede Investition ihre Auflagen hat – all seine lieben Spielsachen fortgenommen, zuerst seine schmucken Pferdchen, dann den Stallknecht, am Ende sogar die Hunde, «mit Ausnahme eines einzigen, welcher Joly hieß, aber erzhäßlich war. Er fand Gnade in ihren Augen, weil er eben gar nichts von einem Jagdhund an sich hatte und ein bürgerlich treuer und tugendhafter Haushund werden konnte.»

Der Demontage eines Sonntagssoldaten, man könnte auch sagen einer poetischen Figur, zum bürgerlichen Kattunkrämer und nützlichen Mitglied der Gesellschaft schließt sich übergangslos der Erziehungsfeldzug gegen den erstgeborenen Harry an, dem die Furcht des Herrn, der Herrin wohl schon mit der Muttermilch eingeflößt worden ist. Die «Schülerin Rousseaus», die «ihre Kinder selber säugte» und «deren Steckenpferd das Erziehungswesen» war, muß das eigene ungestillt gebliebene Bildungsverlangen schon früh auf das Kind projiziert und dessen moralischen und beruflichen Werdegang als ihr eigentliches Privatunternehmen betrachtet haben. Die *Memoiren* verfolgen die einzelnen Stadien des Unterwerfungsprozesses nicht ohne kritische Kratzer. «Meine Mutter hatte große, hochfliegende Dinge mit mir im Sinn, und alle Erziehungspläne zielten darauf hin. Sie spielte die Hauptrolle in meiner Entwicklungsgeschichte, sie machte die Programme all meiner Studien, und schon vor meiner Geburt begannen ihre Erziehungspläne. Ich folgte gehorsam ihren ausgesprochenen Wünschen, jedoch gestehe ich, daß sie schuld war an der Unfruchtbarkeit meiner meisten Versuche und Bestrebungen in bürgerlichen Stellen, da dieselben niemals meinem Naturell entsprachen. Letzteres weit mehr als die Weltbegebenheiten bestimmte meine Zukunft.»

Wie fatal sich Betty Heines Berufsplanungen an den Anlagen ihres Sohnes vorbeibewegten und wie einschneidend sich ein gewisser Bildungsdünkel mit autoritärem Prohibitionsgeist verbündete, zeigt schon ein flüchtiger Blick in das zur Einsicht freigegebene Erziehungslaboratorium. Dem Katalog der immer konjunkturgerechten und insofern ständig wechselnden Karrierevorstellungen – einmal soll der Sohn ein bedeutender Militär und einmal ein einflußreicher Börsianer werden, einmal ein mächtiger Handelsherr und einmal ein mit der großen politischen Welt verbundener Advokat und diplomatischer Strippenzieher und am Ende sogar ein über alle kleinlichen Erdendinge erhabener katholischer Kirchenmann – entspricht auf der anderen Seite ein Tugend- und Verbotsregister, das noch die harmloseste Abschweifung ins Mystische, auch Poetische zu verhindern sucht. «Sie hatte Angst vor Poesie, entriß mir jeden Roman, den sie in meinen Händen fand, erlaubte mir keinen Besuch des Schauspiels, versagte mir alle Teilnahme an Volksspielen, überwachte meinen Umgang, schalt die Mägde, welche in meiner Gegenwart Gespenstergeschichten erzählten, kurz sie tat alles mögliche, um Aberglauben und Poesie von mir zu entfernen.» Das nimmt sich nun seinerseits schon recht gespenstisch aus. «Entriß mir» – «erlaubte nicht» – «versagte mir» – «überwachte» – «schalt» – «tat alles mögliche, um zu entfernen»: ich glaube, man muß nicht einmal zu jenen von Heine immer gern zitierten «esoterischen Lesern» gehören, um das Zwangssystem im System und den Wahnsinn hinter der Methode herauszulesen. Die Zerrissenheit der Person, von der ein tief gestörtes und nur trügerisch geglättetes Werk nebst angeschlossenen Briefwechseln unaufhörlich singt und seufzt, scheint demnach viel weniger dem Einfluß äußerer Druck- und Zugkräfte zu verdanken – der frühen Erfahrung von sozialer Ausgrenzung und Diskriminierung beispielsweise – als der bürgerlichen Doublebind-Zwinge aus Zuwendung und Restriktion. «Meine Mutter hatte große hochfliegende Dinge mit mir im Sinn», heißt es zwar mit humoristischer Nachsicht in den *Memoiren*, aber der heimliche Vorwurf der Entmündigung/Erpressung ist wohl ebensowenig zu überhören, hatte die Mutter doch «die größte Angst, daß ich ein Dichter werden möchte; das wäre das schlimmste, sagte sie immer, was mir passieren könne. Die Begriffe, die man damals mit dem Namen Dichter verknüpfte, waren nämlich nicht sehr ehrenhaft, und ein Poet war ein zerlumpter, armer Teufel, der für ein paar Taler ein Gelegenheitsgedicht verfertigt und am Ende im Hospital stirbt.»

Wir wollen der energischen Dame daraus gar keine postumen Vorwürfe machen. Der Dichter ist hoch genug gestiegen und weit genug von dem vorgeschriebenen Tugendpfad abgewichen, und wenn wir offen sind, mögen wir ihn uns gar nicht anders vorstellen als mit all seinen seltsamen Charakterscharten und gemütlichen Unpäßlichkeiten. Das unendlich entsagungsvolle und an einen tiefsten Sehnsuchtsnerv appellierende «Ich weiß nicht, was soll es bedeuten, / Daß ich so traurig bin» scheint unserer eigensüchtigen Mitleidslust immer noch eine mit Kunst verschmerzte Kindheitstragödie wert. Daß es sie wirklich gab und der Cantus firmus des *Buches der Lieder* nicht bloß in eingebildeten Krankheiten wurzelt, scheint mir allerdings eine Leidenswahrheit, die auch der flüchtig aufgezogene Vorhang bereits ahnungsvoll enthüllt. Hoch hinauf und weit hinaus sollte es schon gehen mit dem jungen Harry Heine, nur eben nicht jenen zaubrischen Bezirken zu, wo die Einbildungskräfte des Poeten ihr unaufgeklärtes Wesen trieben. Und es wird sich sein ungestilltes Verlangen nach immaterieller Geisterspeise folgerichtig schon früh mit dem ihm von außen vorgestellten Bild des Scheiterns verbunden haben. Daß die megalomanischen Karriereträume der Mutter gleichwohl lebenslang ideenlenkend geblieben sind und der Sänger sich eine Rolle hinter den «ersten Männern des Jahrhunderts» oder unter einem «letzten freien» Waldhornisten der Romantik gar nicht vorstellen konnte, sollte dennoch nicht bloß am Rande stehen. Immer bedenken wir, daß das erste Pseudonym des sechzehnjährigen Reimeschmieds auf den sprechenden Namen «Sy Freudhold Riesenharf» lautet (ein Anagramm aus: Harry Heine Düsseldorf). Auch als der reife Mann nach dreizehnjähriger Abwesenheit von der Heimat zum erstenmal wieder deutschen Boden betritt, bringt er sich seinen Landsleuten, ausverschämt genug, als mythologische Riesengröße in Erinnerung: der sagenhafte Antäus muß ihm Bild und Gestalt herleihen. Erst in der sogenannten «Matratzengruft» verabschiedet sich der bewegungsunfähig Einliegende von den alteingefleischten Superioritätsidealen seiner Jünglings- und Mannesjahre. Für einige bedenkenschwere Atemzüge lang – dann heftet sich sein größenhungriger Blick schon wieder an neue Übergrößen: die Jüdischen Propheten, «gewaltige, unbeugsame Männer, nicht bloß ehemals, sondern bis auf den heutigen Tag, trotz achtzehn Jahrhunderten der Verfolgung und des Elends».

Mindestens so merkwürdig scheint mir, daß die Identifikation mit den mütterlichen Überlegenheitsphantasien nur eben das Format betrifft, daß die inhaltliche Ausfüllung der Matern aber demonstrativ verweigert wird. Ganz im Gegenteil scheint der Jüngling keine Fehlleistung vermieden und keine Versagerschande gescheut zu haben, dem gewünschten Aufsteigerschicksal zu entgehen. Äußerlich ein Musterbeispiel an Gefügigkeit und gehorsam bezeugten Sohnespflichten – was, unter uns, einen Komplex ja erst richtig konfliktträchtig macht –, zeigen die Lehrjahre eine derart spiegelverkehrte Abstiegsdramaturgie, daß die Tendenz dahinter kaum zu übersehen ist. 1814 verläßt Harry Heine siebzehnjährig das Gymnasium, ohne mit der Reifeprüfung abgeschlossen zu haben. 1815 tritt er in Frankfurt eine Lehre als Bankkaufmann an und benutzt nach eigenem Eingeständnis seine «junge, uneingeschränkte Freiheit, um ganz andere Dinge zu treiben». 1816 übernimmt ihn der Onkel Salomon in das ihm geschäftlich verbundene Bankhaus Heckscher und Co., mit dem Resultat, daß der Neffe sich wieder lieber seinen Privatpassionen widmet und dem «verluderten Kaufmannsnest» Hamburg allenfalls schnöde Nebenbemerkungen gönnt. 1818 richtet ihm der offenbar nur schwer zu entmunternde Onkel sogar eine eigene Manufakturwarenhandlung «Heinrich Heine & Companie» ein, die bereits im folgenden Jahr Konkurs anmelden muß, zeitgleich mit dem Fallissement des Vaters, von dem der Memoirenschreiber zu berichten weiß, daß er «keinen berechnenden Kaufmannsgeist hatte, obgleich er immer rechnete, und der Handel für ihn vielmehr ein Spiel war, wie die Kinder Soldaten oder Kochen spielen». Statt den Karriereplänen der Mutter nachzueifern, tritt der Sohn fahrlässig-zielstrebig in die Fußstapfen seines geschäftsuntüchtigen Vaters, ein Nachfolgewunder, das wir uns – egal welche widrigen Umstände dabei mitgespielt haben mögen – gar nicht ohne ein heimliches Identifikationsbedürfnis vorstellen können. Bedeutungsvolle Fingerzeige in die vermutete Richtung kommen uns aus den biographisch bislang nur ungenügend zur Kenntnis genommenen *Memoiren des Herrn von Schnabelewopski* zu. Wie in aller Bescheidenheit merkwürdig doch die scheinbar nebensächliche Szene, wo der Knirps seine «kleinen Kinderstrümpfchen in die Erde pflanzte, in der Meinung, daß ein Paar große Hosen für meinen Vater daraus hervorwachsen würden». Wie bewegend, ja herzrührend auch das Abschiedszeremoniell, als der Sohn sich anschickt, in die große Welt aufzubrechen, und der Vater ihm seinen Zopf als Amulett mit auf den Weg gibt: «Dann nahm er eine Schere, schnitt das Zöpfchen von seinem lieben Haupte, und gab mir das Zöpfchen zum Andenken. Ich besitze es noch und weine immer, wenn ich die gepuderten feinen Härchen betrachte.» Ohne zudringlicher werden zu wollen, als es die beziehungsreichen

Rituale von sich aus nahelegen: von dem kindlichen Wunsch, in des Vaters Hosen hineinzuwachsen, bis zur Übergabe des väterlichen Votivzipfels zieht sich eine vaterorientierte Liebeslinie durch den scheinbar so zynischen Schelmenroman, die der biographischen Wahrheit schon recht nahe kommt und zu der auch die weniger vorteilhafte Beschreibung der Mutter ganz lebensecht kontrastiert: «Meine Mutter packte selbst meine Koffer; mit jedem Hemde hat sie auch eine gute Lehre hineingepackt. Die Wäscherinnen haben mir späterhin alle diese Hemden mitsamt den guten Lehren vertauscht.»

Es ist hier die Gelegenheit, einmal kurz auf die autobiographische Folie zu sprechen zu kommen, die dem sprunghaften oder, meinetwegen auch, «zerrissenen» Werk von unten her Halt und Zusammenhang verleiht. Schon in früheren Jünglingsjahren verbindet sich dem Poeten der Gedanke an eine eigene Schriftstellerexistenz mit der fixen Idee der Privatgeschichtsschreibung, wobei zunächst offenbleibt, ob Geschichte sich ihm im Medium seiner Vita offenbaren oder die eigene Lebensgeschichte als historisch bedeutsames Zeitdokument herhalten soll. So erörtert bereits ein Brief des Fünfundzwanzigjährigen an den Schulfreund Christian Sethe das Projekt einer «Ollea potrida von: Familie, Wahrheit, Revolution, Menschenrechte, Lessing, Herder, Schiller etc. etc.», eine ziemlich bunte Mischung aus Zeit-, Privat- und Geistesgeschichte, in der die «Wahrheit» fast ein bißchen verloren zwischen «Familie» und «Französischer Revolution» herumgespenstert. «Mein eigenes Leben philosophisch konstruieren» scheint auch im folgenden Jahr eine alle anderen Projekte beherrschende Leitidee (laut Brief an Emanuel Wohlwill vom 7. April 1823). Und am 11. Januar 1825 berichtet ein Schreiben an Ludwig Robert sogar von «einer Art Wahrheit und Dichtung, die nur in sehr späteren Zeiten erscheinen darf». Daß der ursprünglich zusammenhängend gedachte Kontinent eines ausgedehnten Memoirenmassivs sich dennoch nie gesamtheitlich verfestigen wollte, hat allerdings mit der besonderen, der besonders flüchtigen Konsistenz dieses ahasverischen Reisegeistes zu tun. Statt die immerhin mit Goethes *Dichtung und Wahrheit* konkurrierende Unternehmung planvoll zu betreiben (wozu dem jungen Schriftsteller neben der erforderlichen Masse wohl auch die nötige Muße fehlte), haben sich die Erinnerungen an die eigenen Kinder- und Lehrjahre mit den jeweils laufenden Tagesinteressen amalgamiert und auf die unterschiedlichen literarischen Projekte verteilt. So ist es auch zu erklären, daß der ganze gehaltvolle Jugendkomplex Stück für Stück auseinandergedriftet ist und sich unter wechselnden Aspekten und mit wechselnden Prioritäten entfaltet hat, zu denken beispielsweise an *Das Buch Le Grand* von 1826, *Aus den Memoiren des Herrn von Schnabelewopski* (gegen 1833 als Fragment abgeschlossen) und die nicht von Heine so benannten *Memoiren* von 1854. Wie es mit willkürlich versprengten und unabhängig voneinander entwickelten Abkömmlingen einer großen Grundidee aber einmal so geht: wo man sie probehalber nebeneinander hält und sie nur ein bißchen scharf von der Seite her ansieht, geben sich in dem beziehungsvollen Blitzen eines Auges, unverwechselbaren Zucken eines Mundwinkels, charakteristischen Ansatz eines Gedankensprunges auf einmal die Merkmale einer gemeinsamen Familienzusammengehörigkeit zu erkennen.

Ich möchte sogar noch einen Schritt weitergehen. Wären die Alters-*Memoiren* tatsächlich der Familien- und Selbstzensur zum Opfer gefallen (wie zeitweilig zu befürchten war), und wir hätten sie nie zu Gesicht bekommen, würden wir die *Memoiren des Herrn von Schnabelewopski* wahrscheinlich gar nicht als bedeutungsvollen Privatanzeiger zur Kenntnis nehmen. Hätte sich in dem Schnabelewopski-Roman nicht andererseits ein Stück Lebenserfahrung/Lebensbeschreibung derart ins Pikareske verzerrt, weiß der Himmel, ob wir die ungleich realistischer gehaltenen *Memoiren* nicht viel zu gemütlich, heißt abzüglich ihrer Verdrängungsinhalte lesen würden. Erst durch die unterschiedlich wahrgenommenen Interessenwinkel – hier die satirische Schrägstellung, dort das Bemühen um biographische Objektivität – fällt das genügende Licht von der einen Position auf die andere, wobei sich der andeutungshafte Schimmer mancher Einzelheit erst aus dem ahnungsvollen Reflex des Gegen- oder Seitenstückes erhellt. Schon daß die Mutterfigur von wechselnden Positionen her anvisiert wird, hebt die Strichätzung wohltuend aus der Fläche und verleiht dem Porträt einen Zug ins Räumliche, Plastische. «Sie war eine Schülerin Rousseaus, hatte dessen *Emile* gelesen, säugte selbst ihre Kinder, und

Erziehungswesen war ihr Steckenpferd», so ansatz- und scheinbar absichtslos reißen beispielsweise die *Memoiren* die häusliche Urszene mit ein paar energischen Federstrichen auf, ohne daß wir der mitgelieferten Tiefenschärfe sogleich gewahr würden. «Meine Mutter, Frau Schnabelewopska gab mir, als ich heranwuchs, eine gute Erziehung», eröffnet dagegen der Schelmenroman die gleiche Partie im trügerischen Unschuldston, um dann immer dicker aufzutragen: «... sie hatte viel gelesen; als sie mit mir schwanger ging, las sie fast ausschließlich den Plutarch und hat sich vielleicht an einem von dessen großen Männern versehen; wahrscheinlich an einem der Gracchen. Daher meine mystische Sehnsucht, das agrarische Gesetz in moderner Form zu verwirklichen. Mein Freiheits- und Gleichheitssinn ist vielleicht solcher mütterlichen Vorlektüre zu verdanken.»

Was die Bildungssatire ans Licht bringt – durch die Phantasmagorie der Heroenvaterschaft nur fadenscheinig ‹rationalisiert› –, sind zunächst die uns bereits wohlvertrauten Überwertigkeitsvorstellungen. Sie leiten sich in direkter Linie von den Großmannsträumen der Mutter ab, einer Gracchenmutter rediviva, deren klassischem Vorbild «Cornelia» der Geschichtsschreiber nachsagt, «daß sie ihren Söhnen oft Vorwürfe machte, weil die Römer sie nur Schwiegermutter Scipios, noch nicht Mutter der Gracchen nannten». Der durch den Namen Rousseau noch vergleichsweise vage gestützte Anspruch auf ein revolutionäres Erbe wird im «Schnabelewopski» dann allerdings derart forciert herausgekehrt, daß wir plötzlich einen Zug des positiven Einvernehmens mit der Mutter zu erkennen meinen. Mag die leibhaftige Betty Heine für den Sohn immerhin auch diese unwiderstehliche Scheuerbürste gewesen sein, als die sie von Zeugen geschildert wird – der Literaturwissenschaftler Manfred Schneider hat ihr anhand des Rousseauschen *Emile* geistvoll und, wie ich meine, gerecht die Leviten gelesen –, mag sie ihm vom Lebensnotwendigen immer nur das Nutzvolle gewährt und die ersehnte gemütliche Zuwendung weitgehend vorenthalten haben: der behauptete Einfluß auf den sozialen Gleichgewichtssinn ihres Sprößlings scheint ebensowenig hergeholt, ein willkommener Anlaß, die werk- und lebensbegleitenden Wohlfahrtsvorstellungen einmal bis zu dieser frühen Quelle zurückzuverfolgen.

So besehen kann eine scheinbar beiläufige Erwähnung wie «sie säugte ihre Kinder selbst» schon ein Grund für nochmaliges Nachfragen sein. Folgt man dem zart angedeuteten Milchfaden nämlich mit der nötigen Beharrlichkeit, sieht man ihn sich auf einmal durch das ganze Werk verzweigen, eine Freudenerscheinung, an der die Nährmutter wohl nicht ganz unbeteiligt sein dürfte. Daß das nicht nur biographisch interessante Eröffnungen sind, möchte ich gleich vorweg sagen. Sie betreffen mit der aufgespalteten Mutter-Imago (hier die Nähr- und dort die Verwehrmutter) auch deren poetische Imaginationen und führen in Abgründe der Tiefenbiographie, die uns die frühen Besetzungen ganz nah bei den dichterischen Symbolen zeigen. Das verdeutlicht sich frühestens dort sehr hübsch, wo die Mutter nicht bloß als Nahrungsquelle allgemein, sondern als Nahrungsmittel und Eßbarkeit figuriert. «Als ich die Universität bezog», heißt es beispielsweise in den *Memoiren*, «verkaufte meine Mutter ihren Schmuck, Halsband und Ohrringe von großem Werte, um mir das Auskommen für die vier ersten Universitätsjahre zu sichern. Ich war übrigens nicht der erste in unserer Familie, der auf der Universität Edelsteine aufgegessen und Perlen verschluckt hatte. Der Vater meiner Mutter, wie diese mir einst erzählte, erprobte dasselbe Kunststück.»

Das Kunststück – richtiger wohl eine magische Einverleibungsprozedur – scheint den Memoirenschreiber sogar derart nachhaltig zu beschäftigen, daß er der Schilderung gleich noch eine weitere Geschichte nachreicht, «die ein Seitenstück zu der obigen bildet [...] da sie die verunglimpfte Mutter eines meiner Kollegen in der öffentlichen Meinung rehabilitieren dürfte». Die für nötig befundene Rehabilitation – eine Erinnerung an den Dichter Christian Dietrich Grabbe, einen ehemaligen Studienkollegen – spricht denn auch ihre eigene und uns bereits vertraute Sprache. «Beim Abschied, erzählte mir Grabbe, drückte sie ihm ein Paket in die Hand, worin, weich umwickelt mit Baumwolle, sich ein halb Dutzend silberne Löffel nebst sechs dito kleinen Kaffeelöffeln befand, ein stolzer Hausschatz, dessen die Frauen aus dem Volke sich nie ohne Herzbluten entäußern [...] Als ich Grabbe kennenlernte, hatte er bereits den Potagelöffel, den Goliath, wie er ihn nannte, aufgezehrt. Befragte ich ihn manchmal, wie es ihm gehe, antwortete er mit bewölkter Stirn lakonisch: ich bin an meinem dritten Löffel, oder ich bin an meinem vierten Löffel. Die großen gehen dahin, seufzte er einst, und es wird sehr schmale Bissen geben, wenn die kleinen, die Kaffeelöffelchen an die Reihe kommen, und wenn diese dahin sind, gibts gar keine Bissen mehr.»

Um uns an dieser Stelle nur ja nicht mißzuverstehen. Ob der kleine Harry Heine in präkulturellen Unschuldszeiten überfüttert oder eher knapp gehalten wurde, ob er über die Zeit gestillt oder zu früh entwöhnt wurde, ist als Fragestellung für uns nur mittelbar interessant. Auch haben wir uns nicht vorgenommen, einen verehrten Titanen der deutschen Dichtkunst so weit für die Couch herzurichten, daß am Ende nur noch der pathologische Fall herausschaut. Wo die Erinnerung an die Mutter das Bild der eßbaren Mutter aber derart obsessiv heraufbeschwört und der Gedanke an Zuwendung sich sogleich in oralen Phantasien versinnlicht – mit unter Entbehrungen erbrachten Opfergaben hier und lehrbuchreifen Introjektionsvorstellungen dort –, haben wir diese Bildersprache als einen eigentümlichen Charakter des Personalstils zu respektieren und sie unserem möglicherweise hellenistisch überhöhten Heine-Bild einzufügen. Wer das Werk noch einmal mit frischen Augen studiert, dem fallen ja nicht nur die zahlreichen Marmoridole und anämisch vergeistigten Kunstfiguren auf, die hier so etwas wie einen repräsentativen Set verkörpern. Gegenüber den unerweichlichen Statuen und ebenfalls nur vorbehaltlich greifbaren Traumbildern gewahren wir ein nicht minder starkes und nicht minder imposantes Aufgebot an völlig anderen Weiblichkeiten/Leiblichkeiten, die statt zur stummen Verehrung – zum Verzehr einladen.

«Deine Briefe sind wahre Bonbons für mein Herz», schreibt Heinrich Heine am 26. Dezember 1823 scheinbar unverfänglich an seine Schwester Lotte; aber am 31. Januar 1824 dann schon mit einem Stich ins Marottenhafte, Wunderliche: «Der Gedanke an Dich, liebe Schwester, muß mich zuweilen aufrecht halten, wenn die große Masse, mit ihrer dummen und ekelhaften Liebe, mich niederdrückt. Wenn du was gutes kochst oder bäckst, so heb es mir auf, bis ich mahl wieder dort bin. Aber Du selbst bist mir doch lieber als alle Torten dieser Erde, die Zitronentorten inbegriffen.» Von einer nicht derart appetitanregenden, dennoch den Gedanken an Nahrungsmittel, Konsum und Verzehr anankastisch heraufbeschwörenden Begegnung berichtet im gleichen Jahre die *Harzreise*: «Das Gesicht nur ein Mund zwischen zwei Ohren, die Brust trostlos öde wie die Lüneburger Heide; die ganze ausgekochte Gestalt glich einem Freitisch für arme Theologen.» Was sich wiederum zwanglos zwanghaft mit der Schilderung einer Frauensperson im *Buch Le Grand* trifft: «Eine kluge, dürre Hofdame, wovon nur der Kopf genießbar ist, liefert ein analoges Gericht, nämlich Spargel.» Im *Schnabelewopski* systematisiert sich der bedenkliche Fetischismus gar zu einer gastrogeographischen Typenlehre, in der die Weiblichkeiten der verschiedenen Länder dann wie Nationalgerichte figurieren: «Jedes Land hat seine besondere Küche und seine besonderen Weiblichkeiten, und hier ist alles Geschmackssache. Der eine liebt gebratene Hühner, der andere gebratene Enten; was mich betrifft, ich liebe gebratene Hühner und gebratene Enten und außerdem noch gebratene Gänse. Von hohem idealistischen Standpunkte betrachtet, haben die Weiber überall eine gewisse Ähnlichkeit mit der Küche des Landes.» Nachdem der Reise- und Speisekritiker uns ausführlich mit den Eigenheiten der englischen, der französischen, italienischen und holländischen Kochkunst bekannt gemacht hat, wirft er schließlich auch einen Blick auf die deutsche Speisekarte, die sich im internationalen Vergleich freilich eher wie ein Tugendregister ausnimmt: «Von der deutschen Küche kein Wort. Sie hat alle möglichen Tugenden und nur einen einzigen Fehler: ich sage aber nicht welchen. Da gibts gefühlvolles, jedoch unerschlossenes Backwerk, verliebte Eierspeisen, tüchtige Dampfnudeln, Gemütssuppe mit Gerste, Pfannkuchen mit Äpfel und Speck, tugendhafte Hausklöße, Sauerkohl – wohl dem, der es verdauen kann.»

Wo die Poesie die Szene regiert und die Vernunftbühne ihre Pforten schließt, beginnt das Reich der metaphorischen Eröffnungen, in dem die Träume noch mit unverstellter Stimme sprechen, auch die Angst- und die Alpträume. Was man symbolisch oder allegorisch nennt, ist in dieser Geistersphäre nichts Geringeres als direkte Ausdruckssprache, also auch eine Art des Wahrsagens. Das betrifft zunächst gar nicht die gemeinhin für besonders schutzbedürftig angesehenen politischen

Meinungsäußerungen. Was am kleinen Kinde wohlgetan oder an ihm versäumt wurde, meldet seine verdrängten Wünsche und gegen alle Erziehungsmaßnahmen behaupteten Lustansprüche an, weshalb auch der kindliche Kannibale hier ein volles Mitspracherecht genießt. Die Reduktion des mütterlichen Suchbildes auf die Teilqualität der Genießbarkeit bekennt eine äußerst frühe Fixierung sowohl wie die Abspaltung oder Ausfilterung aller feineren Gemüts- und Seelenwerte, was durch die forcierte Witzigkeit des Vortrags eher hervor- als aufgehoben wird. Der charakteristische spöttische Zug um den Mund des Dichters, von nahestehenden Personen beinahe ausnahmslos bezeugt und von Heine selbst nie ohne einen Schuß von Eitelkeit kommentiert, ist als schwebendes Fragezeichen über der Tafel immer kritisch mitzulesen: als Zweideutigkeitschiffre, in der sich genüßlicher Nachgeschmack und unverschmerzte Entsagung ahnungsvoll berühren. «Ja, wenn die weit klaffende Todeswunde meines Herzens sprechen könnte, so spräche sie: ich lache», lautet ein grauenhaft lustiges Wahrwort des vierundzwanzigjährigen Dichters, das zwar nicht auf jede Gelegenheit paßt, das im Hinblick auf die zerstückelte Mutter-Imago aber doch einmal in Erinnerung gerufen werden sollte. Obwohl wir in der eßbaren Frau zunächst nichts Schlimmeres, nichts Geringeres erkennen als das sinnliche Pendant der zur Teilnahmslosigkeit erstarrten Marmorbilder, ist sie – für sich genommen – doch nur eine seelenlose Halbheit, die statt zur Identifikation zum Konsum einlädt. Der Wunsch, zu verschlingen, ist von der Angst, verschlungen zu werden, dabei immer heimlich begleitet, zumal wenn sich das Liebessehnen in verbotene Feerien verliert. Das leicht zu verkennende (und dann zu fahrlässigem Schunkeln einladende) «Die schönste Jungfrau sitzet / Dort oben wunderbar» beschwört die Strafe für die Mißachtung des mütterlichen Bilderverbotes unwillkürlich mit herauf und bedroht («Ich glaube, die Wellen verschlingen / Am Ende Schiffer und Kahn») das Verlangen nach anderen Göttinnen außer IHR mit der Aussicht auf Scheitern und Untergang.

Es ist nicht das erste und nicht das einzige Mal, daß sich die Verfolgerschatten des schlechten Gewissens auf romantisch-mystische Abschweifungen senken. Eine offenbar unabwendliche Leidensdramaturgie lenkt die Vorstellung einer unio mystica in der Liebe augenblicklich ins Mörderische und läßt hinter der Seelenhochzeit überraschend das Bild der Bluthochzeit aufscheinen. Das nimmt sich im Rahmen dörflicher Scharadenspiele und kindlicher Drollerien noch vergleichsweise harmlos aus. Im Kapitel XIV des *Atta Troll* werden wir von dem Dichter in ein abgelegenes Pyrenäenörtchen versetzt, wo die Kinder sich mit Braut-und-Bräutigam-Spielen vergnügen, nur daß das komödiantische Treiben leider nicht zu der erwünschten erfreulichen Paarung führt:

Hübsche Bübchen, kleine Mädchen,
Fast vermummt in scharlachroten
Oder weißen wollnen Kappen;
Spielten Brautfahrt auf dem Marktplatz.

Ließen sich im Spiel nicht stören,
Und ich sah, wie der verliebte
Mäuseprinz pathetisch kniete
Vor der Katzenkaiserstochter.

Armer Prinz! Er ward vermählt
Mit der Schönen. Mürrisch zankt sie,
Und sie beißt ihn, und sie frißt ihn;
Tote Maus, das Spiel ist aus.

Worauf die Burleske wirklich hinausgeht, soll sich erst einige Kapitel später zeigen. In einer eigenwilligen Travestie der «Wilden Jagd» führt Heinrich-Heine-Psychopompos (und, wie so oft, sein eigener Seelenlenker / Bärenführer) drei mythologische Diven auf die Szene (die griechische Göttin Diana, die germanische Fee Abunde und die biblisch-judäische Herodias), wobei die letztere, ungewohnt und unerwartet, als Buhlin des geköpften Johannes fungiert.

In den Händen trägt sie immer
Jene Schüssel mit dem Haupte
Des Johannes und sie küßt es;
Ja, sie küßt das Haupt mit Inbrunst.

Die poetische Kontamination der Herodias mit ihrer Tochter Salome und die kühn unterstellte Liebesbeziehung zu Johannes dem Täufer zeigt natürlich einen ziemlich ungenierten Umgang mit dem Mythos, nur daß «Unterstellung» hier nicht einfach mit Willkür verwechselt werden darf. Der Dichter unterstellt ja wirklich. Er unterstellt sich selbst. Er unterschiebt. Projiziert. Und wenn er sich am Ende höchstpersönlich in die Rolle des Enthaupteten versetzt – bzw. sich ihm gegenüber zu behaupten sucht, was unmerklich ineinandergreift –, dann ist kein Zweifel mehr, was bei diesem Poeten dichterische Freiheit ist und was eine zwanghafte Fixierung und was das eine in dem andern.

Ja, ich liebe dich! Ich merk es
An dem Zittern meiner Seele.
Liebe mich und sei mein Liebchen,
Schönes Weib, Herodias!

Liebe mich und sei mein Liebchen!
Schleudre fort den blutgen Dummkopf
Samt der Schüssel, und genieße
Schmackhaft bessere Gerichte.

Die Liebe zu einer Kopfjägerin, wir sehen es erschaudernd und angezogen, besitzt schon ihre eigene Delikatesse, und wer nicht selbst zum «blutigen Dummkopf» verderben will, der muß schon das richtige Zauberwort kennen. Das Halsrätsel ist in der poetischen Praxis nämlich wieder nur durch magische Beschwörungen aufzulösen, den wahrhaftigen Gegenzwang, Malleus maleficarum, über dessen genaue Kenntnis und rechten Gebrauch wir uns bei unserem Heinrich Heine allerdings keine großen Sorgen machen müssen. Und wieso denn auch? Fliegen ihm die passenden Exorzistensprüche doch aus dem gleichen Hexenlaboratorium zu, in dem die Ängste und die Zwänge zusammengebraut werden. Was der Furcht vor dem Geköpft- oder Verkürztwerden immer noch als probatestes Wundermittel entgegenzuhalten ist, ist der heilsame Gedanke an Küche, Keller und Kochkunst, ein Hausmittel sozusagen, mit dem sich beängstigende Anwehungen augenblicklich in eitel Bratenduft verwandeln lassen. Die frivole Offerte «schmackhaft besserer Gerichte» ist im Hinblick auf die oberste Küchengottheit also nicht einmal blasphemisch. Frivolität und Sarkasmus sind nur eben die angemessenen Vernunftmittel, die einen unaufgeklärten Spuk zerstreuen und somnambule Wahnsinnsanwandlungen («Liebeswahnsinn! Pleonasmus! / Liebe ist ja schon ein Wahnsinn!») in Wohlgefallen auflösen helfen.

Richtig gemütlich ist das alles trotzdem nicht. Noch makabrer, noch zwielichtiger nimmt sich der Wechselbann von Begeisterung und Ernüchterung freilich aus, wenn sich der Gespensterkrieg auf Ebenen verlagert, die noch nicht derart mythologisch weit entrückt sind, sagen wir einmal, auf die seinerzeit zeitgenössische Revolutionsbühne. Ins Politische gewendet, bekommt die Metapher vom Fressen und Gefressenwerden nämlich einen aktuellen Härtegrad, der uns schon das Blut in den Adern gefrieren lassen kann. In seiner verdienstvollen Studie *Heines Appetit* hat Terence James Read sehr überzeugend ausgeführt, daß der einladende Motivkreis des Kulinarischen letztlich als soziale Metapher zu lesen sei und daß hinter den geschilderten Tafelfreuden und Tafelleiden immer die «große Suppenfrage» stünde. Das ist sicher einerseits richtig. Die Versorgungsvorstellungen und angeschlossenen Wohlfahrtsideen, deren Genese wir eine Weile nachgegangen sind, fassen sich immer wieder gern im Sinnbild des wohlgedeckten Tisches, wobei privater Luxus und öffentliches Wohlergehen sich gar nicht ausschließen müssen. Es scheint mir nur eine Beweisführung, die das politisch Verbindliche derart stark hervorkehrt, daß die unansehnliche Unterseite dabei völlig aus dem Blickfeld gerät, letztlich an ihrem materialistischen Pfannenboden festzukleben.

Was sich aus frühesten Vorbewußtseinszeiten herleitet – weit vor der Kinderzeit, als im Hause Heine der letzte verbliebene Rest in der Schüssel der «Respekt» genannt wurde, den man gefälligst zu schonen habe –, findet auf der politischen Tagesbühne nur eben seinen rezenten Austragungsort. Das Leiden an der sozialen Ungleichheit – ein abgeleitetes Leiden, wie ich meine – steht selten für sich allein, und neben die Forderung nach der sozialen Gleichheit tritt, herrisch sein Erstgeburtsrecht erpochend, der Wunsch nach persönlicher Freiheit. Daß Heine die «Julius-Revolution» zunächst emphatisch begrüßt hat, ist allerdings keine Frage. Er hat sie im Bilde einer griechischen Gottheit willkommen geheißen und sich ihr als ihr begeistertster Sohn in die Arme geworfen: «Ich bin der Sohn der Revolution und greife wieder zu den gefeiten Waffen, worüber meine Mutter ihren Zaubersegen gesprochen hat [...] Blumen! Blumen! Ich will mein Haupt bekränzen zum Todeskampf.» Es ist die Doppelmutterschaft aber wohl so bemerkenswert wie die mystische Todesbereitschaft verdächtig: ein weiterer Hinweis auf die zerteilte Mutter-Imago und ihre lebenslang rivalisierenden Zerreißkräfte. Diese bekommen in den revolutionären Essentialen «Freiheit» und «Gleichheit» (durch den «Brüderlichkeits»-Appell fast beschwörend zusammengehalten) sogar eine überraschend aktuelle Brisanz. Das Götterbild und die Guillotine stehen sich von nun an hochgespannt und zwanghaft verkettet gegenüber, wobei die Verlockung unwillkürlich die Ängstigung mit heraufbeschwört. Es ist beinah noch delikater, spannender, verwickelter. Je mehr sich dem Dichter die utopische Verheißung als praktisch wahrgenommene Versuchung offenbart – mit revolutionären Straßenunruhen und enthemmt-entflammten Elendsmassen –, ruft die Furcht vor der in Marsch gesetzten Phantasie-Anarchie die Bilder einer strafenden Gerechtigkeit zur Hilfe.

Was das alles soll, zu bedeuten hat, ist kein unauflöslicher Rätselknoten. Die affektiv besetzten Bilder versagen sich die schmerzenden Rückverweise keineswegs, und wo die eigenen verstellten Wünsche als mänadische Verzückungen und entfesselter Satyrzug auf den Plan geraten, zieht die Lust sogleich die Angst und mit ihr die innere Guillotine nach sich. Der «Sohn der Französischen Revolution» oder – bitte – der Gracchenmutter oder der praktizierenden Rousseauistin ist sich über die Folgen der Ausschweifung allemal im klaren. «Nicht selten mag diesem Sohn der Revolution die Mutter sehr lästig, sehr fatal geworden sein», schreibt Heine anspielungsreich in den *Französischen Zuständen* über den ihm durch die Vermittlung einer Pension persönlich verbundenen Staatsmann Louis-Adolphe Thiers, «denn er weiß recht gut, daß die alte Frau kapabel wäre, ihm selber den Kopf abschlagen zu lassen. – Sie ist nämlich nicht von sehr sanftem Naturell; ein Berliner würde sagen: sie hat kein Gemüt. Wenn die Herren Söhne sie zuweilen schlecht behandeln, so muß man nicht vergessen, daß sie selber, die alte Frau, für ihre Kinder niemals dauernde Zärtlichkeit bewiesen und die besten immer ermordet hat.»

Um unsererseits den Kopf nicht vollends sinken zu lassen, schlage ich vor, unsere *Schnabelewopski*-Lektüre dort wieder aufzunehmen, wo wir den jungen Herrn mit seinen Gracchenträumen allein gelassen haben. Wir erinnern uns des Plutarch, dessen *Lebensbeschreibungen großer Männer* immer noch aufgeschlagen auf unserer Schreibtischkante liegen, weil wir uns ihrer noch einmal zu bedienen gedachten. Wir erinnern uns auch der Option des Helden auf eine führende Rolle in den kommenden Verteilungskämpfen. Wir erinnern uns schließlich an seine synästhetischen Betrachtungen betreffs der europäischen Koch- und Liebeskünste. Nun folgen wir ihm auf seiner Wanderung von Amsterdam nach Leiden, wo – wie der sprechende Name vermuten läßt – «das Essen fürchterlich schlecht» ist. Zu seinem Glück und unserem Amüsement findet er in der «Wirtin zur Roten Kuh» allerdings eine aufgeschlossene, sprich des Kochens kundige Minnedame. Das Tauschgeschäft, das sich nun anbahnt, ist vielleicht simpel, dennoch hochsymbolisch: Schnabelewopski schenkt ihr seine Liebe, und die praktische Frau vergilt ihm seine Zuwendungen mit kulinarischen Gegenleistungen. Durch Verdopplung und Verdreifachung seiner Anstrengungen gelingt es ihm sogar, das Wunder von Leiden ins Unglaubliche zu steigern, so daß er bald noch sechs verhungerte Stubengenossen mit durchschleppen kann. Ein klassisches oder biblisches Heldenstück (etwa «Schnabelewopski der Ernährer») wird trotzdem nicht daraus. Die Kommilitonen, Milchbrüder, Mitesser müssen ihren Vormann manchmal schon gehörig anspornen, in seinem Wunderwirken nicht nachzulassen, und sie setzen ihm abwechselnd mit Sellerie und guten Sprüchen zu, «wie edel, wie herrlich es sei, wenn jemand für das Heil seiner Mitbürger sich heroisch resigniert, gleich dem Regulus, welcher sich in eine alte vernagelte Tonne stecken ließ, oder auch gleich dem Theseus, welcher sich in die Höhle des Minotauros freiwillig begeben hat».

Daß uns die Bildungssatire mindestens so viel enthüllt, wie sie ironisch überspiegelt, zeigt die folgende Szene beinah schon unverschämt. Das Nahrungswunder mit allen Mitteln zu perpetuieren, auch künstlichen, auch magischen, versuchen die Kommilitonen Schnabelewopskis Opfergang in effigie nachzubilden, eine Beschwörungsprozedur, deren dreister Komik der originale Wortlaut noch am ehesten entspricht: «Sie formten auch wohl aus Brotkrumen das Bild unserer Wirtin und kneteten dann ein ganz winziges Püppchen, welches mich selber vorstellen sollte, und dieses setzten sie dann auf die große Figur und rissen dabei die schlechtesten Vergleiche. Z. B. der eine bemerkte, die kleine Figur sei Hannibal, welcher über die Alpen steigt. Ein anderer meinte hingegen, es sei Marius, welcher auf den Ruinen von Karthago sitzt. Dem sei nun wie ihm wolle, wäre ich nicht manchmal über die Alpen gestiegen oder hätte ich mich nicht manchmal auf die Ruinen von Karthago gesetzt, so würden meine Tischgenossen ständig schlechtes Essen bekommen haben.»

Der Weg von den Höhen der Utopie zu den Niederungen der Praxis führt also über die dicke Wirtin zur Großen Mutter zurück, und wenn diese uns ansieht wie die Frau Venus von Willendorf persönlich, hat das schon seinen ernsten symbolischen Sinn. Was in diesem Vergleichsrahmen zählt, ist schließlich nicht die Schönheit, sondern die Funktion. Das Märchen von einem, der auszog, um Mamas Megalomanien zu entsprechen, lenkt psychologisch folgerichtig auf die Wiege allen Wunderglaubens zu, und der omnipotente Held der wiederbelebten Urszene ist niemand anders als der kindliche Winzling, der Säugling. Ob das alles bewußte Konstruktion oder ob hier nur ahnungsvoll ein Komplex auf die Reise geschickt worden ist, um auf dem Regressionsweg zu sich selbst zu finden, wer kann das letztlich entscheiden? «Ich glaube, daß der Künstler nicht alle seine Typen in der Natur entwickeln kann, sondern daß ihm die bedeutenden Typen, als eingeborene Symbolik eingeborener Ideen, gleichsam in der Seele geoffenbart werden», schreibt Heine einmal beziehungsreich in den *Französischen Malern* von 1831, was ja eher für ein unbewußtes Weben und Streben der Gestaltungskräfte spricht.

Ein auffällig vulgärmaterialistischer Zug in seiner literarischen Betrachtungsweise weist ebenfalls auf matrilineare Herkunftslinien zurück und steht für ein geradezu traumwandlerisches Hin und Her zwischen dichterischem Ausdruck und frühester kindlicher Besetzung. Um es noch einmal so platt zu sagen, daß es wirklich zwackt: Ein in paradiesischen Unschuldszeiten vorgeprägtes Bild der Mutter, der Mater, bestimmt lebenslang die Wahrnehmungsweise und die Schreibart des Dichters, auch dort noch, wo die materialistische Anschauung der Welt sich zum anspruchsvollen philosophischen «Sensualismus» verfeinert. Wo gar die «große Suppenfrage» aufgeworfen wird, das heißt wo der Gedanke an den gemeinen Hunger zu praktisch politischen Wohlfahrtsideen überleitet, mit einem eigenen Kausalsystem aus «Suppenlogik» und «Knödelgründen» und «Argumenten aus Rinderbraten», sehen wir den Schatten der Alma mater bedeutungsvoll über die Szene fallen.

Das zeigt sich vielleicht am eindrucksvollsten in der großen Heimkehrerballade *Deutschland. Ein Wintermärchen*. Da betritt der Dichter nach dreizehnjährigem Exil zum erstenmal wieder den Boden des geliebten-gelästerten Vaterlandes, und was er ihm zum Einstand entbietet, ist kein nostalgisches Rührstück und kein larmoyantes Exulantenlied, sondern ein weltliches Schlaraffenchanson von «Zuckererbsen für jedermann» und «Brot genug für alle Menschenkinder».

Ja, Zuckererbsen für jedermann,
Sobald die Schoten platzen!
Den Himmel überlassen wir
Den Engeln und den Spatzen.

Das ist klangvoll, das ist irdisch, das ist schmissig und beschwörend zugleich und macht Lust auf den Zugriff, nur daß der freimütige Appell ans Allgemeinwohl schon bald ins Mythologische und Private zurücklenkt. Der Riese Antäus, Sohn der Erdmutter Gäa, mit dem der Dichter sich vergleicht, ist niemand anderes als der uns wohlbekannte Sy Freudhold Riesenharf, alias Tiberius Gracchus-Schnabelewopski, ein Kind der mütterlichen Größenträume und deren unermüdlicher Beschwörer.

Seit ich auf deutsche Erde trat,
Durchströmen mich Zaubersäfte –
Der Riese hat wieder die Mutter berührt
Und es wuchsen ihm neu die Kräfte.

Das Lied von der Heimkehr des verlorenen Sohnes als großer Regressionsgesang: so oder so ähnlich läßt sich das *Wintermärchen* auch lesen. Je näher wir nämlich den frühen Stätten der Kinderzeit/Jugendzeit kommen, um so üppiger hagelt das Manna, um so reichlicher fließen die Nektarströme, ein Wiederbelebungswunder, das mit spiritueller Erbauung wenig und mit leiblicher Rekreation schon sehr viel mehr zu tun hat.

Zu Cöllen kam ich spät abends an,
Da hörte ich rauschen den Rheinfluß,
Da fächelte mich schon deutsche Luft,
Da fühlt ich ihren Einfluß –

Auf meinen Appetit. Ich aß
Dort Eierkuchen mit Schinken,
Und da er sehr gesalzen war,
mußt ich auch Rheinwein trinken.

Wie gesagt also, Deutschland eine Küchenutopie, Deutschland ein Schlaraffenmärchen – hier «Eierkuchen mit Schinken», dort «gestovte Kastanien im grünen Kohl! / So aß ich sie einst bei Mutter» –, und als der verlorene Sohn der lieben Frau Mutter schließlich wirklich und leibhaftig gegenübersitzt, verlieren sich die politischen Oberstimmen endgültig und es wird nur noch andeutungsreich mit vollem Munde geschwiegen.

«Mein liebes Kind! und wirst du auch
Recht sorgsam gepflegt in der Fremde?
Versteht deine Frau die Haushaltung,
Und flickt sie dir Strümpfe und Hemde?»

Der Fisch ist gut, lieb Mütterlein,
Doch muß man ihn schweigend verzehren;
Man kriegt so leicht eine Grät in den Hals,
Du darfst mich jetzt nicht stören.

[...]

Die Mutter aber fing wieder an
Zu fragen sehr vergnüglich,
Nach tausend Dingen, mitunter sogar
Nach Dingen, die sehr anzüglich.

«Mein liebes Kind! wie denkst du jetzt?
Treibst du noch immer aus Neigung
Die Politik? Zu welcher Partei
Gehörst du mit Überzeugung?

Die Apfelsinen, lieb Mütterlein,
Sind gut, und mit wahrem Vergnügen
Verschlucke ich den süßen Saft,
Und ich lasse die Schalen liegen.

Verschluckt also den süßen Saft und läßt die Schalen liegen, aber die ausweichende Antwort ist natürlich auch eine Antwort und der ironisch hintertriebene Hedonismus schon ein halbes Glaubensbekenntnis. Daß das «liebe Kind» sich gegenüber der Mutter nur in Anspielungen erklären mag, ist immerhin bedenkenswert genug. Es rührt noch einmal listig an den schon im «Caput II» geäußerten Gedanken einer geheimen «Contrebande» und erinnert vieldeutig an die Allanwesenheit von Lauschern, Spitzeln und Zensoren, schließt aber die Fragerin letztlich von allem Mitwissen aus.

Wir wollen das hier gar nicht mit Bitterkeit vermerken, nur übersehen einfach können wir es nicht. Der offensichtlichen Herzlichkeit der Beziehungen zwischen Heinrich Heine und seiner Mutter steht eine eigenartige Reserviertheit des Sohnes gegenüber, wenn es um seine inneren und eigentlichen Angelegenheiten geht: ein Vexierrätsel, das uns um so verschlungener ansieht, je tiefer wir uns darauf einlassen. «Mein Sehnen und Verlangen wächst, / Die alte Frau hat mich behext» hatte es zwar noch ein Jahr vor der Deutschlandreise in dem Gedicht *Nachtgedanken* geheißen. Und eigentlich strebt ja das halbe *Wintermärchen* auf die Wiederbegegnung mit der Mutter zu. Nur seltsam, als man sich dann im trauten Stübchen gegenübersitzt, und die Heimat hat ihn wieder, den ocnophilen Philobaten, will sich das verbindende Wort beim besten Willen nicht einstellen. So seltsam auch wieder nicht. Um sich aus dem Bannkreis mütterlicher Protektion zu lösen, hatte bereits der jugendliche Hypochonder keine Badereise gescheut und jeden Kuraufenthalt an der Nordsee zum Anlaß genommen, erste Vorzeichen einer Reisigkeit, die ihn bald nach Polen, Italien, England und Holland entführen sollte. Selbst das aus freien Stücken gewählte französische Exil läßt sich unter psychologischen Aspekten noch als Flucht vor der Vereinnahmung erkennen: einer Möglichkeit, der als bedrückend empfundenen Nähe zu entkommen und sich dennoch seine Herzensneigung zu bewahren. Aus den Briefen an die Mutter läßt sich oberflächlich nur diese herauslesen. Kaum merklich gekräuselt je der Wasserspiegel seines Gemütszustandes. Allein, schon daß der Sohn die Mutter über sein wahres Wohlergehen und sein langsames Zugrundegehen planvoll im unklaren hält, ist natürlich ein bedenkliches Verwahrungszeichen.

Anteil nehmen lassen an seinen inneren Dingen hat er sie vermutlich nie und, ungeachet ihrer ständigen sinnbildhaften oder allegorischen Anwesenheit in seinen Werken, ein eigenes poetisches Selbst erst im toten Winkel ihrer Fürsorgeherrschaft entwickeln können. Was der Memoirenschreiber über die erste große erotische Passion des Achtzehnjährigen zu berichten weiß, ist aufschlußreich auch im Hinblick auf seine berufliche Selbstbestimmung. Demnach hatte sich der junge Mann eines Tages unsterblich in eine schöne Scharfrichterstochter verliebt, nach ihren «blutroten» Haaren das «rote Sefchen» genannt. Die aufreizende (oder doch aufreizend geschilderte Person) muß für ihren jugendlichen Liebhaber schon ein ganzes Bündel verbotener Vorzüge verkörpert haben: ein nymphenhaftes Äußeres und eine dunkle Herkunft, frühe Vertrautheit mit abseitigen Hexenkünsten und schließlich jene von Angstlust begleitete Anziehungskraft der «Infamia, womit jede Berührung des unehrlichen Geschlechtes jeden behaftet». Einen bleibenden Platz in der Erinnerung des Dichters und – was davor kommt – Einfluß auf sein sympathisches Nervensystem scheint ihr allerdings erst eine weitere Gabe verschafft zu haben: «Sie wußte viele alte Volkslieder und hat bei mir vielleicht den Sinn für diese Gattung geweckt, wie sie gewiß den größten Einfluß auf den werdenden Poeten übte.»

Erst in der Begegnung mit dem «roten Sefchen» findet der junge Dichter zu sich selbst, was nicht nur so dahingesagt ist, die *Memoiren* schildern uns das Erweckungswunder als einen Vorgang der allerpersönlichsten medialen Korrespondenz. «Die Stimme der Josepha [...] war nicht besonders wohllautend, und ihr Sprachorgan war manchmal bis zur Klanglosigkeit verschleiert; doch plötzlich, wenn die Leidenschaft eintrat, brach der metallreichste Ton hervor, was mich ganz besonders durch den Umstand ergriff, daß die Stimme der Josepha mit der meinigen eine so große Ähnlichkeit hatte. Wenn sie sprach, erschrak ich zuweilen und glaubte, mich selber sprechen zu hören, und auch ihr Gesang erinnerte mich an Träume, wo ich mich selber in derselben Art und Weise singen hörte.» Wie aber der Schelmenroman – und hier begegnen wir wieder jenem wundersamen Hin und Her von Anruf und Reflex im Heineschen Werk –, wie also der Schelmenroman die großen Lebensmotive und Bildungsanlässe noch einmal auf der Komödienbühne durchspielt, wird uns im *Schnabelewopski* eine ähnliche Selbstbegegnung vor Augen geführt. Nachdem wir dem Helden auf seiner Seefahrt von Hamburg nach Amsterdam gefolgt sind und auch seine Ausführungen über den «Fliegenden Holländer» (diesen «ewigen Juden des Ozeans») interessiert zur Kenntnis genommen haben, begleiten wir ihn bei einem Besuch des Theaters, wo – Ironie des Schicksals oder Fügung des Autors – das alte Gespensterstück noch einmal gegeben wird. Das kehrt die Verhältnisse von Wahn und Wirklichkeit mutwillig-spielerisch um und verweist unsere Neugier auf dämonische Verwicklungen amüsiert ins Spiegelkabinett. Mit den Worten des Autors: «In Amsterdam aber, wo ich bald darauf anlangte, sah ich ihn leibhaftig selbst, den grauenhaften Myn Heer, und zwar auf der

Bühne. Bei dieser Gelegenheit, im Theater zu Amsterdam, lernte ich auch eine von jenen Nixen kennen, die ich auf dem Meere selbst vergeblich gesucht. Ich will ihr, weil sie gar zu lieblich war, ein besonderes Kapitel weihen.»

Wir, die wir uns allmählich zu den bereits erwähnten «esoterischen Lesern» rechnen dürfen, und insofern auf andere Enthüllungen aus sind als billig voyeuristische, wollen uns mit den feineren Anspielungen begnügen. Bei dem Stichwort «treu bis in den Tod» hört der Held von der Galerie hoch oben auf einmal ein seltsames Lachen, sieht sich, als er aufblickt, mit Apfelsinenschalen bombardiert und folgt dem Wink des Schicksals, dem Anruf der Versuchung ohne jedes kritische Überlegen. Die schöne junge Dame, die er dort antrifft, überrascht allerdings nicht nur durch die «Holdseligkeit» ihres Äußeren, «eine überaus weiblich weiche Gestalt, nicht schmächtig, aber doch kristallig zart». Die besondere Anzüglichkeit der Erscheinung hängt vielmehr mit der unvermuteten Intimität ihrer Zeichensprache zusammen, denn: «[...] um die linke Oberlippe zog sich etwas, oder vielmehr ringelte sich etwas, wie das Schwänzchen einer fortschlüpfenden Eidechse. Es war ein geheimnisvoller Zug, wie man ihn just nicht bei den reinen Engeln, aber auch nicht bei den häßlichen Teufeln zu finden pflegt. Dieser Zug bedeutete weder das Gute noch das Böse, sondern bloß ein schlimmes Wissen; es ist ein Lächeln welches vergiftet worden von jenem Apfel der Erkenntnis, den der Mund genossen. Wenn ich diesen Zug auf weichen vollrosigen Mädchenlippen sehe, dann fühl ich in den eigenen Lippen ein krampfhaftes Zucken, ein zuckendes Verlangen jene Lippen zu küssen; es ist Wahlverwandtschaft.»

Ob es sie wirklich gegeben hat, die verrufene Holländerbraut, das von einer Aura der Infamie umgebene Sefchen, wir wissen es nicht, und es kann uns auch beinah egal sein. Sprechende Spiegelungen oder beziehungsreiche Echobilder sind es allemal. Wer zum Porträt steht, ist nämlich niemand andres als der Dichter selber: Narcissus, der sich nur im Medium von anderen Personen seiner selbst vergewissern kann und dessen ungesättigtes Einzelgängerwesen erst über den Doppelgänger Tiefe, Halt und Sinnlichkeit gewinnt. Manchmal weiß man bei einem mit Kunst inszenierten Rencontre auch gar nicht mehr zu sagen, wo hier der Spaß aufhört und das wirkliche, sprich das wirklich gefährliche Leben anfängt. Heines zahlreiche und den Schicklichkeitsrahmen eines Dichterwettstreits bei weitem überschreitende Auseinandersetzungen mit seinen selbstgewählten Gegenspielern (Börne, Platen, Gutzkow), waren es nicht irgendwo auch kritische Selbstbefehdungen und – in der vorausberechenbaren Wirkung – Schnitte ins eigene Fleisch? Beziehungsweise läßt sich aus der häufigeren Verwirklichung in scharfe Waffengänge (Heine wurde einer Duellforderung wegen von der Universität Göttingen relegiert und bei einem späteren Pistolenzweikampf mit Salomon Strauß sogar leicht verwundet) und aus fast schon zwanghaft wiederkehrenden Duell-Phantasien nicht auf heimliche Doppelgängerdramen schließen? So betrachtet scheint auch der grausliche Verfolgerschatten des Scharfrichters in *Deutschland. Ein Wintermärchen* alles andere als nur eine literarisch influenzierte Begleiterscheinung. Der Mann ist nicht von Pappe, und was er seinem Herrn Vorgänger mit auf den Weg zu geben hat, klingt beinah schon verflucht intim und auf eine höchstpersönliche Weise ungemütlich.

Ich bin dein Liktor, und ich geh
Beständig mit dem blanken
Richtbeile hinter dir – ich bin
Die Tat von deinen Gedanken.

Also, wie gesagt, als bloße Spiegelfechterei sind solche Zwangsideen gewiß nicht abzutun. Sie haben ein erstaunliches Eigenleben und sind mit rationalen Argumenten kaum von der Bühne zu bringen, und wie sollten sie auch, sind sie doch selbst solche fadenziehenden Vernunftgespenster, die ihre Herkunft aus einem mit Vernunftgründen gepflasterten Tugendhimmel gar nicht leugnen können. Ob Heinrich Heine also wirklich dieser unerschrockene und durch nichts zu verschrekkende Dämonenaustreiber war, als den wir ihn einerseits schätzen, ist wieder einmal reichlich zweifelhaft. «Ich bin [...] selbst kein Hexenmeister geworden», heißt es zwar so launig wie aufgeklärt in den *Memoiren*, «aber ich weiß, wie gehext wird, und ganz besonders weiß ich, was keine Hexerei ist.» Dagegen – oder doch für ein ziemlich ungebrochenes Vertrauen in die Allmacht der Gedanken, Zauberkraft der Wörter – scheint dann allerdings ein lebenslang betriebenes Herumgezauber mit den eigenen Daseinsfatalitäten zu sprechen. Er hat sein Geburtsdatum versetzt – freizügig vom 17. Dezember 1797 auf die Schneide zwischen dem alten und dem neuen Jahrhundert – und die Religionszugehörigkeit gewechselt. Er hat das alte Vaterland-Mutterland gegen eine neue Wahlheimat hingetauscht und sich jeweils die Gegner gemacht, die er für seine Selbstüberhebungsbedürfnisse brauchte. Er hat sich sein Leben immer wieder neu zurechtgeschrieben und mit der Androhung einer biographischen Geheimbuchführung Geld zu pressen und Eindruck zu schinden versucht. Er hat seinen großen Passionen allen das gleiche magische Initial aufgedrückt und sie mit einem eigenen Namen in Besitz genommen: seine Cousine Amalie als «Molly», seine Eheliebste Creszentia als «Mathilde» und seine späte Seelenfreundin Camille Selden als «Mouche», und er hat selbst die Liegestätte seiner Leidensjahre – die von ihm fast zärtlich beschworene «Matratzengruft» – in den Zauberkreis seiner alliterierenden Liebschaften einbezogen. Entgegen jener allerhöchsten Tugendgottheit, die ihn in ihrem eigensüchtigen Sinn zu bilden und Poesie und Märchenwesen aus seinem Leben zu exorzieren suchte, hat er sich eine Identität wahrhaftig erst erdichten müssen und sich in jeder Beziehung des Wortes auch diesen klingenden Namen selbst gemacht: HEINRICH HEINE: ein Kunstprodukt und eine treffende Widergängerchiffre: schneidend wie ein Säbelhieb und einschmeichelnd wie ein Reim.

Thomas Mann oder die Lust an der Angstpartie

Seit wann hatte ich ihn nicht mehr zur Kenntnis genommen, wann den *Zauberberg* in restloser Unbegeisterung zugeklappt und dann nie wieder aufgeschlagen? In den späten fünfziger Jahren? In den frühen Sechzigern? Ich weiß es nicht mehr so genau. Ich weiß nur noch, daß mich unabwendliche Animositäten von der weiteren Lektüre fernhielten – Mißvergnügen etwa an einer ständig heiterkeitsheischenden Paradiersucht, aber auch, daß das Ding nicht richtig vom Fleck kam – bis mich Zufall und gute Geister vor zwei Jahren nach Hanover/New Hampshire entführten, da empfahl mir ein Freund und Thomas-Mann-Verehrer das Buch noch einmal nachdrücklich als einen meinem Alter und meinem Ironieverständnis angemessenen Zeitvertreib.

Nun kann ich zwar immer noch nicht sagen, daß der neuerliche Versuch mir einen unauslöschlichen Eindruck vermittelt hätte. Die puderschneefeine und sämtliche Personen und Gegenstände einstäubende Ironie, gewiß, sie teilte sich mir mit, riß nicht hin, aber ging auch nicht völlig vorbei (so daß ich in meinem unterkühlten Mansardenzimmer schon mit dem Helden um die Wette zu hüsteln und auch mein Reiseplaid bereits auf Castorpsche Manier zu falten begann), aber dies ganz künstlich in die Länge gezogene Liegeleben ging denn doch etwas weit an meinem eigenen angespannten Dasein vorbei, und irgendwann konnte der neu geweckte Geschmack an der Sache den Mangel an herzlichem Dabeisein nicht mehr kompensieren. Es schleicht diese Ruhestandsprosa ja auch wirklich ein bißchen sehr betulich dahin, im Müßiggang sozusagen oder doch im Berggang. Der Verfasser muß manchmal hörbar seinen ganzen bösen Humor zusammennehmen, um den zähen Auswurf in Gang zu halten und das, was nicht von der Stelle will, wenigstens um- und umzurühren. Unleidlich wurde mir die Unterhaltung aber erst, als der zur Belebung der stagnierenden Szene heranbemühte Herr Settembrini sich breit und breiter fassen durfte – eine jederzeit aufs Stichwort abrufbare Repetierpuppe, wie er mir erschien –, ja selbst das berühmte und in zahllosen Rezensionen und Interpretationen nachhallende Türenknallen der Frau Claudia Chauchat schien mir mit der Zeit, das heißt nach dem 30. Durchgang nicht mehr ganz so effekt-, nicht mehr ganz so eindrucksvoll. Um es kurz zu machen und die Gemeinde um ein übriges gegen mich einzunehmen: auch diesmal schloß sich das Buch irgendwann von selbst und wollte sich ohne mein Zutun nicht wieder öffnen.

Bekehrungen brauchen ihre Zeit, das ist wahr, und es müssen vielleicht gar nicht jedes Buch und jeder Kopf zu jeder Zeit zum Einstand kommen. Aber nun: die Novellen, die kurzen Prosen, die Geschichten und die Erzählungen! Man hatte sie mir gewissermaßen als Dreinwaage mit auf den Weg gegeben, als Betthupferl oder Propädeutikum, und – wie soll ich sagen – was das Langzeitwerk mir redselig vorenthielt, den erwünschten und von Seite zu Seite wünschenwerter erscheinenden Zug im Kamin und eine nicht ganz so un-unmittelbare Wendung an ein primitives Spannungsbedürfnis, hier wurden sie mir auf einmal in reichem Maße zuteil. Daß das nur mit einem verbreiteten Verlangen nach «Action» zusammenhängt, möchte ich trotzdem bezweifeln. Die Schöne Literatur soll ruhig zeitverloren und weltvergessen dahinschlendern, wenn ihr danach zumute ist, ich bin ihr deshalb nicht gram. Aber bloß herumlavieren – so und der eigenen Hand einfach ihren planlos leichten Lauf lassen, kann heute praktisch jeder Zweite, und woran Mangel ist, ist nicht selbstverliebte Bummeligkeit, sondern kompositorischer Geist und ein gewisser strategischer Gesamtheitssinn.

In Thomas Manns Erzählungen ist das erfreulicherweise gar keine Frage. Ob das frühe *Gefallen* oder die ziemlich späte *Betrogene*, ob *Ein Glück* oder *Das Eisenbahnunglück, Der kleine Herr Friedemann* oder *Die vertauschten Köpfe*, ob *Mario und der Zauberer* oder *Der Tod in Venedig*, ob *Tristan, Wälsungenblut* oder *Gladius Dei*, immer nimmt der Verfasser seine Fäden schon zu Anfang derart abgefeimt in die Hand, daß ein Eröffnungszug hier und ein Nachkarten dort noch viele Seiten später spürbar sind und selbst die meteorologischen Bedingungen einer Eingangsszene oder ein scheinbar betulicher Anfang ihren genau berechneten Platz in der größeren Ordnung haben. Ich halte das zunächst einmal für einen Vorzug und für alles andere als selbstverständlich. Eine gewisse selbstverschuldete Langweiligkeit der modernen Literatur hängt aufs innigste mit dem verkümmerten Nerv für Planung und Perspektive zusammen, und daß etwas dramaturgisch seinen Sitz und seine Ordnung hat (auch wo es am Ende auf *Unordnung und frühes Leid* hinauslaufen sollte), scheint mir angesichts sattsam bekannter Konstruktionsdefizite fast so etwas wie ein recht begriffener Verfassungsauftrag. Es sind hier die Methoden der literarischen Spannungserzeugung ja nicht einmal so besonders esoterische, ausgeklügelt superfeine. Auf der einen Seite das stille Dahinkränkeln einer zart besaiteten Hauptperson, auf der anderen ein mit ein paar charakteristischen Pinselhieben herausgestrichener Gegenspieler, das reißt die Szene häufig mit fast schon verbotenen Kontrastmitteln auf, vorzugsweise melodramatischen, manchmal sogar populären.

Ob das wirklich so weit von den Übertreibungstechniken des Bruders Heinrich abweicht, wie man gelegentlich meint, scheint mir zweifelhaft. Auch hier die sprechenden Namen, «Spinell» für einen besonders spinösen Feingeist von Sonntagsschriftsteller und «Klöterjahn» für einen geräuschvoll sich zur Geltung bringenden Handelsmann, was wohl nicht nur von ungefähr an einen Diederich Heßling *(Der Untertan)* und eine Claire Pimbusch *(Im Schlaraffenland)* erinnert. Auch der vergleichsweise ungenierte Umgang mit Schminke und Bühnenkleister (eine «rote Narbe über der rechten Backe» als Erkennungsmal für den flotten Ballhaus-Husaren, «eine knollige Geschwulst auf der Glatze» als äußeres Zeichen fehlgeleiteten Bildungsstrebens) zeigt am Ende mehr logenbrüderliche Gemeinsamkeit, als trennende Ansichtssachen nahelegen möchten. Gravierende Unterschiede sehe ich nicht einmal dort, wo das Bemühen um charakterologische Feinzeichnung sich liebevoll in exklusiv verfältelte Naturen oder außerplanmäßig verstimmte Seelen vertieft, die im groben Frontverlauf des Dramas nicht mehr recht aufgehen und insofern nur noch von innen her zu begreifen sind.

Auf den Effekt berechnete Oberflächengestaltung oder sympathetische Einfühlung, das genau ist die Frage, und sie stellt sich eigentlich bei jedem Stück und vor jedem literarischen Charakter von neuem. Das über wechselnden Szenen wie ein Fixstern schwebende Fragezeichen, ob der Autor es eigentlich ernst meine mit seinen Lieblingen oder ob er sie nur wie willenlose Marionetten vor sich her schiebe, ist ja selten eindeutig und gewiß nie ohne das genaue Ansehen der Person zu beantworten. Mit dem bösen Blick begriffen, gewiß, ist auch die in sanftem Hinschwinden befindliche Heldin der *Tristan*-Novelle, die hier delikaterweise als «die Frau, die Herrn Klöterjahns Namen trug» figuriert. Und wer das so liest – «nur in der Nähe der rechten Schläfe fiel eine krause lose Locke in die Stirn, unfern der Stelle, wo über der markant gezeichneten Braue ein kleines seltsames Äderchen sich blaßblau und kränklich in der Klarheit und Makellosigkeit dieser wie durchsichtigen Stirn verzweigte» –, dem scheint das zunächst mit dem gleichen mitleidlosen Auge erfaßt, das uns Klöterjahn als «ein volles rotes Gesicht mit wasserblauen Augen» vorstellt und dessen unansehnlichen Gegenspieler Spinell als einen Mann «mit großen kariösen Zähnen und Füßen von seltsamem Umfange». Trotzdem scheint mir die transparente Hauptdarstellerin nicht nur gnädiger angesehen und mit feineren Tuschen gemalt als die beiden männlichen Kombattanten, sie wird von einem eigenen Sympathiekern her begriffen und von innen nach außen entwickelt, wie sich Anteilnahme und ästhetisches Interesse eben doch sehr ungleichmäßig auf die unterschiedlichen Charaktere verteilen.

Wer die Kunst des Porträtmalens noch ein bißchen weiter verfolgen und, neben wirkungsvollen Kontrasttechniken, auch noch etwas über dramatische Eröffnungen erfahren möchte, sei besonders auf die ihres lichtvollen Anfangs wegen berühmte Erzählung *Gladius Dei* verwiesen. Sie beginnt («München leuchtete», und das kommt dann aus dem Flimmern und Flirren und Leuchten bald gar nicht mehr heraus) mit dem strahlenden Aufzug eines sommerlichen Stadtprospektes, einem fast schon arkadischen Bild, das durch nichts auf der Welt aus seiner goldenen Fassung zu bringen scheint. Das Wort «scheint» hat sich hier allerdings nicht nur von ungefähr eingeschlichen. «Schein» heißt bei diesem ausgebufften Mimetiker immer auch trügerischer Augenschein. Und atmosphärischer Hochdruck soviel wie Hochspannung, Aufladung, Elektrizität, weshalb wir durch Erfahrung wetterfühlig gewordenen Lese-Lehrlinge der drohenden Verstimmung fast schon etwas bänglich entgegenfiebern. Überraschend oder doch so nicht vorausgesehen kommt sie trotz alledem. Sie hat auch mit Meteorologie eigentlich nur im übertragenen Sinn zu tun, denn was sich nun anbahnt, beziehungsweise wie eine unberechenbare Wetterwolke auf die Bühne wälzt, ist die Erscheinung eines finsteren Kapuzenmannes namens Hieronymus, der durch die Schellingstraße eilt und vor dem Schaufenster einer Kunstgalerie ausgerechnet an dem Bild einer überaus reizvoll, überaus weltlich, überaus lecker und lasziv gemalten Muttergottes hängenbleibt.

Verraten wir aus Rücksicht auf andere Lesenovizen nur soviel wie unbedingt nötig und hüten uns vor allem, ausgesuchte Pointen auszuplaudern. Nur dies sollte doch vielleicht angedeutet werden, daß wir es mit so etwas wie einer Marienerscheinung zu tun bekommen, anders gesagt, mit einem Versucherdrama von der allerfeinsten Sorte: dem sinnenverwirrenden Konflikt zwischen künstlerischem Augenlug und frommem (oder unfrommem) Selbstbetrug, wobei allerdings noch nicht entschieden ist, welchen Weg der voraussehbare Blitz am Ende nimmt. Immerhin befinden wir uns – was gewissermaßen zum weltlichen Teil der Versuchsanordnung gehört – vor dem Schaufenster einer Eff-eff-Glasmenagerie. Auch meinen wir den vermummten Savonarola inzwischen so weit zu kennen, daß wir ihm eine Kurzschlußhandlung wie ein Autodafé in jeder Minute glauben zutrauen zu dürfen. Nur das zarte Erwägen, daß das Stück schließlich nicht «Till Eulenspiegels lustige Streiche» heißt und die Nummer vom Elefanten im Porzellanladen sicherlich die uneleganteste Lösung wäre, legt unseren auf das Schlimmste gefaßten Erwartungen die nötigen mäßigenden Zügel an. Fragt sich allein – wo das alles nicht wahr sein kann, nicht wahr sein darf –, was denn überhaupt noch eine künstlerische Möglichkeit ist.

Möglich ist – und das ist bei diesem Nervenschinder im Zweifelsfall die Regel – wieder einmal das Äußerste. Mit dem Betreten des Ladens, das heißt mit dem entscheidenden Schritt über die Schwelle des Musenstadels / Heidentempels, sind wir nämlich nicht nur dem Corpus delicti um einige kritische Meter näher gerückt, auch eventuelle Dialogpartner kommen plötzlich in Erwägung, Mitspieler, Stichwortlieferanten, und da ist er auch schon, der langerwartete Herr Antipode und Galeriebesitzer Blüthenzweig: eine Blüte des künstlerischen Effektenhandels und der ästhetischen Reizmittelwerbung.

Sehen wir von den Mißverständnissen im einzelnen ab und halten nur dies kurz fest, daß die Peinlichkeiten sicher noch viel peinlicher ausfallen würden, wenn sie nicht zugleich so fürchterlich zum Lachen wären. Auf der einen Seite fundamentalistischer Beziehungswahn und Glaubenseifer, auf der anderen – locker-locker und zwischen künstlerischen Erotika und religiösen Devotionalien umstandslos vermittelnd – ein von irgendwelchen frommen Bedenken nicht im mindesten angenagter Kunst-zum-Anfassen-Sinn; beziehungsweise auf der einen eine zwischen Brunst und Inbrunst hin und her gerissene Saubermannsgesinnung und auf der anderen – «Höchst anziehend und verlockend», «Siebenzig Mark im Rahmen», «Es ist die Grazie selbst» – die Stimme der kommerziellen Kulturvermittlung, das kann gar nicht gutgehen, nie im Leben, fast schon nicht mehr auf der Bühne, und daß wir diese Zerreißprobe zwischen Tortur und Lachanfall überhaupt durchstehen, hat vermutlich nur mit der absolut divinitorischen Inszenierungskunst unseres obersten Strippenziehers zu tun.

Allerdings hielt der Dichter sich schon für einen bedeutenden Szenenarrangeur und Theatermacher (zu seinem Leidwesen nie so recht erkannten), und alles spricht nach diesen hochdramatischen Erzählungen dafür. Was einem zunächst vielleicht ein bißchen gegen die Meinung geht, der immer um einen Tick zu dick aufgetragene Gründerpomp mit seinen schwellenden Teppichen, feisten Paradekissen und lastenden Plumeaus, enthüllt sich dabei mehr und mehr als eine mit viel Geschmack und noch mehr Gift zubereitete Gewitterbühne, bei der auch sogenannte Requisiten unverzichtliche Stimmungsträger sind. Daß Entladung allerdings noch lange nicht Erlösung heißt, ist eine ganz andere Sache. Soviel fiebriges Lebensbegehren und fadenziehendes Dahinkümmern, soviel heilloses Hoffen und sich zu Tode sehnendes Glücksverlangen sollen erst einmal wieder zusammenkommen bei einem zeitgenössischen Krisensortimenter – etwas schleierhaft nur zunächst, wie eine derartige Problemnatur zu einem «Repräsentanten» des deutschen Bildungsbürgertums aufsteigen konnte.

Daß er tatsächlich repräsentiert – eine untergehende und weitgehend schon dahingeschimmelte Bürgerkultur wohlverstanden –, ist nicht so sehr die Frage. Und warum sollten wir eine überragende Kunsterscheinung nicht in diesem von ihr selbst gesetzten Goldrahmen verehren können. Weil indes mit Kunst allein bei der Kunst noch nicht alles erklärt ist, ihre unbestreitbare Breitenwirkung nicht und schon gar nicht ihre Tiefenresonanz, bleibt als ungelöstes Rätsel immerhin interessant, daß ein zahlreiches Publikum sich darin gefällt, mit seinen Helden kurzfristig in ein fadenscheiniges Glück verwickelt zu werden, um sich hinternach um so grauenhafter enttäuschen/zerschmettern zu lassen. Schönwetterprosa ist das nämlich alles nicht. *Luischen:* Der Rechtsanwalt Jakoby, ein Fettkloß von ehrfurchtgebietender Häßlichkeit, wird von seiner attraktiv-beschränkten Gattin dazu verleitet, sich auf einer Festveranstaltung im Babykleidchen zu präsentieren, was erwartungsgemäß auf eine tödliche Blamage hinausläuft. *Der kleine Herr Friedemann:* Ein Buckliger, der sich aus Selbstschutz in ein eigenes Himmelreich aus Bilder-, Bücher- und Theaterbeglückungen zurückgezogen hat, wird durch die Liebe zu einer frigiden Schönen aus seinem scheinhaften Frieden gerissen und am Ende mit einem verächtlichen Fußtritt in den Freitod getrieben. *Tobias Mindernickel:* Ein am Rand der Gesellschaft herumgespensternder Außenseiter, dem die Kinder mit unbarmherziger Spottlust zusetzen, holt sich zur Belebung seiner Einsamkeit ein Hündchen ins Haus und ermordet die anhängliche Kreatur in einer Wahnsinnsanwandlung aus Selbsthaß und Lebensekel. *Der Tod in Venedig:* Der Schriftsteller Gustav Aschenbach versucht dem Zwang selbstauferlegter Pflichten und Terminfesseln durch eine Reise nach Venedig zu entkommen und stirbt dort an einem Herzanfall, als er den mit platonischer Sehnsucht (sprich: verhohlener Inbrunst) verfolgten Knaben Tadzio in Lebensgefahr vermutet. *Die Betrogene:* Eine nicht mehr ganz junge Frau verliebt sich hoffnungsvoll in den noch jugendlichen Hauslehrer ihrer Kinder, nur daß sie die

Vorzeichen einer tödlichen Krankheit dann als das Erwachen neuer Lebenstriebe verkennt. Und so geht es weiter und fort, ein Sinnentrug nach dem anderen, ein mißglückter Befreiungsversuch nach dem nächsten, als ob Liebe nicht sein dürfe auf einer unnachgiebig von eifersüchtigen Todesgottheiten observierten Welt, und vielleicht kann sie wirklich nicht sein, wo der Herr Thanatos gleichzeitig in der Rolle des obersten Sündenrichters und Gewissenschlichters sitzt. Heimlich herausgehört, herausgeschmeckt, mit einem eigenen Sensorium erspürt hat das selbstverständlich auch ein in seinem Willen zur Lust unendlich verunsichertes Lesebürgertum, das sich im Konflikt zwischen Neigung und Nötigung schließlich doch für die Eisenklauen der Gewissensmächte entscheidet. Es kann zwar nicht gänzlich absehen von der Wahrheit seiner Triebe, anders es diese unterversorgten Lebensflämmchen nicht so teilnehmend flackern und nach Luft ringen sähe. Und es teilt allen Ernstes diese um- und uminszenierten Hoffnungen auf ein Fitzelchen erschlichenen, erkrochenen, erkränkelten und erkauften Glücks. Aber gerade diese vom ständigen Nervenbibbern begleitete Lust an der Angstpartie verweist an jeder Stelle auf das unbarmherzige Druckwerk über dem Triebwerk: das mit dem Furor eines alttestamentarischen Rachegottes gegen die Triebnatur zu Felde ziehende Über-Ich.

Artistik im Sinne eines idealisch-utopisch ausbalancierten Miteinander von Ober- und Untersphäre scheint mir das wahrlich nicht. Erleichterung, die sich konkret erst mit dem Untergang der Protagonisten einstellt, hat mit einladender Beispielhaftigkeit wohl nur wenig zu tun und auch mit sinnbildlich zu verstehender Levitation nicht mehr sonderlich viel gemein. Was sich als ständig geschürte Spannung dem Leser beinah körperlich mitteilt (und ich nehme die eigene Reizbarkeit gar nicht aus), ist der mit allen Mitteln nervöser Erzählkunst dramatisierte Konflikt zwischen unberechenbaren Privatpassionen und den augenblicklich an die Einbruchstellen beorderten Erstickungs-, Abwiegelungs- und Pazifizierungsmächten, der selten im Sinne eines Modus vivendi und im realen Zweifelsfall immer zugunsten der Zwangsidee «machtgeschützte Innerlichkeit» entschieden wird.

Was bleibt, wenn die Formalitäten ihre heimliche Bedeutung preisgeben und die in Freiheit entlassenen Sinnbilder als reelle Verheißungen wahrgenommen werden wollen – nun, man fragt sich. Und man fragt und man windet sich jetzt ja schon eine ganze Weile zwischen immer wieder neu gewecktem Vergnügen und zäh anhänglichen Verstimmungen hindurch, gelegentlich auch auf den Fleck gebannt und wie das Kaninchen vor der Schlange, die sich in den Schwanz beißt. Das im Verlauf der Lektüre oft genug zu ästhetischem Wohlgefallen gerinnende Unbehagen an unannehmbaren Fatalitäten (verweigerten Perspektiven oder im Keim erstickten Hoffnungen) kehrt wie ein unerlöstes Gespenst zum Konfliktort zurück und verlangt nach anderen Lösungen, als mit Kunst in Ruhe gewiegt zu werden. Nehmen wir eine große Stelle als Beispiel, den Schluß der *Tristan*-Novelle. Sie zeigt uns den Bühnenabgang des bereits erwähnten Herrn Spinell – unendlich einfühlsam, unendlich gemütskalt und aus weit erhabener Voyeursperspektive beschrieben –, doch was als Eindruck schließlich haftet, ist nicht viel mehr, als daß der Verfasser wieder mal eine schöne Figur gemacht hat: «Da machte Herr Spinell kehrt und ging von dannen. Er ging, gefolgt von dem Jubilieren des kleinen Klöterjahn, mit einer gewissen behutsamen und steifgraziösen Armhaltung über den Kies, mit den gewaltsam zögernden Schritten jemandes, der verbergen will, daß er innerlich davonläuft.»

Am Glanz der Nummer will ich dabei gar nicht zweifeln. Das ist schon ein tolles Stück, wie menschliche Ohnmacht sich als Scharade auflöst und eine Jämmerlichkeit in der Flucht immer durchsichtiger wird. Ich frage mich eben nur, wem ich als Publikum und in mehrerlei Hinsicht Mitgenommener am Ende meinen Beifall spenden soll: dem psychologischen Durchleuchtungsvermögen des Autors oder einer in ein hübsches ironisches Licht gesetzten Entfremdungspièce?

Daß das fast schon verbotene Gedanken sind, weiß ich auch, aber nichts für ungut, sie stellen sich. Sie stellen sich sogar ohne vorsätzliche Inbetriebnahme moralischer Projektionsapparate, gewissermaßen zwangs- und dann auch bald gegenläufig, denn wozu ich nun zum soundvielten Male verführt / verleitet werden soll, ist nichts anderes als – nein, nicht Einsicht in die Notwendigkeit, sondern: – Ergebung in das tendenziös inszenierte Unterwerfungswerk. Diese zahlreichen verknitterten Elendsfiguren mit ihrer verborgen-verbogenen Innerlichkeit sind ja in Wahrheit ideologische Figurationen, die statt an unser Mitleid und unseren Zorn an unser schmunzelndes Einverständnis appellieren. Der Geist als Eckensteher des Lebens gewinnt über seine leitmotivische Führungsrolle zunehmend axiomatisch weltanschauliche Bedeutung, das heißt, die Piècen haben ihrerseits Tendenz und Moral, Resignationstendenz und Entsagungsmoral, und nichts beleuchtet ihre schiefe Abseitsstellung so deutlich wie das mokante Gemecker über die Klöterjahne und die Klöterjahnskinder der niederen Gewöhnlichkeitswelt.

Die vielzitierten, häufig beschworenen «Wonnen der Gewöhnlichkeit» werden ja auch nun einerseits von einer sternenweit entrückten Götterwarte aus zur Kenntnis genommen – die verborgenen Triebfedern der Betrachtungsweise heißen Mißgunst und Neid. Der selbstverschuldete oder tragisch schicksalhaft erlebte Mangel an gemütlichem Dabeisein läßt den leidvoll auf seinem Ausnahmekurs beharrenden Einzelgänger immer wieder mit scheelen Nebenblicken zu den unschuldsvoll Verschonten hinübersehen, und es sind schon die Ressentiments, die den Scharfblick hier richtig spitz machen. Ich sehe aber noch etwas anderes. Ich sehe, was Heinrich Heine einmal bei seinem Kollegen Ludwig Börne mit kritischen Seitenstichen angemerkt hat: «ein unsicher lüsternes Zwinkern, das sich vor der inneren Stimme fürchtet»; und genau diese sich nie richtig trauende Lüsternheit, diese immer heimlich mitbeteiligte Sündenangst und der dazugehörige Enthaltsamkeitsbrodem trüben unserem scheinbar von einem höchsten jägerischen Anstand aus spekulierenden Beobachter öfter das Objektiv, als der genauen und unbefangenen Wahrnehmung dienlich ist.

Prüderie ist kein guter Augenlenker und ein vorgefaßtes Enthaltsamkeitsevangelium kein freier Entscheidungsspielraum. Der wieder und wieder vorgeführte Gestus der Verlockung/Betörung, der sich als eine durchgehend-mitziehende Armbewegung von Geschichte zu Geschichte weiterrankt, offenbart in seiner fast schon beliebigen Abrufbarkeit und mechanisch-lieblosen Reproduktion den ganzen Jammer einer mit ihrem Joch versöhnten Seele. *Der kleine Herr Friedemann:* «[...] diesen runden, mattweißen Arm, der wie die schmucklose Hand von ganz blaßblauem Geäder durchzogen war, sah er immer; das war nicht zu ändern.» *Wie Jappe und Do Escobar sich prügelten:* «Er sah aus wie ein kleiner magerer Amor, wie er da lag, mit erhobenen Armen.» *Die Betrogene:* «Er machte sich nicht das geringste daraus, daß er [...] nun also seine bloßen Arme zeigte, – sehr ansehnliche, runde, kräftige, weiße junge Arme.» *Der Tod in Venedig:* «Er lag ausgestreckt, das Badetuch um die Brust geschlungen, den zartgemeißelten Arm in den Sand gestützt.» *Der Kleiderschrank:* «Sie war ganz nackt und hielt einen ihrer zarten Arme empor, indem sie mit dem Zeigefinger einen Haken an der Decke des Schrankes umfaßte.» Wie gesagt also, das kann man so fortführen, und das greift von den Geschichten und Erzählungen ohne weiteres, lies, ohne weitere Differentiationen und persönliche Zuschreibungen auf die großen Erzählwerke über (die bereits erwähnte und beim Zurechtordnen ihres Haargebäudes unermüdlich die blanken Arme präsentierende Frau Chauchat inklusive), ein halbjüngferliches Schau- und Zeigeverlangen, ein schier tickhaftes, aber immer schon im Ansatz stockendes Entblößungsgelüst, ein scheinheiliger und scheinsündiger Wink ins Leben hinein und aus bürgerlicher Herzensenge heraus, weiß der Teufel, was diesen unentschlossenen Charakter hinternach so insistent nach dem Richtschwert verlangen läßt.

Und weiß der Teufel, was uns, die wir eigentlich Proselyten machen und nichts als Ergebenheit und Konversion bekunden wollten, letzten Endes bei den altbekannten Vorbehalten Einkehr halten läßt. Es sitzen unsere Bedenken freilich nicht mehr derart fest im Sattel, daß wir sie für eine abschließende Meinung halten möchten, beziehungsweise für den Ausfluß einer unabänderlichen Antipathie. Haben wir nicht selbst über viele Seiten hin mit den verletzlich-zerbrechlichen Helden gebangt und schämen uns nun vielleicht unserer immer wieder aufs Glatteis geführten Anteilnahme? Beziehungsweise haben wir nicht auch wieder ziemlich häßlich über die grotesken Verrenkungen einiger Hauptdarsteller gelacht, als ob alles Mitfühlen bloßer Pustekuchen wäre? Aber am luftigsten, freiesten, glücklichsten haben wir uns doch am Schluß der Novelle *Mario und der Zauberer* gefühlt; mag wohl sein, daß wir hier noch den passenden Schlüssel für unser teils gestörtes, teils schon beinah medial korrespondierendes Verhältnis zu diesem Autor finden können.

Was geboten wird – aus der Zuschauerperspektive und zugleich von der Warte eines aufgeklärten Theaterkritikers her –, sind die Darbietungen eines Hypnosekünstlers, die auch der Kenner von Phänomenen nur erstaunlich nennen kann. Objektiv ist der Mann so gut, daß er seine Versuchspersonen wie willenlose Gliederpuppen nach seiner Pfeife (Peitsche) tanzen läßt. Und er ist auch wieder so übel, daß er sie zu den unwürdigsten Verrenkungen, Affentänzen und Selbstbloßstellungen verleitet. Da der Teufel hier allerdings im Detail und der Autor gleichwohl in der Rolle des gewissenlosen Menschenmanipulators steckt, wissen wir bald gar nicht mehr, wessen Fähigkeiten wir eigentlich mehr bestaunen wollen, den bei aller Fasziniertheit immer noch überlegt-überlegenen Beobachter im Parkett oder den in seiner Machtversessenheit doch reichlich verzwängten Marionettenlenker auf der Bühne, bis – ja, bis der gemeine Gewöhnlichkeitsmensch (durch den Titelhelden Mario vertreten) dem bedrohlichen Spuk mit der Pistole ein Ende macht und der Autor-Berichterstatter und wir, seine Lese-Mitzuschauer, befreit und versöhnt miteinander nach Hause gehen können. Von wem befreit? Sagen wir es der Heikelkeit des Falles wegen so höflich und zurückhaltend wie möglich: von einem autoritären Alpdruck, dessen finsteres Regiment wir schon aus anderen Geschichten herauszuspüren glaubten und dessen sinnbildhafte Erledigung wir um so freudiger begrüßen, weil es endlich einmal den Richtigen trifft.

Das mögen schlichte Vergnügungen sein, aus vergleichsweise primitiven Heilserwartungen erwachsene, einfach aus der Welt zu schaffen sind sie dennoch nicht. Und wie sollten sie auch, wo die Allmacht der Zwangsgedanken hier ein riesiges literarisches Werk dirigiert, in Schach gehalten einzig durch den Zaubergeist der Ironie, der dem Dämonentreiben wenigstens einen Schein von Freiheit entgegensetzt. Ironie, so verstanden, wäre also als der immerwährende Versuch zu sehen, dem hypnotischen Bann zu entkommen und die Fatalitäten von einem freigewählten höheren Standpunkt aus in Frage zu stellen. Ironie in diesem gehoben-erhebenden Sinn wäre nichts Geringeres als das lebensbegleitende Bemühen, den Kopf doch noch aus der Schlinge zu kriegen und tragische Verhängnisse zur Komödie aufzulichten. Der von uns freudig begrüßte Schuß auf die Kanzel bringt also mit ungleich robusteren Mitteln zuwege, was Parodie und Ironie in ihrem eigenen Geisterreich zu bewältigen suchen. Er hebt den Höllenzwang auf, der die menschliche Willensfreiheit auf einer schwer zugänglichen U-Ebene in Frage stellt und den ich – wo es sich wahrhaft nur um in die Unterwelt verschlagene tyrannische Gewissensmächte handelt – gern öfter durch solche gewaltsamen Befreiungsakte aufgebrochen sähe.

An der neugewonnenen Wertschätzung eines bislang sträflich vernachlässigten Prosaartisten ändert das nichts, oder sagen wir lieber, wenig. Sie hat sich ohnehin beinah nebenher und jenseits alteingefleischter Animositäten entwickelt, und worin sie sich immer wieder freudig fängt, ist das lockere Weben und zaubrisch leichte Vorwärtsstreben einer Prosa, die man, statt sie zu analysieren, lieber vorlesen und für sich selbst sprechen lassen sollte.

Nehmen wir nur solch einen einzigen Auftakt wie den Anfang der Erzählung *Ein Glück* – «Still! Wir wollen in eine Seele schauen. Im Fluge gleichsam, im Vorüberstreichen und nur ein paar Seiten lang, denn wir sind gewaltig beschäftigt. Wir kommen aus Florenz, aus alter Zeit; dort handelt es sich um letzte und schwierige Angelegenheiten. Und sind sie bezwungen, – wohin? Zu Hofe vielleicht, in ein Königsschloß, – wer weiß? Seltsame, matt schimmernde Dinge sind im Begriffe, sich zurechtzuschieben [...] Anna, arme kleine Baronin Anna, wir haben nicht lange Zeit für dich – – –» – ist das etwa nicht die pure Levitation, und haben wir uns seit dem seligen Hans Christian Andersen überhaupt je wieder so flaumleicht angehoben und aus der Kurve getragen sehen? Beziehungsweise ist uns in unseren Breiten überhaupt noch ein zweiter Künstler bekannt geworden, der uns nach einer derart schwerelosen Abschweifung nach Sankt Nirgendwo mit vergleichbarer Zielsicherheit auf dem belebten, bewegten, alle irdischen Sinne sofort in Erregung setzenden Tanzboden absetzen könnte: «Dreitakt und Gläserklang, – Tumult, Dunst, Summen und Tanzschritt: man kennt uns, man kennt unsere kleine Schwäche. Ist es, weil dort der Schmerz die tiefsten, sehnsüchtigsten Augen bekommt, daß wir heimlich so gern an Orten verweilen, wo das Leben seine simplen Feste feiert?»

Alles tief bewegende Fragen. Alles hochinteressante Bedenklichkeiten. Zumal, wenn wir uns selbst nicht ganz im klaren sind, ob hier nicht der außergewöhnlich glückliche Ausgang einer Geschichte mit unserer ganz und gar ungewöhnlichen Abneigung gegen tragische Bühnenschlüsse zusammenfällt und wir womöglich als besonderen Glanz genießen, was uns aus sehr viel schlichteren Gründen aus der Seele gesprochen ist.

Joachim Ringelnatz, das vervielfachte Original

Sein literarisches Nachleben, Weiterleben hat etwas Klabauterhaftes, und ich glaube nicht, daß man das nur in ihn hineinsieht. Obwohl es eine Ringelnatz-Mode nach dem letzten Krieg nie gegeben hat – wie wir etwa zweimal von einer Benn-Welle sprechen konnten und anderthalbmal auch von einem Brecht-Trend –, sind der kleine Mann und sein luftiger Mythos einfach nicht aus der Welt zu kriegen, aus dem anhänglichen Gedächtnis seiner Leserwelt nicht. Auch ohne das Vorhandensein einer kritischen Gesamtausgabe spuken seine Gedichte als quicklebendige und leicht zitierbare Geister in vielen Köpfen herum. Kaum daß man ihn für vergessen hält, hat sich gerade wieder jemand an seine Fersen geheftet, ihn für sich an Land gezogen, ihn einer Neuauswahl oder philologischen Untersuchung für würdig befunden, die im Augenblick letzten Liebesbeweise: ein von Norbert Gescher besorgtes Sammelbüchlein im Rowohlt Verlag und eine stilkundliche Analyse von Leben und Werk von Walter Pape bei de Gruyter.

Papes Buch, das der Wissenschaft dient, ohne die gemeine Leserschaft dabei gleich aus den Augen zu verlieren, hat uns allerhand Wissenswertes auch über Ringelnatzens geheime Anziehungskräfte mitzuteilen. Obwohl dessen häufig zitierte und gar nicht genug zu rühmende «Originalität» sich bei näherem Hinsehen als ein ziemlich buntes Bukett von ziemlich ausgefallenen Vorlieben entfaltet (ein Exmariner im Matrosenanzug auf der Brettlbühne, wo gibt es das schon ein zweites Mal?), scheint die Mischung dennoch nicht derart extravagant, daß sich nicht eine ganze Menge ähnlich verschrobener Subjekte und vergleichbarer Abnormitäten darin zu erkennen vermöchte. Nehmen wir einmal an, daß die Poesie eigentlich nie eine schönere Aufgabe gekannt hat, als der Abweichung von der Norm zum öffentlichen Ausdruck zu verhelfen, dann bedient sich bei Ringelnatz zweifellos eine Klientel von Einzelgängern, die mit ihm (und Paul Scheerbart) Charakter für Eigensinn hält und das Vorhandensein von vorkragenden Persönlichkeitszacken für beachtlicher als ein angepaßtes Strömungsprofil. Abgesehen von sogenannten ästhetischen Werten (oder was uns die Literatur so lieb und teuer macht) genießen wir in der Ringelnatz-Nummer auch den Sieg des solitär Handgemachten über den Konfektionsartikel – eine wahrhaft rare Erscheinung auf der mit positiven Helden nicht gerade vollgestellten Bühne der modernen Poesie.

Über das, was bei einer tragikomischen Maske das eigentlich Erhebende sei – der heitere Schein von Fassung oder ihre heimlichen Leidensgründe –, läßt sich natürlich gut streiten. Das erklärt vielleicht auch, warum in der Ringelnatz-Gemeinde der rechte logenbrüderliche Geist bislang nicht aufkommen wollte und das Gerangel um einen Platz an Ringelnatzens grüner Seite immer gleich diesen sonderbaren Anstrich von Querulantismus bekommt. Schon die 1964er Biographie von Herbert Günther eröffnet mit einem charakteristischen, weil besitzergreifenden Angriffszug: *Über kaum einen Künstler dieses Jahrhunderts ist soviel Unsinniges und Entstellendes verbreitet worden wie über Joachim Ringelnatz.* Und ganz ähnlich leitet zehn Jahre später Walter Pape seine Untersuchung mit einem besserwisserischen Schlenker auf *die oft mißverstandenen Gedichte und das mißverstandene Leben* ein. So insinuiert beinah jeder neue Deutungsversuch zunächst einmal das begrenzte Fassungsvermögen aller anderen Ringelnatzianer und gibt bereits im voraus zu erkennen, daß es mit dem wahren Verständnis jetzt erst richtig losgehe.

Um der Kutteldaddeldukunde neu auf die Sprünge zu helfen und sich von seinen Mitbewerbern gleich gehörig zu unterscheiden, hat der Germanist Walter Pape zwei nicht oft zusammen vor einem Wagen gesehene Steckenpferde zugleich aufgezäumt: die Lernpsychologie und – man sollte das zunächst einmal gelassen zur Kenntnis nehmen – die von Alfred Adler begründete Lehre von den Organminderwertigkeiten und den sie begleitenden Kompensationsbedürfnissen. Die wunderliche Paarung stellt sich bei näherem Hinsehen nämlich als ganz vernünftiges und leistungsfähiges Gespann heraus. Folgt man dem Verfasser nur mit der gebotenen Unbefangenheit auf seinem dreigliedrigen Untersuchungsgang («Der Vater» – «Der Nasenkönig» – «Das uralt Kind»), stellt man mit wachsendem Aha-Vergnügen fest, daß die ungleichen Methoden sich vorzüglich ergänzen und die Kompensationstheorie immer dann kompensierend einspringen kann, wenn komplizierte Bildungsprozesse sich nicht einfach in die Klippschuldialektik von Trial and Error, Reiz und Reflex oder Lohn und Strafe fügen wollen. Was sich im Eingangskapitel noch einfach mit lernpsychologischen Begriffen erklären läßt, die geistige Abhängigkeit des jungen Hans von seinem Vater Georg Bötticher (einem bekannten Mundartdichter und Lokalliteraten) und seine schrittweise Einübung in den bürgerlichen Harmoniekanon des Guten, Wahren und Schönen, lenkt wie von selbst zu einem Schwenk in der Optik über, als der jugendliche Träumer ziemlich unsanft – und man muß schon sagen, direkt mit der Nase – auf die Widersprüche dieses Harmoniesystems gestoßen wird.

Daß man einen kleinen Hans seiner langen Nase wegen zu hänseln beginnt, kann für diesen gelegentlich folgenreicher sein als der große Wogengang der Weltgeschichte. «Ich bin überzeugt, daß mein Gesicht mein Schicksal bestimmt», äußert der Dichter noch im Jahre 1924 gegenüber einem Journalisten, «hätte ich ein anderes Gesicht, wäre mein Leben ganz anders, jedenfalls viel ruhiger verlaufen.» An solche Selbstaussagen und zahlreiche ähnlich klingende hängt Walter Pape sich mit wahrhaftigen Alfred-Adler-Augen an, um einem verschlungenen Lebenslauf/Bildungsgang auf die Schliche und den poetischen Motiven auf den Lebensgrund zu kommen. Die wirklich beunruhigenden Kollisionen zwischen dem Ich und der Welt finden für Pape eben nicht in jenen abgehobenen Ideensphären statt, wo die großen philosophischen Antithesen aufeinanderprallen, sondern auf jenem unscheinbaren Abenteuerspielplatz, wo eine unverhältnismäßig lange Nase leidigerweise immer wieder aneckt und ein hähnchenhaftes Gestältchen zum tragischen Spottobjekt werden kann. Das entidealisiert die geläufige biographische Schönschreiberei allerdings beträchtlich und stellt, was wir gedankenlos «Tragödie» nennen, endlich einmal auf die ungeraden Beine. «Ich weiß, daß ich häßlich bin. Meine Beine sind krumm. Ich habe ein schiefes vorstehendes Kinn», so Ringelnatz in einem Romanfragment aus dem Jahre 1910; und wer es nicht glauben will, daß das dem Autor höchstpersönlich aus der Seele gesprochen ist, kann sich die Identität noch einmal durch seine Autobiographie *Mein Leben bis zum Kriege* bestätigen lassen: «Es stand schlimm für mich, denn ich hatte krumme Beine, eine lange Nase und einen Gang, der ebenso unsicher war wie meine Handschrift. Telschwo dagegen war ein stattlicher Bursche, der sich mit einer spaßigen Eitelkeit kleidete und pflegte.»

Die Konfrontation eines augenscheinlich Zukurzgekommenen mit einem Musterbild von Stattlichkeit und Selbstgefälligkeit gehört hier natürlich zur Selbstdramaturgie, und Walter Pape ist ihr unerschrokkener Interpret. Immer hart am Text und am schwankenden Bildungsgang entlang, verfolgt er den Lebensweg eines in vielen Berufen gescheiterten Außenseiters, dessen Besonderheiten zunächst einmal als Absonderlichkeit auffallen und dessen spätere Markenzeichen ausnahmslos aus Pariamalen entwickelt scheinen. Erst im mutwilligen Überzeichnen der bedrohlich vorkragenden Körpermerkmale (Adler würde sagen, in ihrer Überkompensation) gelingt es Ringelnatz, das Bild des Jammers zu einer allgemein belustigenden Maske umzuschneidern und das erwartete Gelächter der Umwelt – selbstherrlich – zu antizipieren. Erst in der Gestalt des unermüdlich besoffenen Seelords Kuttel Daddeldu beweist sich der unfreiwillig in die Mangel Genommene überzeugend als sein eigener Schicksalslenker. Die geliebten Schiffsplanken, die ihm einmal die Welt bedeuteten, mit den Bühnenbrettern vertauschend, bewegt er sich auf dem ungewohnten Parkett mit einer Grandezza, als wäre er noch auf See und die Vergangenheit noch nicht zu Ende: ein Selbstaufhebungsakt, wie ihn die Kunst nicht alle Tage zustande bringt und ein Hans Bötticher auch nur bei restloser Hingabe seiner Privatperson an die Kunstkarikatur. *Das Publikum aber,* schreibt Pape, *identifizierte ihn selbst mit seiner Selbstparodie. Der einst von Heldentod und Gefahren Träumende, der sich noch als Reserveoffizier «wie ein Dandy» pflegte, wird jetzt zur unfrisierten Kuriositätennummer.*

Sich in Masken fassen heißt sich selbst verdoppeln, heißt sich selbst zerteilen, heißt sich potenzieren – ein Prozeß, der das Subjekt in ständiger Bewegung zeigt und Identität nur in der Verwandlung erkennen läßt. Die verwegene Aufteilung einer Person in eine Vielzahl von Widergängern, die auch nicht nur Ringelnatz oder Daddeldu heißen müssen, sondern sprechende Namen wie Zwieback, Wandelhub, Pinkomeier oder Gustav Heester tragen, lassen die Suche nach sich selbst als ständige Flucht in immer neue Alibis erscheinen, wobei die Selbstvermummung und die Selbstverhüllung nur zwei Seiten der gleichen sprechenden Maske sind. Die berechtigte Frage nach der pädagogischen Bezugsperson, die uns zu Anfang noch gar kein Problem war, wird dabei zunehmend verfänglicher. «Wer ich bin? – Sie meinen, wie ich heiße?» fragt der Seelord Kuttel Daddeldu eine «schöne Unbekannte» in der Geisterballade *Ansprache eines Fremden an eine Geschminkte vor dem Wilberforcemonument*, aber die Frage selbst ist ja schon so doppelsinnig wie der Eindruck fortschreitender Trunkenheit und drohender Geistesverwirrung trügerisch, denn was sich hier im Schatten des Wilberforcemonuments ein nächtliches Stelldichein gibt, sind selbst nur Schatten, Schemen und geschminkte Larven: ein Vexierspiel, das aus der Fragwürdigkeit kommt und am Ende programmgemäß im Ungefähren verläuft.

Das ist nun kein richtiger Scherz.
Ich bin auch nicht richtig froh.
Ich habe auch kein richtiges Herz.
Ich bin nur ein kleiner, unanständiger Schalk.
Mein richtiges Herz. Das ist anderwärts, irgendwo
Im Muschelkalk.

Daß man so etwas auch mißverstehen kann, scheint mir läßlich und eigentlich ganz in der Ordnung. Wer sich selbst einen «Mann mit Ringelnatzmiene» nennt und sich augenzwinkernd von einer Rolle in die andere und darüber begibt («Ich fliege, ein krächzender Rabe, über mich selber hin»), kann die mit List hintertriebene Eindeutigkeit hernach nicht gut wieder einklagen. Was der Verkennung bisher ihre breiteste und zugleich auch ödeste Angriffsfläche vorlegte (das mit Virtuosität allein nicht erklärte Vermögen, die großen Weltenrätsel als Kabarettpièce vorzuführen), ist ja gerade die Kunst in der Kunst und – im Vergleich mit dem Durchhängewesen unserer zeitgenössischen Depressionspoesie – die anspruchsvollere Disziplin mit dem höheren Schwierigkeitsgrad. Das Schwere leicht zu machen, und zwar im Zweifelsfall so leicht, daß es bis in die hinterletzten Parkettreihen trägt, verleiht dem oft gedankenlos benutzten Begriff «Artistik» einen praktischen Sinn, wie er vor Ringelnatz überhaupt nie ernsthaft erörtert wurde; aber natürlich, die Zeiten lassen sich absehen, wo nach den Endzeit-Tragöden auf ihren Bleikothurnen die neuen Unerheblichkeitshansel folgen, die uns das Gewicht unserer Welt an Papphanteln demonstrieren.

Gewußt und vorausbefürchtet hat das alles Ringelnatz selbst. Von den bedeutenden Systembildnern unserer lyrischen Galaxis ist er mit Sicherheit die labilste Erscheinung, das störungsanfälligste Gleichgewicht, weshalb wir den Artisten auch ständig am Pendeln, am Schlenkern, am Austarieren seines fein abgestimmten Equilibriums sehen. Wo er meint, des Guten zuviel getan und sein leicht gerührtes Herz zu weit geöffnet zu haben («ich bin etwas schief ins Leben gebaut. Wo mir alles rätselvoll ist und fremd»), zieht er sofort ein paar Gramm Gemütlichkeit wieder ab und legt statt dessen einige Scheiben Aufschnitt-extra drauf («Da wohnt meine Mutter. Quatsch. Ich bitte dich, sei recht laut»). Wo man ihm andererseits nur um einen Hauch zu nah auf die Pelle rückt – Dichter zum Anfassen, so weit kommt's –, entpuppt sich die einladende Geselligkeit auf einmal als die reine Berührungsangst:

Es war ein scheues Wort.
Das war ausgesprochen.
Und hatte sich sofort
Unter dem Sofa verkrochen.

So verlagert er seinen Schwerpunkt mal hierhin, mal dorthin, gibt sich aufgeräumt, laut, populär, geschwätzig, mitteilungsselig, um dann plötzlich und scheinbar improvisiert in die reinsten Himmelshöhen abzuheben: eine Selbstfindungsequilibristik, die auf Erden ihresgleichen sucht und sich wissenschaftlicher Neugier und philologischem Feststellungswahn auf ihre eigene luftdurchlässige Weise entzieht. Gegen das einfache Begreifen oder Begrabbeln sträubt sich hier nämlich aus einem verborgenen Herzensgrunde alles. Es ist das «scheue Wort» – ja, was ist es, wenn nicht selbst ein schwebendes Gleichnis für das heimliche Elfenwesen des Gedichtes, seinen astralen Unbegreiflichkeitsgeist. Aus den Himmeln ungetrübter Beziehungslust ins kleine Welttheater und dann auch gleich unter die Leute verschlagen, lauscht es dem erhofften Zuspruch / Widerhall immer auch mit einem Rest von Bangen entgegen. Was man bei Ringelnatz einerseits als Flucht nach vorn lesen muß – das Herunterinszenieren seiner inneren Stimmen für den öffentlichen Amüsierbetrieb –, kann sich nämlich im Wortumdrehen in sein Gegenteil verkehren, Angst vor dem lauten Anklang, Angst vor dem groben Anhang, so daß die eben noch so munter gezogenen Register einen Atemzug später in einem geisterhaften Echoraum zu verhallen scheinen.

Kam aber sehr bald ein Parodist
Mit geschäftlich sicherem Blick,
Tauchte das Wort mit Speichel und Mist
In einem Aufguß gestohlener Musik.
So ward es publik.
So wurde es volkstümlich laut.
Und doch nur sein Äußeres, seine Haut,
Das Klangliche und das Reimliche.
Denn das Innerste, Heimliche
An ihm war weder lauschend noch lesend
Erreichbar, blieb öffentlich abwesend.

Der so wenig schmeichelhaft über den Parodisten spricht, ist selber einer, aber, unter uns und bei allen von ihm beschworenen Geistesverwandten, was für einer! In den *Turngedichten* von 1920 – noch im gleichen Jahr auf Ernst von Wolzogens Kleinkunstbühne «Überbrettl» vorgetragen – trainiert er sich zunächst mit einigen scheinbar frivolen Doppelgriffen in die zweifelhafte Materie ein. In dialektischer

Verschränkung von besonders gestelzten Gangarten unserer heimischen Hochpoesie und gewissen gegen den Geist des Körpers gerichteten Exerzitien des völkischen Turnwesens gelingt es Ringelnatz, die überhöhten Kraftaufwände der einen Disziplin so überzeugend in die schiefen Stilisierungen der anderen hinüberzuspiegeln, daß am Ende die reine Götterkomik herausschaut. Die Beispiele, die uns Papes Buch in bemerkenswerter Fülle vorführt, sind in jedem Fall belehrend und belustigend zugleich, und das nicht etwa, weil der Appell an unsere Lachnerven von der erwarteten Unvereinbarkeit der Sphären zehrte. Die wahre Tollheit liegt ja gerade in ihrer unverhofften Vergleichbarkeit, der eigentliche Aberwitz in einem mit Tücke inszenierten Satyrspiel der wechselseitigen Entstellung. Das hochfahrend-wolkenkratzende Pathos von Schillers Lehrgedichten und die antiquarische Scheinlebendigkeit von Uhlands Balladen, die bis an den Rand der Sehnenzerrung überdehnten Imponierfiguren Stefan Georges oder Rainer Maria Rilkes und der offensichtlich auch um einen Tick zu pastos aufgetragene Überheblichkeitsgestus von Goethes *Prometheus*, alles trifft sich auf einer sozusagen zirzensischen Wettbewerbsebene mit der Kunst des Kraftsports und der gymnastischen Körperverrenkung, wobei als heimlicher Sieger der Veranstaltung allemal der fadenziehende Artist herausschaut.

Kniebeuge

Kniee – beugt!
Wir Menschen sind Narren.
Sterbliche Eltern haben uns einst gezeugt.
Sterbliche Wesen werden uns später verscharren.
Schäbige Götter, wer seid ihr? und wo?
Warum lasset ihr uns nicht länger so
Menschlich verharren?
Was ist denn Leben?
Ein ewiges Zusichnehmen und Vonsichgeben. –
Schmach euch, ihr Götter, daß ihr so schlecht uns versorgt,
Daß ihr uns Geist und Würde und schöne Gestalt nur borgt.

Eure Schöpfung ist Plunder,
Das Werk sodomitischer Nachtung.
Ich blicke mit tiefster Verachtung
Auf euch hinunter.
Und redet mir nicht länger von Gnade und Milde!
Hier sitze ich; forme Menschen nach meinem Bilde.
Wehe euch Göttern, wenn ihr uns drüben erweckt!
Beine streckt!

Tiefsinnig genug scheint mir so etwas immer noch, und ich frage mich zweifelnd, was uns eigentlich mehr bewegt, der herausfordernde Gestus prometheischer Selbstüberhebung oder die an den Narrenhimmel versetzte Klage über des Menschen existentielle Unerheblichkeit. Ihren Gesangsunterlagen durch eine Vielzahl von seltsam verzwirbelten Nervenfäden verbunden bleibt die Parodie ohnehin. Als in Poesie gefaßter Nachruf / Widerruf / Abgesang hängt sie ihnen vielleicht sogar inniger an als jede bloß akademisch formelle Ehrenbezeigung – so frisch, so frech, so teilnahmsvoll und kunstverständig umgesungen zu werden kann sich ein bemoostes Museumsstück doch eigentlich nur wünschen. Daß der Mann auf dem Hochseil seiner eigenen Nachfolgerschaft auf dem platten Markt dann mit allen Mitteln der Abstandnahme zu entkommen sucht, ist eine ganz andere Frage. Wie in kaum einem anderen ästethischen Genre lassen sich in der Parodie legetime Erbansprüche und sinistres Erbschleichertum nur schwer auseinanderhalten, und wir verstehen schon das Bedürfnis einer Eff-eff-Einzelerscheinung, sich der Verwechselung mit den Blödelmännern durch Verwandlung zu entziehen.

Was wir zu Beginn noch etwas naiv als «Original» bezeichnet haben, entpuppt sich bei näherem Hinsehen also als ein ziemlich empfindsames Reflexbündel. Sich auf bedeutende literarische Vorbilder einlassen und sich kritisch von ihnen absetzen, sich in mediale Beziehungen begeben und die locker geknüpften Fäden dann wieder preisgeben, sich in scheinbar sakrosankte Erbstücke versenken und sie scheinbar respektlos von innen nach außen wenden, läßt als Verfahren sicher mehrere Deutungen zu, nur eben nicht die platte Etikettierung als Naturmethode. Im Gegenteil, womit wir es zu tun bekommen, ist Beziehungszauber von der raffiniertesten Sorte. Was über die flüchtige Varietévorstellung hinaus den bleibenden Effekt macht, ist das an jedem Punkt bewußte Spiel auf mehreren gegeneinander versetzten Schwingböden, eine technische Herausforderung, der nur der äußerste Kunstverstand im Verein mit einer absolut erstklassigen Fingerfertigkeit gewachsen ist. Allerdings – und das dürfen wir niemals vergessen –, wer hier das einfache Sesam-öffne-dich nicht erkennt, der kann noch so virtuos auf die alten Bücher eintrommeln, es kommt nur kalter Schall dabei heraus.

Daß die Parodie im Gegensatz zu der schlechten Meinung von ihr keine Knochenmühle, sondern eher ein wundertätiger Jungbrunnen ist, möchte ich nicht nur als Behauptung stehen lassen. In seinem berühmten und seit seinem Erscheinungsjahr 1863 unzählige Male nachgedruckten Winterstück *Vereinsamt* schreibt Friedrich Nietzsche: *Die Krähen schrein – Und ziehen schwirren Flugs zur Stadt: / – Bald wird es schnein, / Weh dem, der keine Heimat hat,* was natürlich mächtig zu Herzen geht. Zum anderen erinnere ich mich außer an meine eigene frühe Begeisterung für das Gedicht fast noch lebhafter an eine ornithologische Mängelrüge meines Philosophielehrers Günther Ralfs, der auch ein exzellenter Vogelkundler war: *Wer jemals Krähen beim Flug beobachtet hat, der weiß, daß sie im Gegensatz zu Kolibris nicht schwirren, sondern schaufeln.* Das ist für blinde Liebhaber eine etwas ernüchternde Einlassung. Sie unterstellt, daß auch in sogenannten Meisterwerken nichts derart hochgehängt ist, daß es der Nachfrage schon von sich aus enthoben sei. Und sie trifft sich sogar in augurischem Einverständnis mit einer stil- und vogelkundlichen Vermahnung Ringelnatzens: «Ein Rabe fliegt so schwarz und scharf / Wie ihn kein Maler malen darf, / Wenn er's nicht etwa kann» – aber darauf wollte ich eigentlich gar nicht hinaus. Bedenklicher als die Gefahr, ein paar ohnehin lose Federn lassen zu müssen, scheint mir nämlich das bedauerliche Los von unzähligen schönen alten Gedichten, in stiller Vergessenheit zu verschimmeln, und wichtiger noch als das künstlerische Grundrecht auf Einmischung der Anspruch auf kritische Vergegenwärtigung. Wo die herrschende Traditions- und Altenpflege sich schon nur noch aus der Gipstüte bedient und unsere sogenannten «Experimentellen» über ihre eigenen Schrittmacher hinweggaloppieren, als ob Avantgardismus noch etwas Neues sei, ist es immer wieder der parodistische Strippenzieher, der sein Seil zwischen gestern und morgen spannt und sein eigenes Schicksal mit dem seiner Vorgänger verbindet.

> Zwischen den Bahngeleisen
> Verträant sich morgenroter Schnee. – –
> Artisten müssen reisen
> Ins Gebirge und an die See,
> Nach Leipzig – und immer wieder fort, fort.
> Nicht aus Vergnügen und nicht zum Sport.
> Manchmal tut's weh.
> [...]
> Der Schnee ist schwarz und traurig
> In der Stadt.
> Wer da keine Unterkunft hat,
> Den bedaure ich.

Was als haltloser Scherz zu verflattern scheint – das Spiel mit dem eigenen Reisedichterdasein und der Gruß eines Fahrenden an einen reisigen Vorfahren –, ist alles andere als unverhärmte Narretei. Beziehungsweise, wenn es noch so lustig tönt und närrisch schallt, so klingt darin doch immer noch die Narrenschelle der Verzweiflung nach: *«Flieg, Vogel, schnarr / Dein Leid im Wüsten-Vogel-Ton! – / Versteck du Narr / Dein blutend Herz in Eis und Hohn!» – Es ist so traurig,* schrieb Erich Kästner gelegentlich eines Ringelnatz-Vortrags im Oktober 1924, *daß sich die meisten angewöhnt haben, über Ringelnatz als einen Hanswurst und Suppenkasper zu lachen. Merken denn so wenige, daß man keine Kabarettnummer, sondern einen Dichter vor sich hat?* Dies Mißverständnis scheint mir freilich trotz des schönen Buches von Walter Pape immer noch so anhänglich wie die Verwandlung von Trübsinn in Erheiterungsgegenstände schwer. Und eher wird man noch den Komödianten im Tragiker entdecken (wie man Kafka immer mehr als Humoristen zu verstehen beginnt) als die abgründige Leidenswahrheit in der Spaßmacherrolle.

Daß sich das Vexierbild im Verständnis seines Publikums noch einmal zu einem richtigen Menschenbild aufhellen würde, war eine Hoffnung, der auch Ringelnatz schließlich nicht mehr vertraute. Wo das kühne Lachen über die eigene Unzulänglichkeit oft genug in schierem Gelächter untergegangen war, wurde ihm der Zwang zur Mimikry zunehmend zum heimlichen Tränenquell und die Selbstparodie zur Selbstquälerei. So sehen wir einen Mann, den die Flucht vor der Verkennung in seine eigene Karikatur getrieben hatte, am Ende vor den selbstgemachten Späßen zurückweichen: in die magische Flüsterstrophe – die Vergeblichkeitslitanei – den dunkelmurmelnden Wahrsagevers –, aber das sind dann schon so allerletzte Eröffnungen, die man nicht mehr mitpfeifen, sondern nur noch erkenntnisinnig nachseufzen kann.

Willst du Lachen gegen Lachen
Heucheln? Hohle Witze machen?
Daß du vorm Gewissen fliehst,
Öffentlich,
Lachenden Gesichts??
Hüte dich!
Weißt du, was du morgen siehst? – –
Vielleicht nur und für immer: nichts.

«Und aller Fluch der ganzen Kreatur» – Gottfried Benn zum 90. Geburtstag –

Er wäre am 2. Mai dieses Jahres neunzig geworden – eigentlich noch kein Alter für einen Toten und kaum ein Anlaß für ausgedehnte Jubiläumsfeiern. Trotzdem klammert sich unsere Erinnerung immer gern an solche runden Zahlen, zumal wenn sich ein postumer Geburtstag mit unserem nicht totzukriegenden Bedürfnis nach Wiedererweckung und Auferstehung trifft. Was möglicherweise respektlos klingt, möchte nur verwundert erscheinen, insofern wir ja schon viele geschätzte Hingegangene der expressionistischen Generation in Frieden haben schlummern lassen, ohne daß sich unser Gedächtnis mit mahnenden Zwischenrufen gemeldet hätte. Wenn ich recht informiert bin, wurden die hundertsten Geburtstage von August Stramm und Ferdinand Hardekopf so lieblos zur Kenntnis genommen wie die neunzigsten von Jakob van Hoddis und Carl Einstein, und ich wage mit Grund zu bezweifeln, ob uns Benns 1886er Jahrgangsgenossen Paul Boldt, Hugo Ball, Albert Ehrenstein und Max Herrmann Neiße noch einmal ausführlicher beschäftigen werden.

Die Frage, die mich bewegt, heißt dabei einfach: warum auf der einen Seite diese Friedhofsruhe und auf der anderen ein fast schon aufgeregtes Bemühen, dem Erinnerungsvermögen auf die Beine zu helfen. Lassen wir im Moment einmal gänzlich dahingestellt, wie viele Büchermeter lang ein literarisches Leben sein muß, um den genügenden Stoff für neue Ausgrabungen herzugeben – die Bennschen Hinterlassenschaften sind bequem zu überschauen. Wichtiger scheint mir, daß die nach und nach Nachgeborenen der heiligen Asche noch ein paar Lebensfunken für ihr eigenes Dasein glauben entnehmen zu können, denn nichts befeuert die Entdeckerlust so sehr wie die Hoffnung, sich selbst auf die Spur zu kommen. In seinem vielzitierten Essay *Das Ge-*

nieproblem – einer literarischen Paraphrase des Buches *Genie, Irrsinn, Ruhm* von Lange-Eichbaum – beschäftigt sich übrigens gerade Gottfried Benn mit solchen Phänomenen aktueller Resonanzen und langfristiger Legendenbildung, um am Schluß mit einem Abstecher in die ungeliebte Soziologie zu folgern: «Genie wird nicht geboren, sondern entsteht. Nicht die Anlage, die Leistung, auch nicht der Erfolg allein genügt, um ein Genie zu werden, sondern es muß etwas anderes hinzukommen, nämlich die Aufnahme bei der Gruppe, beim Volk, bei der Zeit, häufig einer späteren. Genie muß erlebt werden. Man müßte also weniger von Genie sprechen, als von Genie*werdung*, es ist ein extrem soziologischer Prozeß, der aber nichts zu tun hat mit einer metaphysischen und unklaren Reifung der Zeit für Persönlichkeiten und Ideen, es ist ein kollektivistisches Umformungsphänomen, am Ausgang steht die historische Figur und am Ende das Genie.»

Seien wir zur Feier des Tages nicht überheikel und nehmen den «extrem soziologischen Prozeß» als das, was er eigentlich meint: einen soziologisch interessanten Vorgang der Mythologisierung von geschichtlichen Erscheinungen. Auch wenn ihm die Gesellschaft und die Kunde davon gelegentlich ein bißchen durcheinandergehen, ist es für Benn schon erstaunlich genug, daß er solche «kollektiven» Resonanzböden überhaupt zur Kenntnis nimmt und daß er sich das Weiterwirken großer Geister ohne deren mittelbares oder unwillkürliches Mitschwingen gar nicht mehr vorstellen kann. Die Frage, wer wann was zum sympathetischen Resonieren bringt, ist auch keineswegs nur allgemein bewegend – sie führt uns direkten Weges auf unseren Jubilar und seinen neu geweckten Anklang zurück. Nachdem Gottfried Benn in den Jahren 1948 bis 1958 ziemlich einsam einen Typ von esoterischer Hochpoesie repräsentiert hatte, wie er nach dem Ableben Rilkes kaum noch denkbar gewesen war, wurde er in dem kurzen Jahrfünft der studentischen Kulturrevolution dann nahezu vergessen, um mit Beginn der Siebziger plötzlich wieder an den Nerv einer neu gemischten Szene zu rühren. Auf den Glockenschlag genau, als der neue Konservatismus seine sogenannte «Tendenzwende» einzuläuten begann (und das Bild des literarischen Gegenkönigs Brecht wie von ungefähr verblaßte), erinnerte man sich Benns als einer zu Unrecht vergessenen literarischen Bezugsperson, obwohl – wie wir inzwischen wissen – die Literatur allein noch nicht die gewünschte Musik und Qualität nicht unbedingt ein breites Echo macht.

Das Wiedererweckungswunder zu enträtseln, kommen wir um einen kleinen historischen Repetierkurs denn auch nicht herum. Es gab einmal – so muß man heute vermutlich schon wieder bei Adam und Eva anfangen – eine märchenhafte Vorzeit, eine aurea aetas, eine legendäre Frühepoche, die glaubte, das ewige Leben gepachtet zu haben und die sich selbst für schlechthin unverbesserlich hielt. Es war eine Zeit ohne Vergangenheit (die sie verdrängte) und ohne ernst zu nehmende geistige Zukunftsperspektiven (um die sie sich nicht kümmerte). Was ihre sozioökonomischen Glaubensfundamente anging, wähnte sie sich durch so stationäre Begriffe wie «Wohlstand» und so primitiv pragmatische wie «soziale Marktwirtschaft» hinreichend definiert. Ihr Verhältnis im Raum schien einigermaßen zweifelsfrei durch «eiserne» und «Bambusvorhänge» bestimmt – sie dachte in «Blöcken». Und wo das Blockdenken schon derart in Mode geraten war, daß man es für ein Naturgesetz der geistigen Auseinandersetzung hielt, schien es wiederum fast natürlich, daß eine Pennerparole wie «Keine Experimente» in den Rang eines philosophischen Hoffnungsprinzips rücken konnte.

Wenn man sie mal ein bißchen kritisch von der Seite her ansah, konnten einem die Gründerjahre unserer Bundesrepublik allerdings auch wieder ziemlich vernagelt erscheinen. Ihre blinde Arbeitsmoral, die sich für «Vergangenheitsbewältigung» hielt, ließ die im dunkeln waltenden Verdrängungsmechanismen gar nicht übersehen. Ihr durch Maßhalteappelle und Eichhörnchenparolen dirigiertes Glaubensbekenntnis von Ruhe als der ersten Bürgerpflicht schloß eine Neigung zur politischen Demagogenverfolgung nicht aus. Ohne ihr nachträglich als ganzer den Prozeß machen zu wollen, schien sie den von kritischen Unruhegeistern in die Debatte gebrachten Begriff des «Restauratoriums» vollauf zu rechtfertigen – eine mit sich selbst im sturen Einvernehmen befindliche Ruhestandsepoche, in der der Dichter Gottfried Benn den kulturellen Überbau mit nicht nur schlagenden, sondern auch haftenden und weiteres Verhaften verheißenden Stichworten belieferte.

Sein erstes Gedichtbuch, mit dem er nach dem Zweiten Weltkrieg wieder in die Öffentlichkeit trat, hieß bezeichnenderweise *Statische Gedichte*. Das war ein Titel, den der Autor noch in der Reserve gehabt hatte und dessen eigene eiserne Reserven eigentlich dem Kriegsgeschrei und Schlachtenlärm der Hitler-Jahre gegolten hatte. Trotzdem war es natürlich kein Zufall, daß das restaurative Jahrzehnt zwischen 1948 und 1958 die würdige Stillhaltechiffre als Appell zum Ruhegeben verstand und die schöne Weise von innerer Fassung und äußerer Form als politischen Quietismus zur Kenntnis nahm. Schließlich stand der betont auf Haltung abhebende Titel ja auch nicht für sich allein. «Statische Poesie», das hieß nach den Worten ihres Herrn und Autors: «Das Wort des Lyrikers vertritt keine Idee, vertritt keinen Gedanken und kein Ideal, es ist Existenz an sich», was sich mit einigem Interpretationsaufwand auch als Nichteinmischungsformel deuten ließ. Und es hieß, in erneuter Rückwendung zu Nietzsches ästhetischer Weltauslegung: «Ästhetizismus, Isolationismus, Esoterismus – der Kranichzug der Geistigen über dem Volk», was man gleich noch einmal als historischen Kompromiß zwischen artistischer Überheblichkeit und gesellschaftspolitischer Enthaltsamkeit verstehen konnte. Es bedeutete in direkter tagespolitischer Ausmünzung für den herrschenden Kulturkonservatismus aber auch: Bezweifelung von Geschichte als eines ernst zu nehmenden Erkenntnisgegenstandes und Verketzerung unserer kritischen Eliten als einer erbarmenswert rückständigen Arrieregarde – kein Schlag ins Kontor der neuen Gesellschaftsinhaber gerade, aber wohl ein verhängnisvoller Rückschlag für die Sache des Rationalismus in unseren, vom Licht der Aufklärung nur flüchtig gestreiften Landen.

Von den Verfehlungen des Zeitalters allgemein reden wäre billig, solange wir nicht bereit sind, auch eigene Verführbarkeiten kritisch in Rechnung zu stellen. Was war es eigentlich – so wäre vielleicht zu fragen –, was uns seinerzeit junge und auf gesellschaftliche Veränderungen militant erpichte Intelligenzler an Gottfried Benn so fesselte.

Und warum verfielen wir, und gerade wir einer undialektischen Art zu denken, die für unsere sozialreformerischen Ideen nicht die mindeste Berührungsfläche hergab. Wenn ich versuche, so offen zu sein, wie es eigentlich kein taktisches Erwägen mehr erlaubt, fällt mir bedenklicherweise nichts Besseres als das «Prinzip Haß» ein. Das klingt für keinen der Beteiligten eben vorteilhaft, und schon gar nicht scheint es sich mit der klassischen Stele eines lyrischen «Statikers» in Verbindung bringen zu lassen. Es entspricht als tendenziös einseitige Inanspruchnahme aber doch sehr genau einer an ideologischen Verkürzungen überhaupt nicht zu überbietenden Benn-Auslegung im konservativen Lager, das mit pharisäerhaftem Bedacht alle störenden, beleidigenden und beunruhigenden Züge aus seinem Dichterbild zu tilgen suchte. Absolut schonungslos vorgetragene Angriffe gegen einen kapitalistischen Verwertungsbetrieb beispielsweise, der aus jeder Völkerkatastrophe mit Gewinn hervorgeht. Ressentimentale Aggressionsgelüste und unverhüllte Neid-, Ekel- und Wutanwandlungen zum anderen, die ihre Herkunft aus unverschmerzten Konkurrenzkampfniederlagen überhaupt nicht leugnen können auch vielleicht nicht leugnen wollten. Hinter einer allgemeinen Depressionsfolie aus Weltschmerz, Lebensekel und Bewußtseinsüberdruß lenken Haß und Verachtung immer wieder auf jenen bürgerlichen Tugendhimmel zu, in dem Geschäftsgeist und Profitgesinnung die tragenden Balken bilden. In einem so benannten *Prolog zu einem deutschen Dichterwettstreit* aus dem Jahre 1922 scheinen die Aversionslinien jedenfalls so weit ausgezogen, daß sie auch 22 Jahre später noch an einen Hauptnerv des Systems rühren.

Die Massenjauche in den Massenkuhlen
die stinkt nicht mehr, die ist schon fortgetaut.
Die Börsenbullen und die Bänkeljulen,
die haben Deutschland wieder aufgebaut.
Der Jobber und die liederreichen Thulen,
zwei Ferkel, aus demselben Stall gesaut –
Streik? Doofe Bande! Eignes Licht im Haus!
Wer fixt per Saldo kessen Schlager raus?

Avant! Die Hosen runter, smarte Geister,
an Spree und Jordan großer Samenfang!
Und dann das Onanat mit Demos-Kleister
versalbt zu flottem Nebbich mit Gesang.
Hoch der Familientisch! Und mixt auch dreister
den ganzen süßen Westen mittenmang –
Und aller Fluch der ganzen Kreatur
gequälten Seins in eure Appretur.

Zwei Strophen aus einem Zeitgedicht, die es in sich haben und die man sicher auch heute noch nicht gern in Sparkassenfoyers und anderen ideologiefreien Räumen vortragen würde – zu unerbittlich das durch kein augenzwinkerndes Sonnenscheinchen aufgelichtete Unbehagen in der Kultur, hinter dem drohender dann das Unbehagen an der bürgerlichen Profitgesellschaft steht. Ich wiederhole noch einmal: Unerbittlichkeit, Unversöhnlichkeit, Radikalität. Diese scheint zwar nicht unmittelbar mit jener Radikalität zu tun zu haben, die bei uns an den Grund der Verfassung rührt und seit einigen Jahren mit «Erlassen» bedroht wird. Sie leitet sich letzten Endes aber aus den gleichen Leidensquellen her, das heißt aus der Verzweiflung an einer ausweglosen Einkaufs- und Verkaufsgesellschaft, in der jeder menschliche Wert zur Ware heruntergestempelt wird und das auf Unteilbarkeit getaufte Individuum nur noch als betriebskonformes Teilstück überleben kann.

Verelendungs- und Entfremdungsbewußtsein sind eine Sache – das durch bloßes willentliches Anziehen der Reflexionsschraube auch nicht zu stillende Zusammenhangsbedürfnis eine andere. Wo der pausenlose Betrieb der intellektuellen Umwälzpumpe nur eben die Unheilsgewißheit verstärkt, scheint es dann nämlich fast schon verständlich, wenn ein solches «Verlorenes Ich» auf andere Heil- und Lösemittel sinnt als logisch-rationale, und sei es das besinnungslose Sichverlieren in regressive Wunschvorstellungen. Wie man sieht, bin ich also nicht sogleich bereit, meinen Stab über solche unaufgeklärten Rückwärtsphantasien zu brechen; es ist die Dichtkunst selbst ja schon ein Rückfall in eine Art des beschwörenden Sprechens, die dem unerbittlichen Vernunftkopf als der schiere Unsinn erscheinen muß. Sie versetzt den des holden Beziehungszaubers Bedürftigen mit poetisch-musikalischen Agitationsmitteln in Schwebezustände, die ihn seiner angstbesetzten Isolation entheben. Und sie greift – wo sie sich ihrer eigenen Sache zu versichern und sie nach außen verständlich zu machen sucht – immer wieder zu solchen Gleichnisbildern des einigenden Rausches und der «magischen Partizipation». Solange wir solche Praktiken noch nicht für verboten halten, wollen wir statt dem blöden Befremden auch lieber unserer besonderen Verwunderung Ausdruck geben, daß bei einem derart elaborierten Bewußtseinslyriker wie Benn eben doch nicht dreigestrichenes Bewußtsein das letzte Wort behält. In beschwörenden Apostrophen prärationaler oder subkultureller Daseinszusammenhänge («O daß wir unsere Ururahnen wären, ein Klümpchen Schleim in einem warmen Moor« – «O Nacht, ich nahm schon Kokain, und Blutverteilung ist am Gange») äußert sich eine nicht auf den Kopf gegründete Zusammenhangssucht, der jedes Zaubermittel recht ist, das Gefühl der sozialen Dekomposition zu überwinden.

Vollkommen unbekannt sind uns solche Versuchungen und Träume ja nicht. Das idealische Wunschbild einer operativ noch unzerteilten Urhorde mit gemeinschaftlich eingenommenen Mahlzeiten und gemeinschaftlich genossenen Beilagern, haben wir es nicht gerade eben noch in zahlreichen Kommuneexperimenten wiederaufleben sehen? Beziehungsweise ist das von Benn so benannte «Verlorene Ich, zersprengt in Stratosphären» wirklich nur ein intellektuelles Kunstkonstrukt, oder sind wir ihm nicht in den letzten Jahren sogar häufiger begegnet: als zerfahrener Randgruppenexistenz, für die der Abhub in den Drogenhimmel zu den gewöhnlichen Alltagserfahrungen zählt? Selbst das merkwürdige Verlangen, als Individuum im Kollektiv zu verlöschen und einen Lebensinhalt in Kutte und Uniform zu suchen, ist uns mittlerweile zu einem fast geläufigen Bild geworden – geläufig wie die Fahndungsfotos jener praktizierenden Radikalutopisten, die einem fanatisch verfolgten Gemeinschaftstraum zuliebe ihre bürgerlichen Identitäten in Rauch und Asche aufgehen ließen.

Hätten sie sich – so möchte man ihnen beinah jetzt noch nachrufen – doch lieber rechtzeitig mit dem Wunderdoktor-Wahrsager Gottfried Benn beschäftigt als mit solchen tragischen Weltverkennern wie Bakunin und Blanquis – möglich, daß ihnen mit der Hoffnung auf exotische Gelobte Länder gleichzeitig auch der Wahrheitsblick für ihre Unerreichlichkeit geschärft worden wäre. Daß der schöne Schein der Utopie letzten Endes auch nur Fadenschein ist, hat er sich und den seinen niemals vorenthalten. Daß die Kunst nur momentan erleuchten, aber praktisch nicht erlösen könne, bleibt als «Fragwürdigkeitsfragment» noch in der phosphoreszierendsten Phiole. Aber wer weiß – vielleicht ist was wir gern großgeschrieben DIE WAHRHEIT nennen ohnehin nur eine Schnapsidee von Leuten, die sich gern hemmungslos ausquatschen wollen, und der Weg zum Heil viel eher mit Fragezeichen gepflastert.

Meinen Sie, aus Habana,
weiß und hibiskusrot,
bräche ein ewiges Manna
für Ihre Wüstennot?

[...]

Ach, vergeblich das Fahren!
Spät erst erfahren Sie sich:
bleiben und stille bewahren
das sich umgrenzende Ich.

Gottfried Benn 100 Jahre oder «teils-teils das Ganze»

Meine sehr verehrten Damen und Herren,
ein herausragendes Datum ist zu feiern, ein hundertster Geburtstag, eine runde Zahl, wir Menschen hängen ja an solchen säkularen Leuchtziffern, es hat etwas mit magischen Entrückungen zu tun, und über Magie möchte ich heute reden. In den zahlreichen, schon im voraus veröffentlichten Gratulationsadressen ist nämlich auch überall von magischen Influenzen die Rede gewesen. Vom «suggestiven Zwang» der Bennschen Gedichte wurde gesprochen. Von dem «süßen Sog ihrer Sprachmelodie», was uns statt an sogenannte «Bewußtseinsanstöße» dann schon eher an zauberisches Bezirzen denken läßt. Die Erscheinung ist um so wundersamer, als es sich bei den offensichtlich an einem neuralgischen U-Punkt Berührten nicht so sehr um unklare Köpfe handelt, sondern um Intellektuelle, Aufklärungsspezialisten, kühle Diagnostiker, denen Mystizismus ein Greuel ist und Irrationalismus ein Untersuchungsgegenstand. Beschreiben wir den Tatbestand vielleicht einfach so: ein sprachliches Halluzinogen von zweifelhafter Zusammensetzung vermag Menschen von unbezweifelbarer Verstandeskultur in Zustände zu versetzen, die sie selbst dann nur noch mit Wörtern wie «Rausch», «Hypnose», ja «Besoffenheit» zu bezeichnen vermögen. «Benn-Besoffenheit» war übrigens schon einmal eine sprechende Alliteration der fünfziger Jahre, und daß die psychedelische Werkung nicht unbedingt mit vernunftvoller Einsicht zu tun hat, möchte ich Ihnen gern am Anfang des Gedichtes *Schutt* (von 1922) demonstrieren, das mir für unsere Hypothesen ein wahrer Probierstein scheint.

Spuk. Alle Skalen
toset die Seele bei Nacht,

Griff und Kuß und die fahlen
Fratzen, wenn man erwacht.
Bruch, und ach deine Züge
alle funkelnd von Flor,
Maréchal Niel der Lüge –
never-, o nevermore.

Um Sie nicht in Verlegenheit zu versetzen, will ich Sie lieber gar nicht auf den Kopf zu fragen, was Sie einerseits empfunden und andererseits verstanden haben. Das Gedicht ist zwar keineswegs uninterpretierbar, und man kriegt es bei einigem Nervenfleiß schon auseinander. Trotzdem werden Sie mir zugeben, daß sein suggestiver Sog kaum dadurch gemindert wird, daß Sie seine auffälligste Wendung – die Genitivmetapher «Maréchal Niel der Lüge» – zunächst nur als ein ahnungsvolles «Abrakadabra» oder «Menetekel uphar sin» oder «Pyrazolonmethyl» zur Kenntnis nehmen. Vielleicht fühlen Sie sich sogar versucht, den geheimnisvollen Zungenschmeichler wieder und wieder vor sich hin zu murmeln, wie ich es in meiner Jugend tat, es ist ja nicht verboten, wobei diese gewisse Rätselhaftigkeit der Liebe gar keinen Abbruch tut.

Nun gibt es, was ich gern einräumen will, natürlich immer noch Spezialwissenschaftler, und so sehe ich die Militärkundler unter Ihnen bereits mißbilligend mit den Pickelhauben wackeln. «Maréchal Niel», selbstverständlich, das ist doch dieser hochberühmte französische General und Kriegsminister von 1802 bis 1869, Held von Sewastopol und «Oberbefehlshaber des gesamten Genienwesens», den wird man bei einigem Bildungsanspruch wohl noch abfordern dürfen. Damit ist es in unserem Fall allerdings noch nicht getan. «Maréchal Niel» meint an dieser Stelle eine ebenfalls einmal berühmt gewesene Rosenzüchtung, den Teerosen zugehörig, sehr frostempfindlich, von zitronengelber Farbe, was in Verbindung mit dem «funkelnden Flor» dann auch gleich einen faßlichen Sinn ergibt: «Maréchal Niel der Lüge»: eine flüchtige Sinnentäuschung, ein holder Augentrug, den die Schlußstrophe dann noch einmal genüßlich vor unseren Blicken zergehen läßt:

komm, alle Skalen tosen
Spuk, Entformungsgefühl –
komm, es fallen wie Rosen
Götter und Götterspiel.

Darf Dichtung so mit uns verfahren? Beziehungsweise ist das noch reell, uns anstelle von Klartext Blumenorakelsprüche anzubieten? Nun, Betrug ist das sicher nicht. Das Vexierrätsel löst sich nach einigen lexikalischen Erkundigungen sogar vergleichsweise glatt, elegant, ganz abgesehen davon, daß durch Nachschlagen nachweislich noch niemand dummer geworden ist. Darauf will ich aber gar nicht hinaus. Was als Bedenklichkeitsrest im Glase bleibt, ist der Verdacht, daß unser Vertrauen auf versifizierte Heils- und Segensprüche vollkommen atavistisch ist und die Hieroglyphen auf dem Rezeptblock unseres Dichterdoktors ihrer Glaubwürdigkeit nicht einmal abträglich sind.

Daß ich in Gottfried Benn immer auch den großen Medizinmann und Handaufleger gesehen habe, hat seine Gründe. Er selbst hat das Wort des Dichters oft genug in die Nähe schamanistischen Besprechungswesens gerückt und die Heilkunst und die Dichtkunst in einem Atem genannt – am prägnantesten vielleicht in dem Aufsatz *Irrationalismus und moderne Medizin* –, wie aber heißt nun eigentlich das Leiden, von dem wir erlöst werden möchten, und welche Drogen, Destillate und Psychedelika sind im Zusammenhang mit welchen Krankheiten des Leibes und der Seele in Betracht zu ziehen? Ach, es ist ein uraltes Menschheitsleiden (nicht nur Männerleiden, wie bornierter Machismo uns gelegentlich weismachen möchte), vermutlich schon mit Adam und Eva in die Welt gekommen, und der Drogenarzt hat es uns, betrüblich genug, aus der Warte des betroffenen Patienten beschrieben. Von der «Seuche der Erkenntnis» spricht beispielsweise die Prosastudie *Heinrich Mann* aus dem Jahre 1913, was ja nicht gerade wie eine frohe Botschaft klingt, denn wenn wir uns in schweren Stunden an den Kopf fassen, dann doch eigentlich in der Hoffnung, daß uns von dort her ein erhellender Vernunftfunken zufliegt. Das Gegenteil scheint der Fall. Daß er «der Stirn so satt» sei, klagt der Autor in dem

Gedicht *Untergrundbahn* aus dem gleichen Jahr, und er nennt sich nun gar einen «armen Hirnhund, schwer mit Gott behangen». Auch zwei Jahre später scheinen die Symptome einer umfassenden seelischen Krise keineswegs gemindert, von einem «hirnzerfressenen Aas» ist die Rede, «mit Flüchen ins Nichts zergellend, bespien mit Worten, veräfft vom Licht», und so geht es weiter und fort, ein lebenslanges Lamentieren, daß Leiden «am Bewußtsein leiden» heiße, auch wenn sich die konvulsivischen Selbstanfechtungen mit zunehmendem Alter in einer Art von melancholischem Dauerdurchhänger verlieren.

Der Medizinmann als Schmerzensmann, das ist eine ganz besonders zu Herzen gehende Melodie, und sie festigt das Ansehen unseres Vertrauensarztes auf einer fast schon privaten Sympathieebene. Die subjektive Glaubwürdigkeit einer Leidenserfahrung läßt dabei selbst das sehnsuchtsvolle Verlangen nach bewußtseinserweichenden Mitteln verständlich erscheinen, egal ob drogistisch spasmolytischen oder lyrisch-musikalisch entspannenden. Sogar die vielzitierte oder oft verlästerte Rückwärtsutopie eines krampflosen Daseinszusammenhanges in der Urhorde, im Urschlamm, im Urschleim sieht sich von hier aus nicht mehr gar so abwegig an – man sollte vielleicht auch nicht bei jeder Sammlung beschwörenden Strophe gleich an den großen braunen Totalisator denken. Dem im Verlauf der menschlichen Bewußtseinsgeschichte heillos progredierenden Zwang, die Welt auseinanderzudenken, gesellt sich das aus Not geborene Bedürfnis, sie wieder zusammensingen, zusammensehen, zusammenreimen zu wollen, wobei die Methoden der poetischen Zusammenhangszauberei wohl ewig atavistische und subrationale bleiben werden. «Ben zi bena, bluot zu bluoda, lid zi geliden» (Knochen zu Knochen, Blut zu Blut, Glied an Glied), so rückten schon die alten Merseburger Stabreimmediziner einem Verrenkungsschaden mit verbalen Bandagiermethoden zu Leibe; und mit genau den nämlichen, unterhalb des Bewußtseins angreifenden Bindemitteln versucht ihr moderner Nachfolger seinem wieder und wieder diagnostizierten Dachschaden beizukommen.

Wo alles sich durch Glück beweist
und tauscht den Blick und tauscht die Ringe
im Weingeruch, im Rausch der Dinge –
dienst du dem Gegenglück, dem Geist.

Übersehen wir bei aller gebotenen Aufmerksamkeit für die reichlich ungeniert genutzten Alliterations- und Wiederholungstechniken aber nicht das wirkliche Genesungswerk, das einer an sich tut. Was wir beeindruckt zur Kenntnis nehmen, ist das fast schon pfingstlich anmutende Bild, daß das belastetste Glied in den Rang eines obersten Leitorgans tritt und das verlästerte Einfallstor der Leiden («Ich speie auf mein Denkzentrum») noch einen lichten perspektivischen Sinn bekommt.

Aus Belastungen seine Vorzüge entwickeln und dem Verhängnis fortschreitender Bewußtseinsverstörung mit exzentrischen Selbstaufhebungsakten zu begegnen, scheint mir dann allerdings ein menschlicher Sinn von Artistik, der in den schönsten Gedichten Benns statt auf ästhetischen Hochglanz auf einen wirklich humanen Hoffnungsschimmer hinausläuft. Die Bemühung, dem viel strapazierten Begriff in der Nachfolge Nietzsches noch einmal eine Wendung ins olympisch Erhabene zu geben – «Artistik ist der Versuch der Kunst, innerhalb des allgemeinen Verfalls der Werte sich selbst zum Inhalt zu erheben» –, mutet mich hingegen fast schon etwas plüschig und wie ein Nachhängsel aus seligen Fin-de-siècle-Zeiten an. Den aus der Fassung geratenen Kopf sinnbildlich neu verfassen und den heillos zerstreuselten Interessen wieder Halt und Konstitution verleihen, nur darum kann es gehen, weshalb wir den Dichter oder Schriftsteller auch mit Fug *Verfasser* nennen.

Überraschend dabei immerhin, daß die mißachtete Ratio über die Idee der rationalen Fertigung unversehens eine neue positive Grundierung bekommt. «Ein Gedicht entsteht überhaupt nur selten – ein Gedicht wird gemacht», heißt es aufreizend genug in den *Problemen der Lyrik* von 1951, was eigentlich weniger an der «alten Beschwörungen Bann» und eher an Wladimir Majakowskijs aufgeklärte Streitschrift *Wie macht man Verse?* erinnert. Der Begriff der «Montage» gewinnt in Benns poetologischen Selbsterörterungen sogar zunehmend an Bedeutung. Von «Bewußtsein» und «kritischer Kontrolle» ist die Rede, als ob es sich um oberste Handwerkstugenden handele. «Das Wort faszinierend ansetzen» ist eine merkwürdige und wohl eher ins Bühnenfach als in den Zuständigkeitsbereich der alten Zauberpriester fallende Formulierung. Allerdings, was der große Unterbrecher getrennt hat, das wird auch der bewußt kalkulierende Montagekünstler nie wieder zur bruchlosen Ganzheit fügen, ein bleibendes Verelendungsmal in Benns poetischer Signatur, das wir aber getrost zu ihren Glaubwürdigkeitszeichen zählen wollen. Mag der «Verlust des Ich an das Totale» in der Stunde schlimmster Selbstbezweifelungen und ärgster Selbstbemitleidungen vielleicht einmal eine flüchtige Versuchung für diesen gefährdeten Geist gewesen sein: der aus den Trümmern zerscherbter Heilsgewißheiten neu gewonnene Strukturbegriff des «Fragments» und der ihm inhaltlich wie formal verbundene der «Montagekunst» weisen hoffnungsvoll auf ein entwickeltes ästhetisches Selbstverständnis hin, in dem das künstliche Vereinigungswerk sich wahrheitsgemäß als Flickwerk, Bröckelwerk zu erkennen gibt. «teils-teils das Ganze», so beiläufig, so schmissig, so ohne jede Kraftaufwendung einleuchtend bringt die berühmte Alterselegie *teils-teils* die Brüchigkeit des Daseins auf einen beinah schon populistischen Nenner, worin man vielleicht bescheidene Selbstzurücknahme sehen mag, vielleicht aber auch eine absolut grandios aus dem Handgelenk hingelegte Weltaufhebungsnummer.

Einkreisung im Exil – Kurt Tucholskys «Briefe aus dem Schweigen» –

Der unter fünf Pseudonymen (nach seinen eigenen Worten «Mit 5 PS») berühmt gewordene Volksschriftsteller Kurt Tucholsky ist auch als Privatkorrespondent kein Anonymus geblieben. Seine heftigen und hellsichtigen, anmutig verspielten und ironisch beschwingten Briefe beginnen sich sogar immer deutlicher einen Platz im Gesamtwerk zu erobern – als ein literatur- und lebensbegleitender Geisterdialog für die intime Zweipersonenbühne. Trotzdem scheint mir deren privatester Teil – der erst kürzlich ans Licht gezogene Briefwechsel mit der Zürcher Kinderärztin Hedwig Müller – ein nur tragischer Umstände halber in die Kammer verschlagenes Stück Welttheater. Auf der Suche nach einer Schweizer Deckadresse, die dem Exilierten in den Verfolgungsjahren 1932 bis 1935 als postalische Relaisstation gedient hatte, war der Volkshochschuldozent Gustav Huonker so rasch wie überraschend auf die ehemalige Kontaktperson gestoßen und – Grund zu weiterem und größerem Erstaunen – auf ein beachtliches Konvolut von bisher unbekannten Tucho-Briefen.

Daß die Briefgefährtin aus Tuchos letzten Lebensjahren sich nicht längst zur Eröffnung des Nachlaßkoffers hatte bereitfinden mögen, hatte mit verständlichen Bedenken zu tun gehabt. Einerseits wollte die in den Briefen zärtlich als «Nuuna» titulierte Frau sich nur ungern in den Kreis jener zahlreichen Lieschens und Lottchens einreihen lassen, die sich aus der Enthüllung von Privatgeständnissen gern ein öffentliches Ansehen machen. Andererseits sind die Briefe ja nicht nur an die politische Vertraute und Gedankenfreundin, sondern auch an das «Fräulein Dr. medicinae Müller» gerichtet, was die Entsiegelung leicht in Konflikt mit ärztlichen Schweigepflichten hätte bringen können. Erst auf Huonkers sacht-beharrliches Drängen hin hatte sich die mittlerweile achtzigjährige Dame mit dem Gedanken an eine Buchveröffentlichung anfreunden können – freilich erst nach ihrem Tode und unter der strikten Wahrung von anderer Leute Persönlichkeitsrechten.

Wer aus den *Briefen aus dem Schweigen* nun das große erotische document humaine erwarten sollte, dürfte vermutlich enttäuscht werden. Allein 85 Briefe wurden von der gestrengen Nachlaßwalterin Mary Gerold-Tucholsky von der Besichtigung ausgenommen; aber auch in den uns noch verbliebenen 165 Stücken weisen andeutungsreiche Klammern und entsagungsvolle Pünktchen auf die fleißige Effilierschere hin. Das ist bei allem Verständnis für Pietät und Diskretion schon ein ziemlich martialischer Eingriff in die Intimsphäre von Privatpost, deren Wert zunächst in ihrer verschämten Vertraulichkeit liegt. Wer sich unter vier Augen eröffnet, spricht erklärtermaßen off records: improvisiert, spontan, direkt und indiskret – und auf diese durch keine öffentlichen Rücksichten genierte Herzensmusik richtet sich unser oft durch Kunst getäuschtes Wahrheitsverlangen. Ein nur halbherzig gelüftetes Briefgeheimnis, das der lieben Redseligkeit nachträglich in die Parade fährt, setzt sich dagegen dem Verdacht aus, daß es statt des lebendigen Menschen nur dessen Legende sprechen lassen möchte. So zweifelt man denn doch ein bißchen an der Authentizität von so benannten «Liebesbriefen», in denen die Liebe vorzugsweise durch Abwesenheit glänzt, und man fragt sich mit einer gewissen, den wandelhaften Markt und seine Tücken kennenden Besorgnis, ob die Regiestriche überhaupt noch einmal aufgemacht werden können, allein...

Allein möchte ich solche im Grunde marginalen Einlassungen am liebsten so schnell wie möglich hinter mich bringen. Was uns die *Briefe aus dem Schweigen* an neuen biographischen Einsichten zutragen, ist bewegend genug, solche kleinlichen wie editorische Bedenken auf einen Schlag vergessen zu machen. Da die Mitteilungen, wie schon erwähnt, auch die medizinische Sachverständige betreffen, wird das Interesse an einem großen Zeit- und Gesellschaftskritiker unversehens auf dessen leibliches Wohl und Wehe gelenkt, und mit dem stand es in diesen kritischen Jahren nicht zum besten. Seit Tucholsky sich seiner angegriffenen Gesundheit wegen aus der *Weltbühnen*-Öffentlichkeit in das schwedische Küstennest Hindås zurückgezogen hatte (1929 bereits und insofern lange vor der ‹Machtergreifung›), war immer wieder von quälenden Stirnhöhlenbeschwerden die Rede gewesen, Tucho selbst spricht gelegentlich von einer «anatomisch funktionellen Störung in der Nase und dadurch verursachten Atemschwierigkeiten, häufigen Kopfschmerzen, Geruchs- und Geschmacksverlust». Außerdem machte ihm eine schwer erklärliche Arbeitsunlust zu schaffen, Weltmüdigkeit und wachsende Gleichgültigkeit gegenüber den politischen Tagesdingen – es hatte vorher nur niemand die unterschiedlichen Leiden als zusammenhängende Krankheit begriffen. Erst mit den *Briefen aus dem Schweigen* beginnen sich die Anfechtungen des Leibes und der Seele allerdings als merkwürdig verschlungene Hadeslinien abzuzeichnen. Dichterische Produktionsschwierigkeiten und «Wucherungen in der Keilbeinhöhle» scheinen dialektisch miteinander zu korrespondieren, wobei zunächst unklar bleibt, ob das Kranksein das Krisenbewußtsein bestimmt oder eine fundamentale geistige Demoralisierung den wehrlosen Leib in ungewollte Mitleidenschaft zieht.

Am wenigsten ahnt es wohl der Kranke selbst, oder er ahnt es jedenfalls nur halb und buchstabiert sich die Idiome seiner Leiden beziehungslos nebeneinanderher: «Ich bin ein bißchen mutlos, nicht gesund und kein Lehmsinhalt, das ist etwas viel.» Das ist um so erstaunlicher, als die geknickte Identität sozusagen mit Händen zu greifen ist und der Bruch mit der eigenen Vergangenheit mit jedem Brief, mit jedem wegwerfenden Federstrich neu vollzogen wird. Was ihn früher so positiv mit der Welt verband (und womit sich für uns auch sein Name in der *Weltbühne* verband), die perspektivisch gedachte Arbeit im Kreis von linken Bundesgenossen, liegt offenbar weltenweit hinter ihm: «Ich finde überhaupt, daß die Gattung Schriftsteller, die da als ‹internationale Größen› ausgeschrien werden, wenig erfreulich ist. Blaß, leer – Leute dritten Ranges, die für die Redaktionen gut verwertbar sind – ich mag das gar nicht und lese es auch nicht.» Dagegen liest er Lautréamont, die Surrealisten, Kafka, Dandieu, Péguy: «Eine einzige melancholische Köstlichkeit.» Kierkegaard: «[...] ein bedrükkender, tröstlicher, belastender, befreiender Autor.» Heines *Lutetia*:

«Wenn du wissen willst, wie es im Leben sich nie ändert», also lauter jenseitig phosphoreszierende Dinge, die ihm den ewig gleichen Narrengang der Geschichte mit immer neuen Argumenten bestätigen: «[...] ich stehe damit nicht allein, wie in allen Sprachen der Welt zu lesen ist.» Ob es uns nun passen mag oder nicht: von dem weltabgewandt vor sich hin querulierenden Einsiedler im schwedischen Hindås führt offensichtlich kein noch so fein gesponnener Sympathiefaden zu dem eigenen alter ego zurück, *Es ist alles ganz eitel*, spricht der Prophet, und Tucholsky übersetzt es sich in sein privates Allegro depressivo: «Mich geht das alles nichts an, ich brauche dir wohl nicht zu sagen, daß ich auf Papas Politik und des Töchterleins Klagen kaum etwas anderes sage als Hmhm und Soso.»

Die beliebte (weil zugleich entlastende) Vorstellung von einem bedeutenden Humanisten/Moralisten, der von den Nazis zugleich in die Verbannung und in die seelische Verzweiflung getrieben worden sei, geht also nicht ganz vorbehaltlos auf. Tuchos persönliche Abwendung von der Politik zur Metaphysik (man könnte auch sagen, vom vorsichtigen Optimismus zum Skeptizismus) scheint also weniger ein leicht zu deutendes Produkt der Zeitumstände als die Folge eines unerbittlichen Umdenkungsprozesses – man sollte die gesellschaftlichen Verhältnisse dabei nur nicht gänzlich aus den Augen verlieren. Tuchos scheinbare Gleichgültigkeit gegenüber den deutschen Zuständen bleibt in jedem Fall trügerisch oder doch in ähnlicher Weise verdächtig wie seine oberflächlichen Rationalisierungsversuche im psychosomatischen Grenzbereich. An deutlichsten ausgezogen verständlicherweise immer noch die Frontlinie gegen die Nazis: «Krieg ist Krieg – ich halte alle Maßnahmen, die gegen mich gerichtet sind, für revolutionär erlaubt.» Was man gemeinhin als die großen gesellschaftlichen Verzweiflungsgegenstände hochrechnet – Ausbürgerung, Verfolgung, die Verbannung seiner Bücher und die Aberkennung der akademischen Titel –, scheint eher ein fester ideologischer Posten in der allgemeinen Heillosigkeit, und der gnadenlos fokussierte Gegner so etwas wie ein fester trigonometrischer Punkt im großen Weltenmorast.

Weit mehr als alle gehäuften Schandtaten der Nationalsozialisten machen ihm indes deren triumphaler Durchmarsch und eine fast internationale Erfolgskarriere zu schaffen. «Man kann für eine Majorität kämpfen, die von einer tyrannischen Minderheit unterdrückt wird», schreibt er am 4. März 1933 an den Freund Walter Hasenclever. «Man kann aber nicht einem Volk das Gegenteil von dem predigen, was es in seiner Mehrheit will.» Das trifft sich natürlich fatal mit seiner neuen schlimmen Meinung von der mit Vernunftgründen kaum noch dirigierbaren Volksseele: «Massen und Führer – das ist immer so gewesen. Die Deutschen sind viel weniger interessant, als sie glauben. Gefährlich – das ja. Aber langweilig.»

Der «aufgehörte Dichter» und der «aufgehörte Deutsche», wie Tucholsky sich mit der Redundanz eines Besessenen annonciert, haben also schon ihre zwei miteinander verhafteten Seiten und beide zusammen ein gemeinsames politisches Schicksal. Der aus freien Stücken gewählte Exodus in ein scheinbares Niemandsland am Rand der Geschichte und die scheinbar grundlos gewachsenen Zweifel gegenüber dem konkreten Nutzen von politischer Wirkungsliteratur beginnen sich sogar bedenklich zu ergänzen und den Siegeszug des deutschen Irrationalismus als eine Art von Bestätigung zu begreifen. Die Vorstellung, gegen einen Feind zu stehen, der sich auf das breiteste Votum des Volkswillens berufen kann, wächst sich für den gewesenen «Volksschriftsteller» immer mehr zur tödlichen Zwangsvorstellung aus. Die ohnehin nur anfallweise gehegten Hoffnungen, von anderen Ländern aus in die Welt hineinzuwirken, scheitern gleichwohl an fast schon literarpatriotisch zu nennenden Gegenargumenten: «Mich übersetzen, das weißt du doch, wie das aussieht.» Außerdem – und da scheint sich die Einkreisung im Exil nun wirklich zur ausweglosen Schlinge zu verengen – kann sich der Herr von Papen auf das breiteste internationale Renommée und neuerlich auf eine Einladung durch schwedische Studenten berufen («viel Bereitwilligkeit dergleichen aufzunehmen»). Und der Herr Hjalmar Schacht verhandelt bereits offen mit der Bank von England, um die nötigen Rüstungsanleihen loszueisen: «[...] warte nur balde... Und erlaube mir, meine ff Prophezeiungen für das Jahr 1935 dahin zusammenzufassen, daß es ein großer Erfolg für die

Nazis wird, mieser Kapitalismus nach innen, falsche Friedensfreundlichkeit nach außen... Und dann kommen die Olympischen Spiele, die den letzten Rest von Mißtrauen hinwegfegen werden – denn wer so schön orrrnisieren kann, der muß auch etwas wert sein.»

So ganz außer der Welt lebt der Exilierte also doch noch nicht, wie die von ihm bevorzugten Lektüren nahelegen könnten, dafür sorgt mit immer neuen Schikanen schon das Zufluchtsland, das ihn statt wie einen verdienten Antifamann wie einen unerwünschten Ausländer behandelt. Bürokratische Paßformalitäten engen seine Bewegungsfreiheit ein und erinnern ihn ständig an sein Fremdlingsdasein. Eine besonders unerfreuliche Spielart von nordländischem Patriotismus/Chauvinismus legt die Frage nahe, wann man auch ihn, den «internationalen Kulturbolschewisten», aus dem Verkehr ziehen wird: «Die Schweden spielen nationale Einigung und verlangen das Verbot ihrer fünfeinhalb Kommunisten.» Überhaupt fallen ihm, wenn er an Schweden denkt, meist nur häßliche Dinge auf und immer neue Sottisen ein: «Das Land kartoffelt sich so eins... Die Idee der demokratischen Freiheit ist hier am Absterben.» Nicht einmal die Sprache, diese «einheimische Grütze hier» will ihm ein geeignetes Kommunikationsmittel scheinen: «[...] sie quatschen so schnell wie die Pariser und dann alles breiig.» An die Gewerkschaften «mit ihren zünftlerischen Zügen» und die «internationale Solidarität der Bürokratien» mag er schon gar nicht denken: «Für meinen Paß haben sie mir 400 Kronen abgenommen. Das muß aufhören – aber es wird sehr schwer sein, denn ich habe es mit Sozialdemokraten zu tun, und wie soll ich so viel Feigheit und Ängstlichkeit behandeln?» So nimmt alles, was ihm Heimat oder Zuflucht hätte werden können, eine bürograue häßliche Alltagsfarbe an, man kann bald nicht mehr sagen, wo die trüben Ausblicke enden und die heillosen Introspektionen anfangen.

Dabei gibt Tucho sich schon alle erdenkliche Mühe, sich positiv zu erklären. Mehr noch, «Bereitschaft zum Heroismus», «innere Stärke», «Kraft», «ein fester Standpunkt, gepaart mit einem glühenden Willen», so heißen die Arzneien, die der Doktor Tucholsky den «morschen Demokratien» zu ihrer Gesundung verordnen möchte; es sind nur leider alles ziemlich esoterische Beschwörungsformeln, und wo sie konkret nicht verfangen, ziehen mit der Enttäuschung augenblicklich die Gespenster ein. Was Erich Kästner der Neuauflage von *Mit 5 PS* im Jahre 1946 auf den Revers schrieb: *Ein kleiner dicker Berliner wollte mit der Schreibmaschine eine Katastrophe aufhalten*, hallt in den *Briefen aus dem Schweigen* gerade noch als ohnmächtiger Verzweiflungston nach. «England tut alles, um den nächsten Krieg wie ein Geschwür reifen zu lassen, statt sofort zu schneiden.» Die US-amerikanischen «Kaufleute helfen, Deutschland zu bewaffnen, dann haben sie den Krieg, und im Kriege werden Verbandspäckchen verkauft... Und dann werden doch Anleihen gegeben, und dann werden doch Schulden erlassen, und die Juden natürlich alle mit... weil sie an ihren Drecksgeschäften hängen, weil ihnen die paar Fotölchs doch lieber sind... Wie man das seinen Kindern antun kann... Man muß sich schämen, Jude zu sein.»

Die Schweden, die Engländer, die amerikanischen Bänker, die deutschen Juden, die Österreicher («Kann ma halt nix mochen»), die europäischen Demokraten, alles morsch, alles faul, «nicht mal wirkungsvolle Phrasen. Nichts», wobei die Gewissensfrage, ob es auf der gesamten riesigen Welt nicht doch noch einen schmalen Hoffnungswinkel gegeben hätte, in den Tucholsky nicht sehen konnte, nicht sehen wollte, vielleicht auch nicht nur läppisch ist. Immerhin war die *Weltbühne* (das von Tucho so benannte «Blättchen») nach einem Zwischenaufenthalt in Wien mittlerweile nach Prag ausgewichen, und an dem erhofften «festen Standpunkt gepaart mit einem glühenden Willen» war kein Mangel. Von den ehemaligen Kampfgefährten und Bundesgenossen stand ein besonders aufrechtes Fähnlein sogar besonders eisern zu den alten Idealen und gegen den deutschen Ungeist, man hätte es bei der richtigen Einstellung auch «Bereitschaft zum Heroismus» nennen können. Immerhin hatten sich unter dem Druck der Verhältnisse die zeitweilig gefährlich zerstrittenen Reihen sichtbar geschlossen, und als im Juli 1934 eine repräsentative Delegation von deutschen Schriftstellern (Toller, Regler, Oskar Maria Graf, Klaus Mann) den «Ersten Unionskongreß der Sowjetschriftsteller» in Moskau bereist, rührt sich in Tuchos Brust noch einmal so etwas wie ein genossenschaftliches Fühlen: «Habe mit leisen Gewissensbissen und noch einem anderen Gefühl die Blättchenberichte aus Rußland von dem Kongreß gelesen. Also gut: ich bin müde, krank, faul, zu dick und nur schwer dazu zu bekommen, nun auch für eine Sache Opfer zu bringen. Immerhin kann man mir keine Sympathie für das Monopolkapital vorwerfen. Also warum, warum in aller Welt will ich da nicht heran? Die Berichte hatten alle so etwas Rosenrotes, das mir sehr zuwider ist – und so lillil – ich nicht... Die Aufbauarbeit will ich gewiß nicht leugnen, aber so – aber mit diesem Tamtam – aber mit dieser gänzlichen Abkehr von allem guten alten. Also ich glaube: nein.»

«Also ich glaube: Nein», so elegisch, so verwehend, so entsagungsvoll klingen zahlreiche Blätter dieses trostlosen Losungskalenders aus, und man fragt sich unterschiedlich bewegt, ob die Krankheit dem Kurt Tucholsky das Glauben so schwer gemacht hat oder ob es eher die Schwermut war, die das Stirnhöhlenleiden als einen weltlichen Vorwand vor sich aufgezogen hatte. «Ich lebe wie hinter einer Wand aus Schleim, nichts kommt richtig an mich heran», das ist zweifellos entmutigend, und es ist zugleich auch grauenhaft wahr. Aber das Drama einer verzweifelten Seele ist hier ja nicht zum erstenmal in Geheimschrift verfaßt, und der, für den die Zeichen eigentlich sprechen möchten, kann sie oft erst als letzter entziffern. Manchmal streift den Patienten sogar so etwas wie der Hauch einer Ahnung, und der Vorhang lüftet sich: «Es ist etwas Fremdes in mir, wogegen der Körper sich zu wehren sucht.» Dann vernimmt er die heimlichen Stimmen hinter der Bühne, allerdings wie fremde Stimmen, und er sinnt den verborgenen Kränkungsgründen hinter der Krankheit nach: «In meinem Kopf ist etwas, was da nicht hineingehört. Und wenn es nun doch enerrgisch oder allerrgisch wäre –?» Aber der alte rationalistische Auseinandererklärer liegt ihm schließlich doch wieder näher als psychoanalytische Zusammenhangskunde, und schon wirft er sich mit verdoppeltem und verdreifachten Eifer gegen die eigenen Lichtblicke auf: «Das, was mich so bedrückt, ist mechanisch» – «Es ist nicht neurasthenisch, das ist nicht wahr» – «Es ist nicht wahr, daß sich das Ganze aus der Nervosität erklärt. Es ist nicht wahr, daß nur, weil ich ein labiler Mensch bin, die Nase mich so kaputtgemacht hat.»

In den Glaubenskämpfen der Seele, wo die miteinander zerstrittenen Ideen wie die Kreuzritter und die Sarazenen aufeinander einhauen und der arme ohnmächtige Leib oft nur den Paukboden dafür hergeben muß, ist der Betroffene meist sein schlechtester Gutachter und ein Außenstehender gleich ein Teiresias. Was nicht wahr sein kann, weil es nicht wahr sein darf, ist für sich genommen auch nur ein mühsam behaupteter Abschnitt in einem wild zerklüfteten Frontverlauf; denn gerade wo sich ein zu allem entschlossener Erneuerungsgeist gegen die Seelenbande früherer Sozialisation zu wenden sucht, holen die Geister der Vergangenheit den Renegaten hinterrücks wieder ein. Es ist fast noch schlimmer, noch verwickelter. Die Vorwürfe, die Tucholsky seinen alten Gesinnungskameraden anheftet – «Die Sozialisten haben keinen Funken von Psychologie und verstehen nichts, aber auch nichts von der Struktur des Menschen» –, sind ohne jeden Abstrich an ihn zurückzugeben. Die von ihm merkwürdig kritiklos benutzten Begriffe für geistige Verstörungen (Neurasthenie, Allergie, nervöse Labilität etc.) sind in der Mitte der 30er Jahre bereits ziemlich museumsreif – es hat sich nur in seinem Kopf noch nicht herumgesprochen. Was er dagegen «geistige Erneuerung» nennt und mit so schwammigen Vokabeln wie «Einkehr und Einsicht», «notwendige Selbstbesinnung» und «radikales Umdenken» umschreibt, verdankt seine Herkunft einem terminologischen Meltingpot, der eindeutig einer seinerzeit modern bis modischen Kulturrestauration zuzuordnen ist. So sehen wir den zweigeteilten Tucho denn verblendet wie einen antiken Tragödienhelden von einer Denkfalle in die andere tappen, vor allem aber die Konfliktgründe mit ihrem Austragungsort verwechseln, die Ursachen mit den Wirkungen, die kränkenden Anlässe mit den schmerzlichen Auswirkungen, wobei wer den schlimmen Ausgang kennt, noch nicht einmal auf eine Lösung des Problemknotens hoffen darf.

Daß wir das Buch trotzdem nicht einfach mutlos aus der Hand sinken lassen, hat, so seltsam es klingt, mit den bis zum Schluß unter Spannung gehaltenen Hoffnungsfäden zu tun. Entgegen unserem eigenen bösen Besserwissen bangen wir dem Kampf unseres Protagonisten um seine psychische und physische Rehabilitation entgegen, als wäre noch gar nichts entschieden, und solange wir ihn noch hoffen, harren und hadern sehen, müssen wir anteilnehmend mithoffen, mitharren, mithadern. Es tröpfeln diese wechselnd von Niedergeschlagenheit und poetischem Leichtsinn bewegten Mitteilungen ja auch keineswegs unterschiedslos grau vor sich hin. Sie dramatisieren sich im Verlauf des Briefwechsels sogar sichtlich und streben gegen Ende des zweiten Drittels einer regelrechten Peripetie, das heißt einem neuen Hoffnungshöhepunkt entgegen. Beinah ohne unser Bemerken haben sich neben der häuslichen Schwarzseherbühne noch zwei weitere Handlungsebenen aufgebaut, eine scheinbar wieder in den politischen Tageskampf führende (Tuchos gewandeltes Verhältnis zu dem Dichter Knut Hamsun betreffend) und eine konkret medizinische Entscheidungsebene, auf der der Kranke eine Klärung seiner Verhältnisse mit Messer, Zange und Schere zu erzwingen sucht.

Allerdings ist die zunächst durch nichts als Liebe und Bewunderung bestimmte Beziehung zu Hamsun mittlerweile in eine kritische Phase geraten. Während der neben Péguy und nach Ossietzky meistgenannte Name zu Beginn des Briefwechsels noch mit goldenen Lettern an einen imaginären Himmel buchstabiert wird («*Nach Jahr und Tag* von Hamsun … eine einzige Köstlichkeit») und noch im März 1934 in allerhöchsten Höhen rangiert («Wie er seine Bücher schreibt, ist mir unerklärlich. Ich glaube, er zieht sie mit Mondstrahlen aus einem Weiher»), beginnt er sich im Herbst des Jahres unheilvoll zu verdunkeln, als Tucholsky von Hamsuns Sympathien für den Nationalsozialismus erfährt. Die Enttäuschung ist schmerzlich und läuft für Tucho auf einen so noch nie erlebten Bruch zwischen der Welt des schönen Scheins und schlechtem politischem Bewußtsein hinaus. Gar nicht recht glauben mag er es im ersten Moment, daß eine absolute Größe in seinem literarischen Wertesystem derart beleidigend gegen jedes Gefühl für Sitte und Anstand verstößt. Ja, er versucht, das schlechterdings Unfaßliche mit einem beiläufig-lakonischen Schlenker vom Tisch des Hauses zu wischen: «Na, Gott hab ihn selig – wieder einer weniger.» So weit in ein nihilistisches «Jenseits von Gut und Böse» hat sich seine erdenmüde Seele aber doch noch nicht entfernt, daß der kreischende Widerspruch zwischen dem Kunstschönen und dem moralisch Verwerflichen ihn gar nicht mehr berührte. Als Hamsun am

22. November 1935 noch einmal mit einer niederträchtigen Polemik gegen den von den Nazis in Haft genommenen Carl von Ossietzky nachkartet, scheint sich der angesammelte Widerwille – endlich – zu dem schon lange von uns ersehnten Handlungsentschluß zu verdichten («Eine Lumperei kann auch mit keiner noch so schönen Kunst aufgewogen werden»), und mit einem erlösten Aufatmer nehmen wir Tucholskys Versicherung zur Kenntnis, jetzt werde er aber «zuschlagen, daß die Funken stieben».

Dem Prozeß einer schmerzlichen und – wie wir nicht aufhören mögen zu hoffen – heilsamen Desillusion geht ein anderes Bemühen um Entscheidung zu Seite, dem wir leider nicht ganz so entspannt entgegensehen können. In einem ungleichmäßig proportionierten Rechenschaftsbericht von 40 Briefseiten schildert Tucho den über vier Jahre geführten Kampf gegen seinen alten Adam als einen Kampf bis aufs Messer, der um so unlösbarer erscheint, als hier offensichtlich zwei philosophische Glaubensrichtungen um die Oberhand ringen. Da der gelernte Materialist/Lamettrist nichts davon wissen will, daß es der Geist sein kann, der sich den Körper baut, läßt er mit allen scharfen Waffen der modernen Hals-Nasen-Ohren-Chirurgie gegen das Komplexgebilde vorgehen, als handele es sich nur um einen Klumpen wild gewordener Materie. Der von ihm so benannten «Organwut» begegnet er mit einem seinerseits schon wieder wütigen Verfolgungseifer, der mit jedem Eingriff die behauptete Kausalität von körperlichen Beschwerden und psychischen Folgelasten zu erhärten sucht. «Seit vierzehn Jahren sporadisch und seit vier Jahren ununterbrochen habe ich gesagt: ‹In meiner Nase ist etwas. Und zwar beeinflußt das den ganzen Organismus. Nehmt das weg, dann wird es mir bessergehen›», so der Tenor seiner bei aller Betrüblichkeit niemals larmoyanten Passionsreportagen, und daß sie nebenbei auch dies noch sind, minuziös mitnotierte und nach allen Regeln der (Klein-)Kunst abgefaßte Tatsachenberichte aus dem Innern der Vorhölle, hebt ein sogenanntes «document humaine» dann fast schon in den Rang einer feuilletonistischen Glanznummer.

Daß das verfänglich klingt, weiß ich auch, aber die konkreten Beschwernisse unseres Erdendaseins sind eine Sache und das Aufhebungsvermögen der schönen Schreibkunst eine völlig andere. Wer hier immer nur entsetzt auf die kränkenden Inhalte stiert, ist vermutlich nicht nur für den Heiligen Geist der Literatur allgemein verloren, er liest auch an dem Trost, den solche Bücher spenden können, vorbei. Was sie uns an Erhebendem mitzuteilen haben, ist ja gemeinhin weder mit Herzblut und schon gar nicht ist es mit Rotz und Eiter geschrieben. Seine Sorgen mitteilen wollen oder seine Selbstzweifel in einer fühlenden Seele bespiegeln, gewiß, das ist hier wie anderswo auch eine tiefste Wurzel des menschlichen Mitteilungstriebes. Es hat das esoterische Berührungswesen von Briefen aber mindestens so viel mit ihrer strukturellen Erbaulichkeit wie mit ihrer Pss-Vertraulichkeit zu tun, und nirgends rührt uns die Schwermut inniger an, als wenn sie von sich selbst mit loser Zunge spricht.

Die Mär vom «aufgehörten Dichter» widerlegt sich angesichts solcher bis zum bitteren Ende von einem heiteren Ernst geleiteten Briefschaften von selbst. So weit entfernt von dem uns aus besseren Tagen bekannten Vergnüglichkeits-Peter, Unterhaltungs-Kaspar, Satiren-Tiger sind die *Briefe aus dem Schweigen* nämlich auch wieder nicht, daß wir unsern guten alten Tucho nicht sofort an einem unverwechselbaren Spitzen seiner Spötterlippen, einem charakteristisch pointierten Fingerschnippen wiedererkennten. Wo in früheren Zeiten allerdings ein ganzes Bündel von Widergängern dafür herhalten mußte, um die unterschiedlichen Neigungen des Dichters zur Glosse, zum Reisebericht, zur erotischen Miniatur, zum Agitationslied und zur Gerichtsreportage auf einen sprechenden Namen zu bringen, spricht sein literarisches Ich in diesen späten Briefen mit einer einzigen gebrochen-gesammelten Stimme, und, eigenartig, dieser zwischen Himmel und Hades seltsam changierende Unerheblichkeitston scheint mir von seinen vielen Stimmen die ergreifendste.

«– Man hat mir geantwortet: ‹Sie haben eine etwas zu enge Nase. Aber weiter nichts.› Ich habe gesagt: ‹Da ist etwas. Ich kann nicht durch – die Luft dringt nicht hin, wohin sie dringen sollte. Etwas, was arbeiten sollte, ist tot; etwas, was nicht zusammen ist, ist zusammen.›

Und hier hätte ich hinzugefügt, wenn ich es nicht mit einem Mehlwurm zu tun gehabt hätte: Ich fühle mich Materie werden – da wächst der Tod. Ich habe mich aber gehütet, das zu sagen. Man hat die ganze Zeit geantwortet: ‹Selbst wenn man Ihnen die Nase aufmacht – das wird nicht viel ausmachen. Einen Zusammenhang mit dem Organismus kann das nicht haben – das gibts nicht.› – Ich habe gesagt: ‹Doch. Ist das da oben auf, dann fängt ‹es› wieder an zu denken.› Ich sehe noch heute das verwunderte Gesicht Klingenbergs vor mir – es blieb in der Unterhaltung stehen wie eine Uhr. ‹Wie wollen Sie... Das gibts nicht.› Ich habe gesagt: ‹Was das ist, weiß ich nicht. Aber es ist so. Der Zusammenhang ist direkt. Das, was mich so bedrückt, ist *mechanisch*.› Man hat geantwortet: ‹Das ist eine wahnwitzige Laienvorstellung. Schon daraus, daß Sie Krisenzustände haben, können Sie sehen, daß es nichts Organisches ist, sonst müßte das immer wirken. Das gibts nicht.› – Ich habe gesagt: ‹Doch. Nehmen Sie das heraus – und ich werde gesund.› – Man hat gesagt: ‹Wie denken Sie sich das? Glauben Sie, Ihr Sympathicus hat einen Knoten? Oder sollen wir Ihnen vielleicht eine Röhre da hineinbauen? Alles das ist Unfug und dummes Zeug, Sie sind ein Vasomotoriker; umgekehrt ist es, wie Sie sagen: die Gefäße sind nicht in Ordnung, und nun verspüren Sie das zufällig in der Nase – Sie könnten es auch anderswo spüren. Locus minoris resistentiae, lieber Freund. Aber was Sie da erzählen: daß die Beschwerden ihren U r s p r u n g und ihren zu behebenden Punkt in der Nase haben –:

Das gibt es nicht. Das gibt es nicht. Das gibt es nicht.›

[An dieser Stelle des Briefes ließ K. T. den Auszug aus dem Aufsatz von H. Just folgen.]

Als ich mit dem Aufsatz wieder ankam, nahm jener die Sache wesentlich ruhiger auf als ich. Er hat überhaupt niemals behauptet, ich sei ein einfacher Menière. Er sagte: ‹Ich befasse mich mit dieser Sache seit sieben Jahren – es gibt da so viele Varietäten... es ist nicht so einfach.› Röntgenbild. Das war negativ. Nochmals große Beratung mit dem Röntgenkerl. Ich fühlte: er wollte nicht recht heran. Da schrieb ich ihm einen Brief, ich übernähme die Verantwortung für alles, was etwa passieren könnte.

Dritte Operation. Eine Stunde 50 Minuten. Er sagte nur: ‹J'ai reçu votre lettre› – aber kein Wort mehr. Und fing an. Stäbchen in die Nase, nun, dachte ich, kommen die großen Spritzen. Die kamen aber nicht; er fing an. O weh – dachte ich in meiner stillen Art – was kann man schon großes operieren, wenn man nicht spritzt. Er wird wieder nichts Rechtes machen. Und er legte los, es knackte, und plötzlich geschah etwas ganz Merkwürdiges. Das Leben hatte plötzlich einen Sinn. Dies klingt nun wie aus dem Elaborat eines Verrückten; ich schreibe es aber doch. Es kam auf einmal Luft nach oben, wo nie Luft gewesen war, ich sah in eine Ecke, und alles war anders – aber gut anders. (Das Perkain kann es auf keinen Fall gewesen sein; weder vorher noch nachher hat es jemals auf meinen Gemütszustand gewirkt.) Und während er mir nun richtig weh tat, denn in der Tiefe kann man ja doch nicht betäuben, hätte ich heulen mögen – aber vor Glück. Er hat mir dann, was ich nicht wußte, die Keilbeinhöhle aufgemacht – das war mir alles ganz egal. Während der Operation sagte er nur: ‹Ich habe Verwachsungen gefunden, die waren knochenhart – jetzt ist das fort› – und nachher sagte er, er hätte sehr vorsichtig operieren müssen, weil es sonst eine Meningitis gäbe. (Mir sagt das nichts, ich schreibe Dir das à titre d'information.) Tampon, Abtupfen, Verbeugung – Tasse Kaffee – aus.»

Was an solchen anmutsvollen Prosen mit Kunst verschmerzt und was mit Lust geschrieben ist, wir werden es wohl nie auseinanderkriegen. Wie wir bei trügerisch geglätteten Oberflächen immer ganz besonders vorsichtig an die Dinge herangehen müssen – zu leicht verwischt sich uns das schlimme Menschenweh hinter der gekonnten Kunstfigur, die unnachahmliche Conferencierspirouette am Schluß der Vorstellung nicht ausgenommen. Damit will ich nicht sagen, daß wir ein kurzes halbes Jahr vor Tuchos Schritt in den Freitod natürlich nicht mehr so viel Grund für weitreichende Hoffnungen haben. Schon eine emphatische Zwischenbilanz wie «Das Leben hatte plötzlich einen Sinn» scheint uns bedeutungsvoll genug, allen Todesdämonen zum Trotz noch einmal wirklich an Genesung, Heilung, Auferstehung zu glauben. Es ist der Rechenschaftsbericht über «8 Operationen in 4 Jahren» allerdings an diesem Punkt noch nicht zu Ende und der gefeierte «Sieg über die Nase» nur ein trügerisches Intervall in einem letztlich auf anderen als medizinisch-laryngolischen Ebenen geführten Kampf zwischen Todestrieb und Lebenslust. Im gleichen Brief vom 1. Juni 1935, nur einige drei, vier Seiten später, ist plötzlich von einem bisher unerwähnten weiteren Unruheherd die Rede, einer neuen Einbruchstelle, scheinbar noch weiter vom Sitz der Seele entfernt als das «rein mechanische» Stirnhöhlenleiden: «Und nun wirst Du begreifen, wie mich das drückt, auch noch etwas im Bauch zu haben, von dem ich nicht anzunehmen wage, daß da auch noch etwas geschehen muß. Na... was mag wohl eine Darmoperation kosten –? Mensch komm bloß her.

ppa
i. Fa. Menière & Co
Tampon-Besitzer
Keilbeinhöhle, Tag und
Nacht geöffnet
Nunchen-Eigentümer»

Das erinnert nun nicht bloß von ungefähr an einen anderen Briefeschreiber in einem anderen Jahrhundert, in einer anderen Krankenstube. *Ich liebe Dich so sehr, daß ich für meine Person gar nicht nötig hatte, Dich zu estimieren*, schreibt Heinrich Heine am 1. Januar 1856 (also ungefähr zwei Monate vor seinem Tode) an seine «liebe Mouche». Und: *[...] ich fühle minder meine Schmerzen, wenn ich an Deine Zierlichkeit, an die Anmut Deines Geistes denke. Leider kann ich nichts für Dich thun, als Dir solche Worte, «Gemünzte Luft» sagen. Meine besten Wünsche zum neuen Jahr – ich spreche sie nicht aus, Worte! Worte!*

Ich bin vielleicht morgen im Stande, meine Mouche zu sehen, dann laß ich es ihr wissen. Jedenfalls aber kommt sie übermorgen (Donnerstag) zu ihrem Nebukatnetzar II
ehemaliger königl Preuß Atheist
jetzt aber Lotosblumen Anbeter

Von der Warte einer erst noch zu schreibenden und wahrscheinlich ewig fragwürdigen Typenlehre der Literatur her rücken die beiden durch ein knappes Jahrhundert europäischer Sozialgeschichte getrennten Dichter sogar noch enger zusammen und geben etwas so Geheimnisvolles wie verwandte Schicksalskurven preis. Zwei deutsche Dichterpublizisten, Juden, Doctores der Rechte alle beide, auch aufgeklärte Freigeister zunächst und der Sache der Freiheit, der Gleichheit und der Verbesserlichkeit bis in die letzten Kapillarnerven verbunden, kehren sie ihrem Vaterland aus freien Stücken den Rücken, um vom Ausland aus die großen Emanzipationsideen in die Heimat zurückzutragen, bis die Einsicht in die Vergeblichkeit ihres Mühens das perspektivische Sehen immer mehr erschwert und von der Hoffnung auf Freiheit und Gleichheit nur noch die Erkenntnis ewig gleicher Torheiten übrigbleibt. Die mystische Koinzidenz von zunehmender körperlicher Gebrechlichkeit und dem Krankheitszustand der Epoche, die für Heine gar keine Frage war und für Tucholsky allenfalls ein Anlaß für anzügliche Späße, ist und bleibt natürlich reine Glaubenssache. Sie bildet sicher eine geschätzte mythologische Figur, die aber eher einen Laterna-magica-Effekt darstellt, denn wo ein Dichter sein in historischen Zusammenhängen erlebtes Ich nur energisch genug auf die Weltkarte projiziert, schaut allemal eine magische Koinzidenz dabei heraus.

Wovon wir mehr haben – weil wir daraus lernen und es uns zu eigen machen können –, scheint mir eine über solche Glaubensfragen erhabene Artistenmoral, deren befreiende Kraft sich gerade darin zeigt, daß sie die uns zugemutete Erdenschwere einfach nicht ernst zu nehmen gewillt ist. Das hat mit dem meist aus innerer Leere geborenen Verlangen nach unerbittlichen Lebens-Sterbenswahrheiten dann nicht mehr sehr viel zu tun, im Gegenteil, sie weiß genau, was sie den verehrten Mitsterblichen an ermunternden Erhebungen und vorbildlicher innerer Fassung schuldig ist. Was uns bei der ganzen zeitgenössischen Endzeitliteratur so kalt läßt und uns in Tucholskys, dito Heines letzten Lebenszeugnissen bis auf den Grund der Seele erwärmt, hängt, so seltsam es klingt, mit einem kraß entgegengesetzten Verständnis für Oberfläche zusammen: hier schwebende Ironien, verwehende Friedhofsgedanken, fliegende Blätter, Feuilletonismus, bloß nicht die eigene Privattragödie als dicken

Briefbeschwerer – und auf der andern Seite in der Tiefe steckengebliebene Gedanken im unerquicklichen Verein mit aufmerksamkeitsheischender Auskotze; aber natürlich, die im Augenblick mal wieder auf dampfenden Teutonenschweiß statt schönen Jenseitsschein abonnierte Zeit muß wissen, was sie will, und wer in solchen spätabendlichen Unterhaltungen nicht auch die Haltung zu würdigen weiß, wird wohl für ewig und drei Tage an der frohen Botschaft der Literatur vorbeihören.

Vom Liebes- und vom Lehrgedicht – zur Lyrik Bertolt Brechts –

Als vor einigen Jahren der lyrische Nachlaß des reichen BB eröffnet wurde, konnte man schon gelegentlich sagen hören, daß diese und jene Beiläufigkeiten . . . und gewisse Paralipomena und Wiederholungen . . . nun ja. Ich teile diese schiefen Sorgenfalten übrigens nicht und möchte auch gleich erklären, was uns die Hinterlassenschaft im ganzen teuer macht. Zum einen ist es natürlich immer interessant, einen vergleichenden Blick in die Kinderzimmer oder Probierstuben unserer großen Dichter zu tun. Man erkennt in den ersten Schriftzügen oft schon den weiterführenden Fingerzeig auf die spätere Personalsignatur, was unserer immer mitlesenden Hoffnung auf das Unverlierbare augenblicklich die erwünschte Glaubensspeise zuführt. Zum andern bekommen wir es hier mit einem jener seltsamen Ausnahmefälle zu tun, bei denen das versuchsweise Vortasten zur Methode und der «Torso» und das «Fragment» zum literarischen Programm gehören, ein beunruhigender Unschärfebereich, in dem auch die scheinbare Unfertigkeit ihren bestimmten Platz in einer beweglichen Weltenordnung einnimmt. Ein vergleichsweise frühes Gedicht – ein Produkt des fünfzehnjährigen Gymnasiasten – mag uns hier als Lehrstück in der Nußschale dienen. Es entrollt sich als «Galerie der Klasse 6 A» wie ein lustig lehrhafter Bilderbogen mit einem moritatenhaften Auftakt zu Beginn und einer Folge von naiv aneinandergereihten Mitschülerporträts als eigentlichem Hauptteil; aber wie pennälerhaft das auch beim ersten Hinsehen anmutet, ein Hauch von Mackie-Messer-Logik scheint mir gar nicht zu übersehen.

Ein Kohler! Wie ist er so schmal und so klein
Wie sind so dünn seine Gliederlein –
Und doch! Die kleinen Leute sind gescheit.
Napoleon z. B. herrschte deshalb weit!
Die Kleinen sind der Erde Salz
Die Großen, die sind dumm und faul –
Die Kleinen haben jedenfalls
Ein ziemlich großes Maul.

Je schwächer das kleine Kohlerlein
So stärker der große Abendstein.
Stark ist die Hand, die Muskeln groß
Die Deutschballwurfkraft grandios.
Doch klein, ganz klein
Ist bei dem großen Abendstein
He, Wissen und Bildung, he, allgemein.

Ob so etwas wirklich jedes Schulkind kann, möchte ich schon einmal gründlich bezweifeln. Was wir amüsiert zur Kenntnis nehmen, ist ein lyrisches Improvisationstalent, das seine federleichte Hand nicht gerade mit Tiefsinn beschwert; aber wie sich der Gymnasiast bereits seine eigene Klassenordnung entwirft, in der das Kleinwüchsige die große Geige spielt und teutonisches Reckentum auf die letzte Bank verwiesen wird, ist schon des genaueren Hinsehens wert. Von hier aus – sprich von solchen elementarschulhaften Bezweifelungen von naturgegebenen Rangordnungen aus – ist es nämlich nur noch ein kleiner Schritt zur tendenziösen Einteilung der Welt in Hohe Herren hier und niederes Volk und kleine Leute dort: ein Gegensatzpaar, das sich aus dem brechtischen Anschauungssystem nun nie mehr verlieren wird.

Brecht hat sich in diesen jungen Jahren bereits gehörig in den schönen Künsten umgetan, und seine literarische Bildung ragte, nach Meinung seiner Schulkameraden, beachtlich über den gemeinen Klassenhorizont hinaus. Er hatte Verlaine, Rimbaud und Villon gelesen und verehrte Frank Wedekind als einen großen ironischen Sokrates und Überkreuzfrager. Er hatte den Hauptmannschen *Biberpelz* für die

Puppenspielbühne eingerichtet und eiferte in seinen Briefen und Schulaufsätzen zumal dem funkelnden und in sein eigenes Funkeln verliebten Alfred Kerr nach. Auch als zu Beginn des Weltkrieges «der Kaiser rief und alle, alle kamen» – neben den geschätzten Protagonisten Richard Dehmel, Hugo von Hofmannsthal, Gerhart Hauptmann und Ernst Lissauer auch der über alles geschätzte Kerr –, sah der zivilistische Brecht zunächst keinen Grund, nicht ebenfalls auf die edel besetzte Frontlinie einzuschwenken und dem ehernen Zeitalter seinen gußeisernen Tribut zu zollen.

> Der Kaiser
> Steil. Treu. Unbeugsam. Stolz. Gerad.
> König des Lands
> Immanuel Kants.
> Hart kämpfend um der Schätze hehrsten:
> Den Frieden. So: im Frieden Streiter und Soldat.
> Einer Welt zum Trotz hielt er Frieden dem Staat. –
> Und – trug ihn am schwersten.
>
> Als der Frieden nur mehr Untergang war
> Rief er am ersten
> Zum Krieg seiner Deutschen eherne Schar.
> Weihte klirrend das alte Schwert am Altar –
> Den Krieg, den – und der – die Größe gebar –
> Er trug ihn am schwersten.

Obwohl das wilhelminische Paradestück des jugendlichen Eugen Bertolt (so sein nom de guerre) schon seine eigene Dialektik besitzt, ist der Weg vom poetischen Herrscherlob zur systematischen Kritik an den «Herrschenden» natürlich der ergiebigere Lehrgegenstand. Tatsächlich kündigt sich ein kritischer Bruch in der Wahrnehmungsweise schon in diesen frühen, immer etwas genant beiseite gehaltenen Kriegsgedichten an. Wer hier nur mal ein bißchen auf den Putz klopft, bemerkt zu seinem Erstaunen, daß die Gedichte sich zunehmend mit gemeinem Personal bevölkern, blind herumhantierenden Phantomsoldaten und namenlos verreckenden Muschkoten, die in ihrer gesammelten Jämmerlichkeit eher einem Schreckenskabinett als einem vaterländischen Heldenschrein entnommen scheinen. In dem Lazarettgedicht *Der Name der Mutter* schlägt der Versuch von konventioneller Beileidsbekundung und Apotheose dann vollends zu einem aus dem Rahmen springenden Wahnsinnsbild um:

> Ja, in der letzten Stund, als ob aller Himmel zu Diensten wär
> Wenn das Leben verloht
> Rufen die Sterbenden sich ihre Mütter her
> Und wären die Mütter schon zehn Jahre tot...

Ist das nun noch der gute alte Totengräberhumor oder nicht vielmehr absurde Poesie in einem sehr viel moderneren Sinn? Beziehungsweise haben wir es hier nur mit einer besonders raffinierten Spielart von Zynismus zu tun oder eher einer neuen Wahrhaftigkeitsoptik, die den Wahnsinn hinter der Tragödie unerbittlich mitregistriert? Wo der Glaube an Volk und Vaterland längst zu grauem Dunst zergangen ist, fällt gerade noch aus dem Mütterreich ein letzter Gnadenschimmer in die Krankenstube, aber ach, auch dieser scheinhafte Lichtblick lenkt am Ende auf die Grabesperspektive zu. Noch ein winziger Ruck in der Optik, wir spüren es, noch ein kleiner Schwenk im Bewußtsein, und wir wechseln von sogenannten «Militaria» zu einer kritisch-dialektisch demonstrierenden Antikriegslyrik über. Aus der *Deutschen Kriegsfibel II* und insofern von unserem Beispiel um zwanzig Jahre entfernt, aber nicht durch Welten getrennt:

> Es ist Nacht
> Die Ehepaare
> Legen sich in die Betten. Die jungen Frauen
> Werden Waisen gebären.

Der Weg vom «Kaisertreuen» zum Kriegsgegner und kommunistischen Gesellschaftskritiker ist trotzdem nicht als eine gerade Linie durchzuzeichnen. Zwar hatte sich bereits ein Schulaufsatz des Sekundaners eigenwillig mit der niederträchtigen Horaz-Devise *Dulce et decorum est pro patria mori* befaßt: «Der Ausspruch, daß es süß und ehrenvoll sei, für das Vaterland zu sterben, kann nur als Zweckpropaganda gewertet werden. Der Abschied vom Leben fällt immer schwer, am meisten gewiß jungen Menschen in der Blüte ihrer Jahre.» Im Gegensatz zu solchen fortgeschrittenen Prosaeinsichten zeigt sich die lyrische Produktion der Jahre 1916 bis 1918 freilich ziemlich unberührt von Kriegsgeschrei und Schlachtenlärm, und statt auf gesinnungsstarke Widerstandsverse stoßen wir allenthalben auf die Anzeichen eines selbstverliebten und gewissenlosen Dandytums.

Das lyrische Ich gefällt sich in der Rolle eines himmelhoch über die leidige Welt erhabenen Hallodri und wirft uns auch noch freche Kußhände aus der Luftschaukel zu.

> Auch auf wilden Abendkarussellen
> wo man billig rasend schaukeln darf
> War ich selig, wenn ich mich in hellen
> Billig strahlendhellen Himmel warf!

Da haben wir es also: auf der einen Seite das mörderische Wüten der Kriegsfurie und auf der anderen ein verspieltes, um nicht zu sagen verlottertes Subjekt, das seiner allerprivatesten Lebenslust ihren wüsten freien Lauf läßt. Aber halt, so einfach läßt sich dem jungen Mann in der Luftschaukel denn doch nicht Mangel an dialektischem Sinn nachsagen. Was uns als jugendliche Dollerei zur falschen Zeit erscheint, könnte es nicht gerade die angemessene zivilistische Antwort auf die Todesmystik der Epoche gewesen sein? Und ließe sich die unverschämt zur Schau gestellte Daseinsseligkeit nicht auch im Gegensatz zu der nekrophil-nationalistischen Parole «Deutschland muß leben, und wenn wir sterben müssen» lesen? Da Gedichte ein eigenes körperliches Wesen besitzen – mit einem eigenen Nervensystem und einem eigenen Fächer subjektiver Reizbarkeiten –, reagieren sie auf die Herausforderungen der Politik oft gar nicht so sehr mit Meinungen oder Ansichten als mit Haltungen, Gesten, Allergien. Selbst das scheinbar gewissenlos der Welt enthobene Liebesgedicht hat seine private Gewissensentscheidung bereits getroffen. Unvernünftig, wie es nun einmal ist, wählt es die Luftschaukel und das «Abendkarussell» zu seinen liebsten Spielzeugen, was man freilich auch positiv, das heißt als erfreuliches Gegenbild zum blutigen Narrentreiben der Epoche verstehen kann.

Das vernünftige «Lehrgedicht», mit dem sich der Name Brecht später immer mehr verbinden sollte, tritt uns in dieser frühen Phase allenfalls in der Form privater Dedikationsverse entgegen. Ein ganzer Kranz von poetischen Exerzitien ist dem häuslichen Familienkreis gewidmet, der Großmutter, der Mutter, dem Vater, dem jüngeren Bruder – ein immerhin erstaunlicher Zug bei dem allgemein als gemütskalt geltenden Dichter. «Er, der nicht immer frei war, machte die Kinder frei. / Zeigte ihnen am Beispiel, nicht durch Geschwätz, Einfachheit / Größe und Tapferkeit. / Und das gesunde Gesetz des ehrlichen Kampfs»: so warmherzig, so empfindungsstark und respektvoll äußert sich beispielsweise der Einundzwanzigjährige zum 50. Geburtstag des Vaters, und ich gebe gern zu, daß wir – die wir unsere Helden am liebsten unter Brücken schlafen und in der Gosse verkommen sehen – uns an diesen Bohémien mit Familienanschluß erst einmal gewöhnen müssen.

Verglichen mit so viel ungebrochenem Familiensinn war die *Hauspostille* von 1927 dann schon ein ziemlicher Angriff auf die bürgerlichen Tugendideale. Unter dem trügerischen Etikett einer christlichen Erbauungsschrift versammelte sie die unmutigsten und anmutigsten Seeräuber-, Huren-, Säufer-, Selbstmörder–, Frauenschlächter- und Wasserleichen-Balladen aus Brechts genialischen Aufbruchsjahren und versuchte die quasi volkspädagogische Tendenz noch durch listig eingeschleuste Kapitelüberschriften wie «Lektionen», «Bittgänge», «Exerzitien» oder «Psalmen» zu unterstreichen. Freilich äußerte sich der offenkundige Hang zur Parodie nicht nur im satirisch zersetzenden Umgang mit geschätzten Bildungssolitären – dem Goetheschen *Über allen Gipfeln* zum Beispiel und dem bekannten Kirchenlied *Lobe den Herren* von Joachim Neander. Er läßt sich bis in den feineren und feinsten Gliederbau des Buches verfolgen und bezeugt sich durchgehend in einem gründlich verrüttelten Wertekanon vom irdischen Nutzen und himmlischen Frommen. «Was meine Mutter mir sagte, / Das kann wohl wahr nicht sein» und «Laßt euch nicht verführen / Es gibt keine Wiederkehr», das sind nur einige ketzerische Merksprüche aus einem umgekehrten Losungskalender; obwohl, wie gesagt, auch selbst schon wieder Merksprüche, wohlmeinende Ratschläge und warnende Fingerzeige auf ein rasch vertanes Leben. Denken wir etwa an die Ballade von der *Kindesmörderin Marie Farrar* und ihren unmittelbar zu Herzen gehenden Refrain «Denn alle Kreatur braucht Hilf von allen», sind wir der christlichen Barmherzigkeitslehre sogar viel näher, als wir eben noch glaubten, und man fragt sich beunruhigt, ob die neue Moral von der Geschicht nicht eigentlich auf eine revidierte Neuauflage der guten alten Caritas hinausläuft.

Brecht selbst hat die *Hauspostille*, die seinen Ruhm als großer Neuerer der deutschen Poesie begründete, später schon einmal kritisch gebürstet, richtig gram sein konnte er ihr trotzdem nicht. In einem Kommentar zu den *Svendborger Gedichten* schreibt er im Jahre 1938: «Die Hauspostille [...] trägt zweifellos den Stempel der Dekadenz der bürgerlichen Klasse. Die Fülle der Empfindungen enthält die Verwirrung der Empfindungen. Die Differenzierung des Ausdrucks enthält Zerfallelemente. Der Reichtum der Motive enthält das Moment der Ziellosigkeit. Die kraftvolle Sprache ist salopp, usw. usw. Diesem Werk gegenüber bedeuten die späteren *Svendborger Gedichte* ebensogut einen Abstieg wie einen Aufstieg. Vom bürgerlichen Standpunkt aus ist eine erstaunliche Verarmung eingetreten.» Die stilistische Kehrtwendung ist allerdings schon älteren Datums, und sie läßt sich bis in die Lehr- und Agitationsgedichte der späten zwanziger Jahre zurückverfolgen. Obwohl zwischen der Drucklegung der *Hauspostille* (1927) und den *Fatzerfragmenten* (1929) und dem *Lesebuch für Städtebewohner* (1930) nur wenige zwei, drei Jahre liegen, sehen der eine und der andere Brecht sich an wie zwei kaum noch miteinander bekannte Widergänger.

Ausgewechselt bzw. ersatzlos gestrichen und einer aufgeklärt ausgenüchterten Anschauungsweise zum Opfer gebracht dabei zunächst ein reich entwickeltes und auf vielen Bühnen erprobtes Instrumentarium von poetischen Anregungs- und Betörungsmitteln. Ein Himmel und Hölle verbindender Panoramaprospekt aus farbigen Dschungelszenen und bewegten Seestücken verkürzt sich abrupt zum kahlen Großstadtausschnitt mit zugigen Durchgangsstationen und ungemütlichen Bahnhofsaufenthalten. Der anregende Gemeinschaftsbetrieb im Kreise von Dropouts, gefallenen Mädchen und vagabundierenden Asozialen weicht einer entsagungsvollen und vorerst nur vage schraffierten Genossenschaftsethik. Der Schwung des Erzählgedichtes stockt. Die scheinbar ungetrübte, weil durch nichts zu betrübende Sangeslaune zeigt sich von einem bohrend-schmirgelnden Fragestellerton abgelöst. Selbst gern geputzte Requisiten wechseln ihre Funktion und ihren sozialen Gestus, so daß der eben noch übermütig ironisch aufs eigene Haupt zitierte Bürgerhut («Ich setze einen steifen Hut auf nach ihrem Brauch») auf einmal gefährlich ins Rutschen kommt und statt insgeheimem Einvernehmen nur noch unherzliches Beileid bekundet: «Wenn deine Frau weint, werden wir unsere Hüte ins Gesicht ziehen / Aber wenn sie dich holen, werden wir auf dich deuten / Und werden sagen: das muß er sein.

Lassen wir die Sorgen um den befremdlich zerteilten BB vorläufig auf sich beruhen und wenden uns einem versöhnlicheren Aspekt der Doppelinitiale zu. Auf der anderen Seite – und da werden wir eigentlich von den Gedichten selbst bei der Hand genommen und langsam, aber sicher auf den Tugendpfad der Dialektik verführt – nimmt sich der Bruch mit der alten sozialen Identität in der neuen poetischen Praxis gar nicht so martialisch aus, wie es dem furchtsam abwehrenden Auge zunächst erscheint. Mag die Radikalisierung des politischen Denkens in den späteren Weimarer Jahren auch das methodologische Selbstverständnis des Schreibers in einem tiefsten Angelpunkt erschüttert haben, so total ist der Umbau des literarischen Charakters trotzdem nicht, daß sich alle gewachsenen Neigungen rückstandslos und schlagartig verflüchtigt hätten. Ob «Legende», ob «Chronik» oder «Bericht», ob *Achttausend arme Leute kommen vor die Stadt* oder *Die Moritat vom Reichstagsbrand* und *Die Ballade von der Judenhure Marie Sanders*: die alt eingefleischte Vorliebe für das Erzählgedicht scheint schlechterdings unausrottbar, wobei der Übergang von erzählter Handlung zur fruchtziehenden Abhandlung immerhin fließend bleibt.

Größere Schwierigkeiten als mit dem epischen Charakter der neuen Gedichte – einer Brechtischen Spezialität und uns aus seinen Schriften zum Theater genügend vertraut – haben wir womöglich mit dem radikal durchexerzierten Unpersönlichkeitston. Er widerspricht der von uns gewünschten Subjektivität und Ichbezogenheit der Lyrik, die uns seit Walther von der Vogelweide eine unverzichtliche Errungenschaft scheint und seit Klopstock ein fait accompli. Er verabschiedet sich von allem, was wir seit Goethe als persönlichen Ausdruck schätzen und was wir bei Hölderlin, Heine, Nietzsche, Rilke und Benn immer wieder gesucht und gefunden haben. Nur in den Niederungen des Scherzgedichts oder im didaktischen Genre hatten wir auf die spürbare Anwesenheit eines Ich bislang verzichten können, was das Brechtsche Lehrgedicht augenblicklich in eine etwas unansehnliche Gesellschaft rückt.

Es ist allerdings die Frage, ob das lyrische Subjekt des *Hauspostillen*-Dichters überhaupt je dieser unverwechselbare Individualzampano war, dessen Aufgehen in der Anonymität wir jetzt mit Bewunderung bedauern. Der Kasus scheint mindestens zweifelhaft. Merkwürdig ungeprägt und eigenschaftslos, teils durch die Maske sprechend und teils in Rollen gehüllt, entzieht es sich seiner Identifizierung auf eine fast schon windige Art und Weise, man hat beinah den Eindruck, als ob der im Vorwort mit «zynischer Anmut» gefeierte «Gummimensch» hier bereits poetische Gestalt angenommen hätte. «Ich, Bertolt Brecht, bin aus den schwarzen Wäldern», führt sich der Verfasser zwar namentlich und mit einem Hauch von eigener Biographie in einem seiner großen Gesänge ein, aber das ist auf der anderen Seite auch schon wieder Parodie, Montage, ironisches Spiel mit whitmanschen Verkündigungsgesten und der scheinbaren Nämlichkeit von Bewerbungsschreiben, und was am Ende haftenbleibt – auch in der Erinnerung von irritierten Lesern –, ist der Eindruck einer allerhöchst autorisierten Zweifelhaftigkeit: «In mir habt ihr einen, auf den könnt ihr nicht bauen.»

Machen wir uns nichts vor bzw. lassen uns nicht täuschen. Die große Identitätskrise, die wir für unseren Dichter immer gern in die Mitte der zwanziger Jahre verlegen, läuft längst auf vollen Touren, auch wenn sie sich mit allen Mitteln der Kunst zu kaschieren sucht. Was mit zunehmender Annäherung an die Kommunistische Partei und ihre Propagandaanliegen folgt – die entschiedene Umorganisation des Ich zum Funktionsträger und das Neubedenken des Mediums (Gedicht) als Werkzeug (zur Veränderung der Gesellschaft) –, bekommt nur eben einen ausgeprägten Zug ins Positive, egal, ob uns diese Positivität nun schmeckt oder nicht. Angedeutet hatte sie sich übrigens schon Anfang 1921 und mit allen Anzeichen einer Damaskusstimmung. In einer Tagebucheintragung vom März des Jahres heißt es ahnungs- und entsagungsvoll genug: «Die Formeln stimmen nicht, es waren Eselsbrücken, es war Sand in die Augen. Von jetzt an verbirgt sich die Kraft, die nicht versiegt, in den Werken, sie kriecht in die Widersprüche, sie läuft gegen den Wind; die Geschwindigkeit muß abgerechnet werden! Der Organismus organisiert den Widerstand gegen sich selbst. Es sieht zwillinghaft den Abstieg gleich, es geht haarscharf am Untergang vorbei [...] Schon der Dreiundzwanzigjährige kämpft verzweifelt gegen die Eitelkeit. Verbissen leistet er den Verzicht auf Achtung, die aus Rentabilität gewonnen wird. Wütend findet er sich ab mit der Unklarheit seiner Formulierungen, da das Stoffgebiet, das einzubeziehen ist, ein so ungeheures geworden ist, verzichtet auf die geliebte Prägnanz zugunsten der Wahrheit. Er will nichts als den Torso.»

Das ist natürlich schon ein erstaunlicher Vorgriff, und wir nehmen ihn nicht ohne ein gewisses ehrfürchtiges Erschauern zur Kenntnis. Erstens, weil er uns einen oft nur oberflächlich aus Bildungsanlässen erklärten Bewußtwerdungsprozeß in seinen frühesten Antizipationen vor Augen führt. Und zum anderen, weil er uns das Wesen dialektischer Fortbewegung als einen Vorgang von äußerster Mühseligkeit offenbart. Um inhaltlich weiterzukommen, über das erreichte Vergangene hinaus, müssen manchmal Positionen geräumt und Gewinne geopfert werden, die wir für unverzichtliche Errungenschaften des Individuums hielten. Um in einem neuen Sinn aufzusteigen, muß der Proband zunächst einmal herunter von seinem angestammten Klassenpodest und sein geliebtes Ego ganz von unten her in Frage stellen. Genau das ist aber auch der Sinn des acht Jahre später verfaßten *Untergang des Egoisten Johann Fatzer*, in dem die Versuchsperson von ihren sogenannten Eigentümlichkeiten Abschied nehmen muß, um einer entwickelteren Auffassung von Tauglichkeit = Nützlichkeit zu genügen.

Wer dem Purgatorium ausgeliefert und einer rigorosen Eigentlichkeitsprüfung unterzogen wird, ist also schon der gute alte BB mit all seinen hochvorzüglichen Gaben und Fertigkeiten. Was zur Disposition steht, ist nicht mehr und nicht minder als ein ganzer Kanon bürgerlicher Verhaltensweisen, von denen die virtuose Schreibweise nur eben die persönlichste Angriffsfläche bietet: «Du über den vieles geschrieben ist / Studiere das ABC.» Erst wer solchermaßen strebend sich herabbemüht, sich zurücknimmt, sich seines wechselnden Gebrauchswertes über das Kollektiv zu versichern sucht, kann am Ende der Erlösung teilhaftig werden, was zwar noch mächtig an die Fegefeuerdramaturgie des Expressionismus erinnert, in seinen moralischen Konsequenzen aber deutlich auf das Ethos einer neuen praktisch-politischen Verwendlichkeit zuleitet.

Die konkreten Folgerungen sind in jedem Fall einschneidend, und sie begreifen die Arbeit des Schriftstellers auf eine dialektisch materialistische Weise mit ein. Der Dichter, der sich als dienendes oder mitbestimmendes Glied einer großen Wohlfahrtskooperative versteht, streckt oder verkürzt seine literarischen Mittel nach dem obersten Gebot der gesellschaftlichen Nützlichkeit. Die alten Ideale fortschreitender formaler Vollendung und ausdrucksmäßiger Verfeinerung – vielleicht zu Recht als folgenlose Luxuriositäten verdächtigt – weichen einem von Grund auf veränderten Werkverständnis, in dem das Werk als Werkzeug definiert und als solches selbst der ständigen Umarbeitung empfohlen wird. Da das Bemühen um Fertigkeit letzten Endes nur auf den verhaßten Zustand der Unverbesserlichkeit zuführen kann, rücken Unfertigkeit, Durchlässigkeit und Vorläufigkeit allmählich in den Rang von eigenen ästhetischen Kategorien auf.

Das scheinen bedenkliche Zumutungen. Sie greifen unser ästhetisches Selbstverständnis an einem zentralen Ruhepunkt an und setzen alt eingewurzelte Qualitätsbegriffe der Fragwürdigkeit aus. Wo wir in der von Brecht so gewinnend beschriebenen «Unfertigkeit» («schon wieder abbröckelnd, schon wieder verblassend, hingebend, lieblich ausweichend, leicht gefügt») aber erst einmal die Möglichkeitsform zu erkennen beginnen und im Vor- oder Probelauf den weiterführenden Hoffnungsschimmer, sehen uns ihre literarischen Ausdrucksformen «Torso», «Fragment» und «Versuch» schon nicht mehr so unvertraut an. Immerhin bekommen wir es hier ja nicht mit einer beschränkten Werkzeugtheorie zu tun, die über dem gemeinen Nutzen die Vergnüglichkeit vergäße oder über dem aktuellen Agitationswert unser berechtigtes Verlangen nach dem ästhetisch Schönen. Aus einem gemeinsamen philosophischen Prinzip entwickelt – der Idee des dialektischen Fortschreitens –, kommen sich die Vorstellungen des gesellschaftlich Guten und des ästhetisch Schönen gelegentlich so nahe, daß die ständige Unruheposition der Künste und die nie zu Ende zu denkende Verbesserlichkeit des Gemeinwesens in überraschende Nachbarschaft treten. So überraschend auch wieder nicht. Wie das verachtete «fertige Kunstwerk», das die Widersprüche der wirklichen Welt bereits überwunden wähnt, nicht mehr mit sich reden läßt, so der «fertige Staat», wo er widerspruchslos als geschlossene Anstalt geführt wird.

Das erklärt, in die Sprache der Poesie übertragen, sicher auch die besondere Neigung unseres Autors zu «freien Versen mit unregelmäßigen Rhythmen». Und es erklärt seine manchmal schon etwas marottenhaft anmutende Beziehung zum Mittelwort, zum Participium praesentis. In der Grammatik als «Ablaufform» geführt, bezeichnet sie eine Bewegung in der Dauer sowohl wie einen unabgeschlossenen Vorgang und verweist als sprechender Gestus («Fahrend in einem bequemen Wagen» – «Lebend in dem Land in dem ich geboren bin» – «Abwägend das Mögliche und das Notwendige») auf ein Lebensgefühl der Durchgängigkeit und der Vorläufigkeit. Wie bei diesem Wunder an dialektischer Fortbewegung aber immer eines ans andere knüpft und jeder Schritt nach vorn ein Stück Überlieferung mit sich reißt, verliert auch das Mittelwort mit der Zeit seinen alten Charakter zielloser Bewegtheit («Durch die klaren Wasser schwimmend vieler Meere / Löst ich schaukelnd mich von Sinn und Schwere») und nimmt unter Umständen, heißt in Zeiten der Verfolgung und Verbannung, den Ausdruck der gespanntesten Erwartung an.

Unruhig sitzen wir so, nah den Grenzen
Wartend des Tags der Rückkehr, jede kleinste Veränderung
Jenseits der Grenzen beachtend, jeden Ankömmling
Eifrig befragend, nichts vergessend und nichts aufgebend
Und auch nichts verzeihend, was geschah, nichts verzeihend.

Das Brechtische Lehrgedicht – alles andere als ein mechanisch gehandhabtes Einbleuungsmittel – kalkuliert seine eigene Veränderbarkeit vorsorglich mit ein und versteht sich als Lehrstück immer auch andererseits. Zwar strebt es, seiner pädagogischen Sendung gemäß, entschieden nach Verfassung, Organisation oder Sammlung, was sich an solchen Etiketten wie «Postille», «Lesebuch», «Fibel» oder «Exerzitium» unschwer ablesen läßt. Es teilt mit anderen Schulungs- und Fortbildungsmitteln aber auch deren umstandsbedingte Vorläufigkeit. Zu welchen Verwandlungen und Differentiationen es im Lauf der Jahre allerdings wirklich fähig war, bleibt in jeder Beziehung erstaunlich. Im *Lesebuch für Städtebewohner* (1930) versuchte es mit angenommener (Ausbeuter-)Stimme zu sprechen und so gewissermaßen aus dem Gegensatz heraus zu lehren. Es raffte sich in den «Kriegsfibeln» dann zu eindrucksvoller epigrammatischer Kürze auf und zog noch Kraft aus der Mühe, dem Anspruch aktueller Verwendlichkeit und leichter Transportabilität genügen zu müssen. Es vermochte – in Zeiten äußerer Bedrängungen und innerer Anfechtungen – dem Mitleiden eine neue vertrauenswürdige Stimme zu verleihen und («wirklich, ich lebe in finsteren Zeiten») die rationale Belehrung und die dichterische Beschwörung auf einen gemeinsamen Grundton einzustimmen. Und es fand – im Jahre 1953 und unter dem entmutigenden Eindruck machtgeschützter Inferiorität – noch einmal zu einer neu gebrochenen Klangfarbe aus entsagensvoller Beharrlichkeit und erwartungsvoller Desillusion.

Die Inschrift, die Brecht sich nach den Worten eines seiner epigrammatischen Gedichte auf den Grabstein wünschte – «Er hat Vorschläge gemacht» –, ist dennoch nicht bloß in aller Bescheidenheit zu verstehen. Daß man denkend, lehrend und mit Fragen vorausfassend in die politischen Erdendinge eingreifen könne, hat für ihn nie ernsthaft in Zweifel gestanden. Daß das von ihm während dreier Jahrzehnte immer wieder neu bedachte «Lehrgedicht» ein ansteckendes Beispiel werden könne, gehörte zu seinen wirklichen Glaubensgewißheiten. Daß der immer wieder neu versuchte Vorlauf am Ende Berge zu versetzen und monolithisch lastende Herrschaft ins Wanken bringen könne, hätte er vielleicht zu dem sogenannten Bleibenden gerechnet, das die Dichter zu stiften vermögen. Die berühmte *Legende von der Entstehung des Buches Taoteking* raunt es uns noch einmal mit allen Mitteln magischer Beschwörung zu: «Daß das weiche Wasser in Bewegung / Mit der Zeit den mächtigen Stein besiegt» – aber es fragt dann doch noch einmal ganz hellewach und unser Einverständnis kritisch auf die Probe stellend zurück: «Du verstehst, das Harte unterliegt.»

Gesang aus dem Inneren der Larve
– Rede auf Erich Kästner –

Wer über den Dichter Erich Kästner Auskunft geben möchte, macht immer wieder die gleiche bemerkenswerte Erfahrung: der Rezensent oder Interpret kommt unversehens ins Zitieren und dann aus dem Aufsagen überhaupt nicht mehr heraus. Nun sind Interpretation und Rezitation gewiß verwandte Disziplinen, weshalb man einen Vortragskünstler wahlweise einen Interpreten nennen kann, nur möchte der forschende Geist natürlich auch so etwas wie einen eigenen Durchblick zum besten geben, nicht nur nachsingen müssen, was ohnehin auf dem Blatt steht. Was an den Gedichten herauszubringen oder hervorzuheben ist, hat der Dichter selbst schon weit genug in den Vordergrund geholt. Einen Geheimnisbereich, der sich nicht bereits dem ersten Blick eröffnete, scheint es nicht zu geben. Ein sonnenklarer Fall mithin, und wer sich mit der Enträtselung literarischer Wunderwerke gern ein paar anregende Stunden macht, streckt vor dem offen zutage Liegenden bald sein analytisches Besteck.

Trotzdem bleibt es natürlich ein Wunder eigener Art, daß Erich Kästners Verse so anhaltend sitzen und haften und daß sie auch nach Jahren der Trennung nichts von ihrem guten alten Freundschaftsgeist verloren haben. Um uns die mnemotechnische Sensation zu erklären, bleibt uns gerade der Vergleich mit Volks- und Kinderversen, die uns ja auch nicht auf dem Rahmenrichtlinienweg beigebracht und als Pensum über uns verhängt wurden, sondern sich in unsere Seelen eingeschlichen haben kraft eines subversiven Infiltrationsvermögens. Lassen Sie mich das Phänomen freiwillig lustvoller Aneignung und einer ebenso lustbetonten und neigungsgelenkten Weitervermittlung aber einmal an einem kleinen persönlichen Beispiel demonstrieren, es scheint mir in aller Bescheidenheit signifikant. Als ich Erich Kästner im Jahre 1947 kennenlernte – als einen Dichter, der den siebzehnjährigen Schüler augenblicklich in seinen Bann nahm und eines Neuen, eines Besseren belehrte –, da entfaltete sich das Mysterium auf filziggrauem Durchschlagpapier, das hatte irgend jemand mir Unbekanntes aus eigenem Antrieb beschriftet, und der Empfänger hatte dann seinerseits nicht umhin gekonnt, die Blätter weiterzuvermitteln, unter anderem an mich, und was sich solchermaßen im Fluge verbreitete, prägte sich auch wie ein besonders penetranter Flugblattext ein, ohne sich im folgenden wieder gänzlich zu verflüchtigen. Wie es der Zeit entsprach, einer «Nachkriegszeit», der die Furcht vor neuen Kriegen nichtsdestoweniger nachhing wie ein unverlierbares Menetekel, waren es zunächst die antimilitaristischen Gedichte, die bei uns den breitesten genossenschaftlichen Widerhall fanden. Die Gedichte sind allgemein bekannt, wenn nicht sogar berühmt, das *Land, wo die Kanonen blühn* gehört natürlich dazu und *Verdun, viele Jahre später*, der verruchte und uns allen irgendwie aus dem wirklichen Leben bekannte *Sergeant Waurich* und die *Phantasie von übermorgen* und *Die andere Möglichkeit*, die – man erinnert sich im Schlaf – mit der folgenden Strophe beginnt:

Wenn wir den Krieg gewonnen hätten
mit Wogenprall und Sturmgebraus,
dann wäre Deutschland nicht zu retten
und gliche einem Irrenhaus.

Mit solchen Versen und ähnlichen wurde bei uns ein gesellschaftspolitischer Erziehungsprozeß eingeleitet, der im wesentlichen auf Selbsterziehung hinauslief und logistisch auf weiterer freier Selbstversorgung aufbaute. Was die Schulen nicht leisten wollten und die Pauker nicht auf dem Programm hatten, den Geschmack an guten Lehren zu wecken und die Lust auf ein Mehr an Aufklärung unzudringlich zu fördern, wurde von den Gedichten Kästners ohne pädagogischen Aufwand zuwege gebracht: sie leuchteten einem ein und begannen dann systembildend in die Breite zu wirken. Das beweist schon einmal, daß auch leichte Ware und glatte Eingängigkeit ein eigenes Geheimnis besitzen können. Es hat bei Kästner vielleicht einfach nur mit einer ganz ungewohnten sprachlichen Wendigkeit und Behendigkeit zu tun und vielleicht auch mit einem insgeheimen Unterwanderungsvermögen. Es kann mit einem gewissen konspirativen Verschwörergeist zusammenhängen, den sie einfach als Witterung mit sich führen, oder mit einer besonders anzüglichen Mischung aus zivilistischem Entgegenkommen und formaler Gefälligkeit bei einem eisern behaupteten demokratischen Gerechtigkeitssinn. Egal, was es ist, es ist des Nachfragens wert und der Lehrinhalt gewiß so interessant wie die Machart der Einschwörungsformeln aufschlußreich.

Wo man schon beim ersten Hinsehen geneigt ist, von Lehrpoesie oder von Gebrauchslyrik zu sprechen – Etikette, die Kästners Gedichten ja gar nicht von außen aufgepappt worden sind –, fragt sich nach einigen Jahrzehnten des legeren Einvernehmens aber doch, wie die Lehre denn eigentlich heißt, die hier verkündet wird, und zu wessen speziellem Gebrauch sie bestimmt ist. Eröffnet sie uns etwa lichte Perspektiven in ein menschenfreundliches Utopia und versorgt uns mit Handlungsanweisungen im Sinne eines praktischen «Was tun?»? Projiziert sie uns glaubhafte Leitbilder vors betrübte oder astigmatisch verzogene Auge oder delektiert den oft genug an sich selbst und der Welt verzweifelnden Verstand mit sogenannten «Lösungen»? Kaum etwas von alledem. Obwohl die Wirkung der Gedichte auf unsere moralischen Anklangsnerven überhaupt nicht zu leugnen ist und unsere ungeschmälerte Anteilnahme ihren pädagogischen Genius eigentlich von selbst bestätigt, bleibt die Frage nach der Nutzanwendung dennoch irgendwo im Leeren hängen. Das berühmte Epigramm «Es gibt nichts Gutes / außer: Man tut es» könnte womöglich als solch ein erwünschter Fingerzeig ins praktische Leben verstanden werden; und wem sich der Spruch erst einmal ins Bewußtsein genagelt hat, der wird ihn auf dieser Welt nicht mehr los. Dennoch scheint mir der Anwendungswert vergleichsweise allgemein, der Lehrinhalt umrißlos, die Richtung beliebig, es sei denn, daß uns ein für allemal verklickert wird, daß der Weg zur Hölle mit guten Vorsätzen gepflastert ist und nur konkrete Hilfestellungen einen Beitrag zur Weiterbildung des Menschengeschlechtes leisten. Das kann, wenn wir die schneidige Maxime beispielsweise als Prüfstein für den literarischen Moralisten benutzen, sogar zu einem zweischneidigen Gedanken werden. Auch schriftstellerische Bekenntnisse zum Guten, Wahren und Schönen sind ja letzten Endes nur solche unverbindlichen verbalen Absichtserklärungen und selbst ein mit äußerster artistischer Bravour getrommeltes und gepfiffenes Ethos der Tat nicht viel Besseres als eitel Schall und Rauch. Wer die Allerweltsmoral vom Positiven nur kategorisch genug auf die gesamte Mitwelt anwendet, der landet bald bei der Abqualifizierung des kritischen Aufklärers und philosophischen Pessimisten zur bloßen Zersetzungskraft, ein Vorwurf, der Erich Kästner offenbar sein ganzes literarisches Leben lang begleitet hat.

Und immer wieder schickt ihr mir Briefe,
in denen ihr, dickunterstrichen, schreibt:
«Herr Kästner, wo bleibt das Positive?»
Ja, weiß der Teufel, wo das bleibt.

Das dialektische Abwiegeln einer wohlfeilen Anschuldigung ist nicht nur taktisch klug; es biegt eine fast schon gewohnheitsmäßig gegen kritische Literatur gewendete Speerspitze zu einer bohrenden Frage an den Fragesteller um. Die gemeinhin aus eigenen Versäumnissen abgeleiteten Forderungen an die Literatur als einer sozusagen professionellen Sorgenbrecherin und Schuldentilgerin der handlungsunfähigen Menschheit wird an die zuständige Adresse, nach Sankt Nirgendwo verwiesen. Eine aus anderen als ästhetischen Gründen aus den Fugen gegangene Welt kann und darf mit literarischen Beschwichtigungsmitteln nicht einfach gnädig verblendet werden. Dann eher schon aufgeklärt, auf ihre Widersprüche aufmerksam gemacht, vielleicht auch heilsam desillusioniert, eine diagnostische Herkulesarbeit, die an ihrem kritischen Entstellungsvermögen gemessen werden will und nicht an der fragwürdigen Fähigkeit, aus vagen Hoffnungstupfern eine zweifelsfreie Welt zusammenzupünkteln.

Die Spezies Mensch ging aus dem Leime
und mit ihr Haus und Staat und Welt.
Ihr wünscht, daß ich's hübsch zusammenreime,
und denkt, daß es dann zusammenhält.

Wo das erwartete Trostwort so offenkundig verweigert wird, fragt sich natürlich, warum Erich Kästners «negative Gedichte» überhaupt so viel positive Resonanz gefunden haben. Wenn das Wort «Volksschriftsteller» jemals einen faßlichen Sinn gezeigt hat – derart, daß sich das Volk als Lesegesellschaft selbst bedient und sich um seinen Autor wie um eine inoffizielle Autorität versammelt –, dann doch wohl hier, wo über Mangel an Zuspruch nicht geklagt werden kann und auch das langfristige Nachschwingen mit zum Wirkungsprofil gehört. Die einen und die anderen Anhänglichkeiten hätten sich allerdings kaum so ergeben, wenn nicht über oder neben den an einer Hand aufzuzählenden Gesinnungswerten (dem zu keiner Zeit in Frage stehenden Pazifismus, dem heiligen Zorn auf alles Militär- und Bürowesen, der Parteinahme für die kleinen Leute und gegen die sich frettende Großbourgeoisie) noch ein anderer Pfingstgeist waltete, und der scheint hier aus überaus irdischem und allgemein verbreitetem Konfliktstoff destilliert.

Tatsächlich erzeugt eine allzu offensichtlich von ihren erklärten Freiheits- und Gerechtigkeitsidealen abweichende Gesellschaft nicht nur ein diffuses Spannungsfeld von unterschiedlich miteinander konkurrierenden Druck-, Zug- und Fliehkräften, sondern auch einen eigenen Set von abweichenden Persönlichkeiten. Nehmen wir die auf Anpassung und Spannungsvermeidung konditionierte Majorität einmal aus und lassen die fast schon klassenübergreifende Durchschnittlichkeit auf sich beruhen (das heißt auf ihrer moralischen Intransigenz), bleibt immer noch ein genügend breit ausgezogenes Spektralband von gefährlich verstörten Problemnaturen, Konfliktträgern, Außenseitern, die sich indes nur ungern als überflüssige Minderheit und schon gar nicht als bloßes Abfallprodukt betrachtet sehen möchten. Sie können gelegentlich kritisch sein bis zur Selbstzerstörung. Auch werden sie in der breiten Öffentlichkeit wohl nur selten als kostbare Rarität und leuchtende Ausnahme gewürdigt, man stuft sie tatsächlich eher bei den Sozialschäden ein. Da scheint es denn durchaus erklärlich, daß sie sich ihrerseits nach Sammlung, Erhebung und genossenschaftlich erlebten Nervositäten sehnen, die sie im Zweifelsfall auch in effigie genießen können.

Daß die Poesie von ihren psychosozialen Funktionen her ein Gesellungsmedium für aus der Bahn getragene und verstreute Einzelne ist, mag eine Binsenwahrheit sein, wir müssen sie uns trotzdem bei jedem Dichter noch einmal von Anfang an zurechtbuchstabieren. Nun sind die Kästnerschen Gedichte in der Tat nicht für jene «Zeitgenossen geschrieben», die es ihrer Meinung nach «haufenweise» gibt und von denen es heißt: «Sie loben unermüdlich ihre Zeit / ganz als erhielten sie von ihr Tantiemen.» Wem sie Mut, Selbstvertrauen, Selbstbewußtsein und – vielleicht sogar – neuen Lebensgeist zusprechen möchten, sind jene zwar nicht gerade haufenweise, aufs gesellschaftliche Gesamt gesehen aber doch schon häufiger anzutreffenden Gemütsverstimmungen und Bewußtseinsverstörungen, die ohne solche Sammelprismen wie Gedichte möglicherweise gänzlich ohne Lobby, Rechtsbeistand und idealische Interessenvertretung bleiben würden. Das ist für die eigentümlichen Traditionen der modernen Poesie in unseren Landen zwar nicht unbedingt neu; es ist auch keineswegs ungewöhnlich, denn gerade der Berliner Frühexpressionismus der Boldt, Blass und Lichtenstein, bei dem Kästner erklärtermaßen in die Schule gegangen ist, hat der neurasthenischen Abweichung vom Wilhelminischen Trimmdich-Pfad die entsprechenden schmückenden Leuchtplaketten angeheftet.

Es haben sich mit der Zeit – einer gründlich desillusionierten Nachkriegszeit mit wirtschaftlichen Depressionen, Geldentwertung, neuer Massenarbeitslosigkeit und mörderischen Verdrängungswettbewerben auch auf der untersten Konkurrenzkampfebene – nur sehr viele apokalyptische Prognosen zu vollendeten Tatsachen ausgewachsen und das exklusive Nervenweh einer kleinen Bewußtseinselite zu einer depressiven Gesamtverstimmung. Was der Expressionismus noch als dämonisches Maskentreiben vorausgefaßt und auf allegorischen Endzeitbühnen ausgetragen hatte, scheint nun bis in die larvenhafte Verformung des Menschen zur Marionette, zur Fadenpuppe, zur Repetierperson erschreckende soziale Wirklichkeit geworden, und wo es schon früher so war, da weiß es jetzt jedermann, ein neues Bewußtsein von der Welt, dem die Kunst der Neuen Sachlichkeit mit neuen Wahrnehmungsweisen und neu populären Anzeigemitteln zu entsprechen sucht. Hinzu kommt bei Kästner dann allerdings noch ein Zug von aufgeklärtem Raisonnement, das man eigentlich mit dem 18. Jahrhundert begraben glaubte. Statt mit ahnungsvollen Ängsten und dereierenden Krisengefühlen bekommen wir es mit einem neu geschärften Bewußtsein von Gut und Böse, Recht und Unrecht, Oben und Unten zu tun, in dem der mythologische Maskenball sich zu einer Menagerie von mitleidslos betrachteten Charaktermasken aufklärt.

> Es ist nicht leicht, sie ohne Haß zu schildern,
> und ganz unmöglich geht es ohne Hohn.
> Sie haben Köpfe wie auf Abziehbildern
> und, wo das Herz sein müßte, Telefon.

Die Methode ist simpel und tendenziös, aber in jedem Fall wirkungsvoll. Was zum Porträt sitzt (man könnte auch sagen, was dem Sittenschilderer zum Vorwurf dient), ist der Erfolgstyp des modernen Fassadenmenschen, wobei der Porträtist mit seiner eigenen kritischen Voreinstellung keineswegs hinter dem Berg hält. Im Gegenteil, bevor er sich überhaupt ans Abkonterfeien macht, zeigt er dem Publikum, von welcher Ansichtsseite er sich seinen Gegenständen nähert und mit welchen bösen Absichten er seinen Griffel spitzt. Erst nachdem er uns mit seinem kritischen Betrachtungswinkel bekannt gemacht hat (einer Einstellung zugegebenermaßen zwischen «Haß» und «Hohn»), macht er sich ans Zusammensetzen der verachteten Schablonentypen aus ihren seelenlosen Fertigelementen («Köpfen wie auf Abziehbildern» und «Telefonen» als konjunkturellen Herzschrittmachern), eine Programmsatire, die dann gar nicht mehr schiefgehen kann.

Das mutet vielleicht etwas hilfsschullehrerhaft an, oder es scheint doch gewissen populistischen Billigkeitserwägungen entsprungen, es läßt sich aber auch als unverzichtliches Kontrastierungsverfahren einer entwickelten Wirkungsästhetik verstehen. Da die Entfremdungsschäden des Systems natürlich nicht nur die herrschende Klasse betreffen, sondern auch auf die unteren und untersten Ränge übergegriffen haben, muß der Sittenschilderer sein Personal schon auseinanderhalten und physiognomisch oder gestisch vergleichbare Charakterverbildungen pädagogisch differenzieren. Während die Entstellungen bei den Niedergestellten immer gleichzeitig auch auf den Druck von oben verweisen und insofern der genossenschaftlichen Anteilnahme würdig scheinen, nähert der Autor sich den Gesellschaftsinhabern (bzw. ihren Funktionsagenten im kapitalistischen Verwertungsbetrieb) eher mit der Liebe des Präparators zu seinen Ausstopfungsgegenständen. Das heißt, daß Kästner die ungeliebte Bourgeoisie genau als jene kalte Fassade darstellt, die diese künstlich aufrecht zu halten sucht. Wo immer hier herrschende Klasse porträtiert wird – egal ob hohe Herren oder superfeine Damen –, entspricht ihr kümmerlich erloschenes Innere einem kalt und glatt lasierten Äußeren, und wenn der Dichter noch mal Glanzlicht-extra draufgibt, kann man sicher sein, daß das nicht zu ihrem Schmuck geschieht.

In einem Gedicht *Ganz besonders feine Damen* heißt es beispielsweise: «Sie scheinen sich stündlich zu baden / und sind nicht dünn und nicht dick. / Sie haben Beton in den Waden / und Halbgefrornes im Blick.» Und in der Ballade vom *Maskenball im Hochgebirge* scheint die Optik sogar noch um einige Grade frostiger: «Die Umgebung glich gefrornen Betten. / Auf die Abendkleider fiel der Reif. / Zähne klapperten wie Kastagnetten. / Frau von Cottas Brüste wurden steif.» Das gesellschaftliche Höhenklima, wie man es sieht, läßt auch die Seelen auskühlen und das Blut in den Adern gerinnen, und kein noch so geringer Rest von Sympathie versucht, uns den abweisenden Gegenstand in eine menschliche Nähe zu rücken.

Sehr im Gegensatz dazu allerdings die gemütliche Einfühlungsweise, wenn es um die Zeichnung der gesellschaftlich Zukurzgekommenen geht, egal, ob kleine Leute im allgemeinen oder kleine Kinder im besonderen. Auch der berühmte *Chor der Girls* ist ja keineswegs nur ein Paradebeispiel für die neuen Möglichkeiten realistischer Oberflächenlasur. Das scheinbar interesselos arrangierte Gruppenbild ist ein klassisches Modell für die Möglichkeiten einer poetischen Sympathiewerbung, denn wenn das lyrische Ich sich schon in der ersten Zeile in die Rolle des kollektiven Wir versetzt, ist es offensichtlich Partei, weil selbst ein teilnahmsvolles Glied der traurigen Partie.

Wir können bloß in Reih und Glied
und gar nicht anders tanzen.
Wir sind fast ohne Unterschied
und tanzen nur im Ganzen.

Von unsern sechzig Beinen
sind dreißig immer in der Luft.
Der Herr Direktor ist ein Schuft
und bringt uns gern zum Weinen.

Was hier singt, was hier tanzt und sich notgedrungen an unsichtbaren Drähten bewegt, ist der perfekte menschliche Dressurakt, das ist wohl wahr, aber dennoch nicht so weit zu bloßer Ware herunterdressiert, daß es seine Drahtzieher gar nicht mehr als «Schufte» auszumachen vermöchte. Den zur individuellen Bedeutungslosigkeit Verdammten wird aber noch ein weiteres menschliches Vermögen zugeschrieben, und das liegt in ihrer offenbar überhaupt nicht kaputtzukriegenden Fähigkeit, zu fühlen, zu empfinden und zu trauern. Das ist von der Höhenwarte eines «sozialistischen Realismus» her gesehen nicht eben viel, und ein in Planperspektiven denkender Massenregisseur würde der Pantomime sicher noch einen (schicksals-!)entscheidenden Zug von Klassenbewußtsein mit auf den Weg gegeben haben. Wem in dieser Gesellschaft schon keine Karriere beschieden ist, soll zumindest in quälender Unaufhörlichkeit an die ihm vorenthaltenen Glücksgüter denken. Es ist bei unseren wechselnden Realismen nur leider immer die Frage, wer am Ende die wirklichen Realitäten vertritt: ein medial sich mit seinen Darstellungsgegenständen gemein machender Einfühlungsspezialist wie Erich Kästner oder solche ehernen Idealisten wie Walter Benjamin, der die Kästner, Mehring und Tucholsky «eine Mimikry des zerfallenden Bürgertums» nannte. Das Problem scheint mir übrigens auch nach einem historischen Abstand von mittlerweile fast fünfzig Jahren nicht bloß akademisch. Auch sozialistische Wirkungsliteratur läßt sich real und konkret nicht ohne ein wirklich existierendes Publikum denken, und wer gar nicht mehr wahrnimmt, wie sein gesellschaftlicher Resonanzboden aussieht, macht auch als Aktionsliterat und Propagandapropagandist nur noch seine eigene Hausmusik.

Das Stigma «Linke Melancholie» ist dennoch nicht völlig hergeholt. Recht besehen, handelt es sich um die Kehrseite von politischen Hoffnungen, die sich auf dieser Welt nicht zu stillen vermochten und deren unabgegoltene Reste nun als leises Abschiedsweh und heimliche Versagungstrauer weiterwesen. Wie merkwürdig sich im übrigen beherztes Aufklärertum und weltschmerzliche Resignationen in der Brust unseres Erich Kästner vermischten (bzw. wie strittig sie sich gegenüberstanden), wird namentlich aus zwei Gedichten ersichtlich, von denen das eine dem kämpferischen Rationalisten Lessing zugeeignet und das andere über *Des Vetters Eckfenster* an die Adresse des romantischen «Gespensterhoffmann» gerichtet ist. Während das eine in geradezu aufgekratzter Fechterlaune anhebt und die glückliche Kombination von Wort und Tat und Tat und Wirkung feiert:

Er war ein Mann wie keiner wieder,
obwohl er keinen Säbel schwang –
Er schlug den Feind mit Worten nieder,
und keinen gabs, den er nicht zwang.

verliert sich von des Vetters Eckfensterperspektive aus der Lärm der Welt in einem schon reichlich weit entfernten Stimmenkonzert, in dem schließlich auch das Ich sich immer mehr entfernt, grad noch gefaßt in ein paar melancholisch gerahmten Abendaugenblicken.

Er sitzt im Erker hoch im Haus
und weiß nicht, wem er gleicht.
Er wollte nicht so hoch hinaus
und hat es doch erreicht.

Er glaubt an keine Wiederkehr,
(auch nicht als Schmetterling)
Sein Haus hat keine Türen mehr,
seit er nach oben ging.

Er liebt das späte Abendrot,
das hinterm Kirchturm brennt.
Er liebt das Leben und den Tod
und das, was beide trennt.

Das Fenster zeigt ihm Bild um Bild
und rahmt die Bilder ein.
Er sitzt davor und lächelt mild
und mag nicht traurig sein.

Er lächelt, weil ihr glücklich seid.
Nur manchmal flüstert er:
«Ach, mündet dieser Strom der Zeit
denn nirgendwo ins Meer?»

So zwischen rationalistischer Clarté und romantischen Vergeblichkeitsanwehungen scheinen die Verse Kästners in unterschiedlichen Welten zu Hause, die einen hier, die anderen dort, und manche auch haltlos dazwischen. Die bohrende Gewissensfrage, die der Büchner-Preisträger des Jahres 1957 an den Autor des *Woyzeck* und des *Hessischen Landboten* richtete, ist ohne Abstrich an ihn selbst zurückzureichen: «Glaubte er denn, der sich trotzdem auflehnte, an den Sinn der Empörung, an eine Synthese der sozialen Gegensätze?» Und er gibt darauf die ebenfalls für beide Dichter geltende Antwort: «[...] er kämpfte dafür und glaubte nicht daran. So steht er, ein streitbarer Fatalist, mitten unter den Fechtern, die an die große Veränderung glauben, und steht doch ganz woanders.» Nehmen wir noch eine merkwürdig paradoxale Anmerkung aus einem kleinen Selbstporträt hinzu – «Er glaubt an den gesunden Menschenverstand wie an ein Wunder, und so wäre alles gut und schön, wenn er an Wunder glaubte, doch eben das verbietet ihm der gesunde Menschenverstand. Es steckt jeder in seiner eigenen Zwickmühle.» –, haben wir sozusagen den ganzen Kästner vor uns, allerdings als einen gründlich zweigeteilten. Wen das beunruhigt, der zeigt bereits Wirkung. Tatsächlich ist der glaubenslose Aufklärer Kästner nur schwer auf einen unverrücklichen Nenner zu bringen, dann schon eher auf einen charaktervollen Bruch. Richtig fest umrissen erscheint er uns eigentlich nur, wenn er in Harnisch gerät, das heißt, wo er sich gegen seine Widersacher absetzt: das Kasernenhofdenken, das Profitdenken, das bürokratische Schubladendenken, das über alle menschliche Bedürfnisse hinweggaloppierende Fortschrittsdenken. Wo freilich das lyrische Subjekt von der Feindbeobachtung zur Selbstwahrnehmung übergeht, entzieht es sich selbst noch solchen annäherungsweisen Einordnungen wie «bürgerlich humanistisch» oder «moral- und gesellschaftskritisch», was vielleicht sogar folgerichtig ist, weil die radikale Examination des entfremdeten Ich notwendig auf ein großes Befremden auslaufen muß.

Entfremdungsgefühle sind eine Sache, Veränderungsgelüste eine andere, und wo beide Regungen in einer Person zusammentreffen, sehen wir das lyrische Ich gezwungenermaßen pausenlos auf Stellungsuche. Das kann man politisch, beruflich oder erotisch verstehen, im Zweifelsfall alles zusammen, was die schnellen Wechsel von scheinbar unmotivierter Reiselust und ebenso unvermittelter Einkehrlust in Kästners Gedichten erklärt. Zählen wir die (durcheilten) Länder und nennen die Namen (der flüchtig gestreiften Ortschaften), scheinen Fernweh und Heimweh ein rettungslos in sich verschlungenes Leitmotiv zu bilden, wobei die jeweiligen Haltestellen auch nur Durchgangsstationen sind. Das möblierte Fremdenzimmer, die Hotelabsteige, die Nachtbar, das Café, das Tingeltangel, so etwa lauten die Care-of-Adressen des eher von Aufbruchsschüben als von klaren Zielvorstellungen bewegten Subjektes, keine ein richtiges Zuhause und jede beinah ein «Sozusagen in der Fremde».

Er saß in der großen Stadt Berlin
an einem kleinen Tisch.
Die Stadt war groß, auch ohne ihn.
Er war nicht nötig, wie es schien.
Und rund um ihn war Plüsch.

Die Leute waren zum Greifen nah,
und er war doch allein.
Und in dem Spiegel, in den er sah,
saßen sie alle noch einmal da,
als müßte das so sein.

Das ist natürlich Ich-Verlorenheit nach allen Regeln der Romantik, und es sind auch Verdopplungs- und Vervielfältigungsschauder wie in alten Widergängerstücken. Gleichzeitig erscheint uns das Entfremdungsdrama in der Nußschale aber völlig modern und real (so realistisch wie die Bilder Heises oder Schads oder Hoppers), weshalb wir statt von Romantik doch lieber von einem neuen Realismus sprechen wollen, magischem Realismus, in dem auch die Melancholien des Subjektes mit zur geschilderten Sache gehören. Sie scheinen sogar ihre eigentliche Authentizität auszumachen. Während ein bloß kritischer Realismus immer etwas pharisäerhaft neben den von ihm geschilderten Entfremdungsmakeln steht, ist das lyrische Ich unseres Dichters auf eine sehr viel persönlichere Weise involviert, sprich engagiert. Während superveristische Zudringlichkeit über die besonders mitleidslos registrierten Oberflächenschäden kaum hinauskommt, liegt der Vorteil der Kästnerschen Gedichte gerade in ihrer beinah körperlichen Anteilnahme. Statt besserwisserisch zu entlarven, läßt Kästner uns fühlen, wie sich eine Entfremdungslarve von innen anfühlt, was mir dann freilich weniger mit Sentimentalität als mit einem Äußersten an subjektiver Glaubwürdigkeit zu tun zu haben scheint.

Damit will ich nur sagen, daß der scheinbar so leicht erklärte Aufklärer Erich Kästner schließlich doch noch auf Bedenklichkeiten zuführt, die wir gar nicht auf der Rechnung hatten. Die Hoffnung, mit etwas Herz und Grips problemlos über den Berg zu kommen, ist in jeder Beziehung voreilig. Die verbreitete Meinung, daß der Kinder- und Volkspädagoge uns mit ein paar probaten Merksprüchen für das wirkliche Leben entlassen würde, ist so wohlfeil wie irrig. Womit wir es zu tun bekommen, ist vielmehr ein Kritiker der praktischen Vernunft, der die Aufklärung bis an jenen kritischen Punkt betreibt, wo die Ratio mit ihrem Latein zu Ende ist, der uns aber auch dort nicht im Stich läßt, wo der Jammer über das schwererziehbare Menschengeschlecht nur noch traurige Sorgenfalten wirft.

Wer Erich Kästner – wie wir – als einen Autor für gesellschaftliche Außenseiter und Ausscherer ansieht, sollte also immer hinzudenken, daß eine Schere gemeinhin nach zwei Seiten ausschert. Die können zum Beispiel radikale Vernünftigkeit und radikaler Verbesserungsglaube heißen, aber eben auch Fortschrittsskepsis und selbstgenügsame Introspektion. Und sie können sowohl auf einen gar nicht totzukriegenden pädagogischen Moralismus hinweisen wie auf einen Hang zum philosophischen Immoralismus und zum privatistischen Selbstgenuß. Das Gegenteil von solchen beunruhigenden Widersprüchen hieße dann vielleicht Eingleisigkeit, Einseitigkeit, mit Kästner zu sprechen «Einzinkigkeit». Die sowohl bekannte wie auch wieder zur Verkennung einladende *Fabel von Schnabels Gabel* malt uns die Folgen lebensfremder Prinzipienreiterei noch einmal als poetisches Exempel aus:

Kannten Sie Christian Leberecht Schnabel?
Ich habe ihn gekannt.
Vor seiner Zeit gab es die vierzinkige,
die dreizinkige
und auch schon die zweizinkige Gabel.
Doch jener Christian Leberecht Schnabel,
das war der Mann,
der in schlaflosen Nächten die einzinkige Gabel
entdeckte, bzw. erfand.

Das Einfachste ist immer das Schwerste.
Die einzinkige Gabel
lag seit Jahrhunderten auf der Hand.
Aber Christian Leberecht Schnabel
war eben der Erste, der die einzinkige Gabel erfand!

Die Menschen sind wie die Kinder.
Christian Leberecht Schnabel
teilte mit seiner Gabel
das Schicksal aller Entdecker, bzw. Erfinder.
Einzinkige Gabeln,
wurde Schnabel erklärt,
seien nichts wert.

Sie entbehrten als Teil des Bestecks
jeden praktischen Zwecks,
und man könne, sagte man Schnabeln,
mit seiner Gabel nicht gabeln.

Die Menschen glaubten tatsächlich, daß Schnabel
etwas Konkretes bezweckte,
als er die einzinkige Gabel
erfand bzw. entdeckte!
Ha!

Ihm ging es um nichts Reelles.
(Und deshalb ging es ihm schlecht.)
Ihm ging es um Prinzipielles!
Und insofern hatte Schnabel
mit der von ihm erfundenen Gabel
natürlich recht.

Der glücklose Sieg der Rechthaberei gegenüber dem Tatsachensinn, bzw. die Bruchlandung des Prinzipiellen im Unreellen, das ist natürlich ein gefundenes Fressen für den lyrischen Realisten; aber wie er das große Thema dann auf die ganz leichte Gabel nimmt, sollte man als Kunststück nur nicht unterschätzen. In seinem Aufsatz *Die einäugige Literatur* schreibt Erich Kästner mit jener leichten Gereiztheit, die ein Kind der Verkennung ist: «Es ist noch schwerer, ein mittelmäßiges Lustspiel zu schreiben als ein entsprechendes, möglichst historisches Trauerspiel. Wieviel mühsamer ist es nun erst, sich selber, den Herrn Dichter persönlich, zur inneren Heiterkeit zu erziehen, statt ein Leben lang, mit den Dackelfalten der Probleme auf der Stirn, herumzurennen und die gleiche Verzweiflung auf stets neues Papier zu bringen! Es ist leicht, das Leben schwerzunehmen. Und es ist schwer, das Leben leichtzunehmen. Das gilt, heute mehr denn je, für alle Menschen. Für uns Deutsche im besonderen. Und ganz speziell für unsere tragischen Barden und ihre theoretisierenden Herolde und Stabstrompeter.» – Diese Meinung aus dem Jahre 1946 sieht mich heute allerdings immer noch recht heutig an, und wenn sie wiederum jemanden trifft – «mehr denn je» –, dann bestimmt die zahlreichen Repräsentanten unserer neuen Zimperlichkeit, denen die Pelle der beleidigten Leberwurst sitzt wie angegossen.

Bausteine zu einem Arno-Schmidt-Denkmal

Meine sehr geehrten Damen und Herren,
meine Aufgabe ist nicht, die Schwierigkeiten zu verharmlosen, die das Studium der modernen E-Literatur gelegentlich mit sich bringt, aber auch nicht, sie zu vermehren. Eher sehe ich mich in der Rolle eines Mittelsmannes oder Spiritualagenten, der den Lohn der Mühen besingen möchte und das *irdische Vergnügen*, das unserem geistigen Höhenstreben immer noch geschwisterlich beigesellt ist. Arno Schmidt – um das Ziel unserer heutigen Gratwanderung gleich entschlossen ins Auge zu fassen – soll uns also um Himmels willen nicht als unzugängliches und menschenabweisendes Gesteinsmassiv entgegenstehen, wie ein Gaurisankar der Bücherwelt meinetwegen oder ein unseren weltlichen Interessen weit entrückter «Berg des Nordens». Das ist er zwar alles auch, metaphorisch gesprochen, und nach neuerlicher Lektüre bin ich wieder einmal im Zweifel, ob wir den Geheimnissen seiner Tektonik und den Feinheiten seiner Oberflächenbildung ohne die Hinzuziehung literarischer Vermessungskundler wirklich nahekommen. Andererseits haben wir uns ihm aber doch selbst einmal ohne wissenschaftliche Hilfsmittel mit Gewinn genähert – von purer Leselust bewegt und vom guten Geist der Sympathie beflügelt –, daran lassen Sie uns hoffnungsvoll anknüpfen.

Eine gute Freundin, Apothekerin von Beruf und im literarischen Spitzenbereich nicht eben höhenfest, schwindelfrei, gestand mir einmal, als ich ihr die frühen Romane Schmidts zur Lektüre empfohlen hatte, daß sie sich solche Dinge auch wohl zu schreiben getraue. In ihren eigenen, nicht nach der Apothekerwaage zu bemessenden Worten: «Wenn isch schreibe tät, isch glaab, isch tät das grad so wie der Annoschmidt mache.» Nehmen wir es, der entspannten Stunde wegen, bitte nicht so sehr als unschuldsvolle Ausverschämtheit, sondern einfach als Kompliment. Es heißt ja nichts anderes, Schlimmeres, als daß solche Wunderwerke der experimentellen Erzählprosa durchaus auch als Naturerscheinungen verstanden werden können oder doch als der angemessene Ausdruck einer populär realistischen Wahrnehmungsweise. Das lenkt mich zurück auf unsere eigene Novizenzeit, als wir noch Universitätsbänke drückten, da entdeckten wir Arno Schmidt als einen unserer eigenen Lebenserfahrung und unserem kritisch geschärften Wirklichkeitssinn fast schon medial verbundenen Autor. Wie sich die sogenannte ‹Schlimmezeit› da noch einmal vor unseren Augen und Ohren ausbreitete, der Mief der Holzgasgeneratoren und der Dunst der Dorfwaschküchen sich nostalgisch in unseren Nasen einschlich und der Geschmack von Nescafé aus Heringskonservenbüchsen an einen empfindlichen Wiedererkennungsnerv rührte, das hatte alles schon seinen eff-eff Zeitgeschmack; bis zu den exquisit monströsen Lächerlichkeiten unserer 46er Selbstversorgerszene: «'n Suppenteller kriegte man nicht zu kaufen, aber wenn man die Totenmaske der inconnue de la Seine, 38 Mark 50, umdrehte, konnte man sie als solchen verwenden»; bis zu den lautgetreu beschworenen Rohrdommelrufen unserer frühen Jahre: «Üprumb: Üprumb-üprumb»; bis zu den programmusikalischen Dalbereien der Tauben im Wald und auf der Heide: «Du Schtruhkupp – Du, Du!»: eine mit apelleshafter Nachahmungskunst und harsdörfferischem Anklangssinn zum Reden gebrachte Vorwelt, trotzdem immer mit diesem gewissen ironischen I-Tüpfelchen versehene, was den Begriff ‹Realismus› dann schon wieder etwas fragwürdig erscheinen läßt.

Lassen Sie diese anregungsstarke Phase des ersten Kennenlernens aber noch einmal in einem anderen Kontext vor uns aufziehen. Wir kamen, junge Schreiberlehrlinge um die Zeitschrift *Zwischen den Kriegen*, einerseits vom deutschen Expressionismus her, andererseits von der europäischen Aufklärung, das legte den Schmidtschen Doppelkonzerten schon mal den passenden Resonanzboden vor. Der unserer literarischen Richtung verwegen vorgespannte Begriff FINISMUS (der nichts anderes meinte, als daß wir uns für die schlechthinnig Letzten hielten) stand der Annäherung an den Autor der *Schwarzen Spiegel* auch nicht gerade hinderlich entgegen, und wenn wir uns den Makel der quantitativen Wenigkeit oft genug durch das Hochgefühl der Erlesenheit versüßt hatten, so traf sich das geradezu ideal mit Arno Schmidts emphatischem Lobpreis der kleinen Zahl und der geringen Auflagenhöhe. Außerdem – bedenken Sie! – «Zwischen den Kriegen»! Das sagte doch schon vom Titel her, daß der letzte uns noch spürbar in den Knochen steckte und ein neuer schon wieder drohend vor Augen stand. Das hieß, daß wir diese Zwangserscheinung gar nicht abtun konnten von unseren Lidern und das scheinbar Unvermeidliche dennoch als verhinderbares Menschenwerk zu Bewußtsein bringen wollten: ein Paradoxon aus Verhängnisglauben und Widerstandsgeist, dem mein Freund Werner Riegel dann den sprechenden Namen «Schizographie» gegeben hatte. Genau mit diesem zweigeteilten Elendsblick sahen wir die unheilvoll verfaßte Welt nebst ihren deutsch-deutschen Spezialitäten nun aber auch bei Arno Schmidt anvisiert. «Wer noch leben will, der beeile sich! – Fürchterliche Kriege werden kommen...» lasen wir, erschauernd vor Einverständnis, in *Alexander oder Was ist Wahrheit*. Aber neben die Ohnmachtswut vor den Verhängnissen trat doch augenblicklich der nicht minder heftige Zorn auf die Verhältnisse: Staat, Wirtschaft, Kirche, Militär und Bürokratie als die weltlichen Handlanger des altbösen «Leviathan» und in ihren wechselseitigen Liebeszuwendungen alles andere als unerklärliche Schicksalsmächte. Allgegenwärtig dabei das durch jahrzehntelange Erfahrung gefestigte Mißtrauen gegenüber der Mehrheitsmeinung, der durch nichts und niemanden zu belehrenden Majorität: «95 Prozent der Deutschen sind – auch heute noch – echte Nazis!» Ob *Die Umsiedler, Aus dem Leben eines Fauns* oder *Schwarze Spiegel*: das «They asked for it and they got it» steht als dräuendes Ausrufezeichen hinter allen politischen Fragwürdigkeiten, und auch das Nachkriegsidyll *Brand's Haide* macht da gar keine freundlich-versöhnliche Ausnahme: «Auch für die [die Alliierten] sind wir nur Objekt; wenn sie uns in 5 oder 10 Jahren gegen Rußland brauchen wollen, ziehen sie uns doch wieder Uniformen an, setzen uns die jetzt ausrangierten Berufstotschläger vor die Nase, und: auf gehts! ‹Üb immer Treu und Redlichkeit...›»

«Gemeinsame Brechreize schaffen eine Art von Sympathie», läßt sich der querulantische Freigeist Dühring im *Faun* vernehmen, und ich stehe nicht an, es ihm nachzusingen: diese Konversion in der Aversion war schon eine solide und ausbaufähige Vertrauensbasis. Arno Schmidts bedingungsloser und von Buch zu Buch sich flammender offenbarende Haß auf alles Uniform- und Militärwesen war uns in höchstem Maße lieb und teuer. Sein auf dauerhaften Gesinnungsgranit gegründeter Pazifismus kam dem unseren, sich auch nicht gerade wattiert in Worte fassenden, genossenschaftlich entgegen. Seine unermüdlich nachgebleuten Traditionsvermerke – gestern ‹*Sieg oder bolschewistisches Chaos*› und heute ‹*Zusammen mit den Amis gegen die Russen*› – lagen haargenau auf der Linie unserer eigenen Zukunftsprognosen. Als die Diskussion um eine Westeinbindung der Bundesrepublik im Jahre 1955 unerwartet hohe Siedegrade erreichte – durch Adenauers Moskau-Besuch und die zwangsläufig damit verbundenen Einwände aufgeheizt –, wie las sich da wohl das Auspizium in der immer hübsch links und immer schön lästerlich argumentierenden *Pocahontas*? Es las sich folgendermaßen: «Drinnen erst mal die Abendnachrichten (und Erich kommentierte sie gratis): Die Amerikaner kreisten unbefangen weiter ein, andererseits rätselten die Westmächte, was Moskau mit seiner letzten Note wohl wieder meine: ‹Iss doch ganz klaa: entweder EVG oder Wiedervereinigung; Beedes gipts nich!›» Und wie lautete – wenn ich das noch einmal aufschlagen darf – meine eigene selbstdestillierte Meinung zum Tage? Die zweite, die Juni-Nummer unseres neu gegründeten *Studentenkurier* bezeugt neben einer auch rückblickend noch ganz ansehnlichen Wetterfühligkeit vor allem den erwähnten antipathischen Gleichklang der Herzen: «Zur Diskussion steht wieder einmal und immer noch die deutsche NATO-Zugehörigkeit. Adenauer ist jedenfalls entschlossen, sie nicht aufzugeben und sie auch nicht als Tauschobjekt gegen weite Gebiete Deutschlands in die Waagschale zu werfen. Es ergibt sich die nachgerade perverse Situation, daß man für ein Manko (Wiederaufrüstung – Militärausgaben) lieber noch ein zweites (die deutsche Spaltung) in Kauf nimmt, statt die Zwangserscheinungen sich wechselseitig aufheben zu lassen.»

Überspringen wir, was Mangel an Geschäftssinn seinerzeit noch nicht zu durchschauen vermochte – die private Profitabilität von öffentlichen Rüstungslasten –, und wenden uns lieber den poetologischen Aspekten der Adenauer-Jahre zu. Während in der deutschen Nachkriegsliteratur die formal experimentierenden und die gesellschaftskritisch operierenden Kräfte verhängnisvoll auseinanderscherten (die Romane des im Streit der Gegensätze früh gehärteten Wolfgang Koeppen einmal ausgenommen), offenbarte sich uns in den gefährlich gespannten Prosen Arno Schmidts das erregende Miteinander zweier kontroverser Schreibantriebe: der Anspruch, die Sprache auf allen verbalen Ebenen in Privateigentum zu überführen, und das ihm entgegengesetzte Bedürfnis, aufklärend und anstoßstiftend in die Tagespolitik hineinzufunken. Hier war nun wirklich einmal ein Dichter, Wortwerker, Exzentrikkünstler, Artist, der der Sprache vergönnte, was ihr gebührte, nämlich unverwechselbaren Ausdruck und entschiedenes Eigenprofil, und der sich dennoch nicht zu fein war, dem Restauratorium zur Carmagnole aufzuspielen. Hier war das erbauliche Bemühen um die Ungedeeltheit einer literarischen Individualität zu bewundern, das in der rohen Wirklichkeitswelt allenfalls damit rechnen konnte, beidseitig anzuecken. «Wenn mich die Offiziellen loben werden: dann iss Zeit aufhören!», das war Mitte der fünfziger Jahre ein Wort genau nach unserem Geschmack, das war Pfingstgeist für unser elitäres Pariabewußtsein, und wir begannen Arno Schmidt zu verehren wie einen nachgereichten Kirchenvater.

Wie nahe man sich einmal gewesen war – schon als man sich noch gar nicht gekannt hatte –, läßt sich leider nicht im ganzen Breitbandspektrum vorführen. Ich möchte nur dies noch nachtragen, daß Riegel seinerzeit einen einfühlsamen, weit vorausfassenden Aufsatz schrieb, *Schmidt – Porträt eines Dichters*, der die Magnetnadel unseres mit Zuspruch nicht gerade verwöhnten Kompassanten heftig nach Norden ausschlagen ließ. Ab 1956 sind bereits die ersten Spuren einer praktischen Annäherung zu verzeichnen (Schmidt überließ uns die Prosaskizze *Am Zaun* für unseren *Studentenkurier*), nur daß Riegel noch im gleichen Jahre starb und ich mich für eine Weile dem Blatt entfremdete, und erst Anfang der sechziger Jahre kam es dann zu jenen schon früher erhofften Formen der publizistischen Zusammenarbeit. Fast die halben *Kühe in Halbtrauer* erschienen damals in unserer Studentenzeitung, obwohl wir sicher gar nicht richtig mitbekamen, welche Weltenwunder uns jungen Spunten da zur Premiere überlassen wurden. Als im vergangenen Jahr die Briefwechsel mit Werner Steinberg und Alfred Andersch bei Haffmans erschienen, las ich dann mit einer Mischung aus Rührung und Stolz, welcher Wertschätzung auch wir uns bei ihm erfreut hatten und welche Neigung ihn bewogen hatte, gerade uns die Rechte der ersten Nächte einzuräumen.

Allerdings zeigte Arno Schmidt, ehe er zur großen Kult- und schließlich zur Okkultfigur der postrevolutionären Szene wurde, durchaus menschlich gewinnende Züge. Ich erinnere mich noch genau, wie kameradschaftlich er im Sommer 1956 den kleinen Studentenzeitungsredakteur in der Darmstädter Inselstraße empfing und wieviel Zeit er für ihn übrig hatte. Ich habe aber auch eine gewisse Verspanntheit seiner Physiognomie noch ganz gut in Erinnerung, die ihm eigen war wie ein unauflösliches Entfremdungszeichen: Hemmungen und Hochfahrenheit in einem derart verquer noch nie bei einem lebenden Menschen wahrgenommenen Verein. Die Gelegenheit für ein Wiedersehen ergab sich erst wieder im Jahre 1964, als Schmidt in Berlin den Fontane-Literaturpreis in Empfang nahm, nur daß Stadtluft ihn nicht gerade freier machte und das Bemühen um eine herzeigbare Fassade den erwünschten olympischen Eindruck gänzlich zur Grimasse entgleisen ließ. Die Dichterin Ingeborg Bachmann hatte zu einem Sektfrühstück in ihre Schloßstraßenwohnung geladen. Die Schriftsteller Uwe Johnson, Günter Grass und Walter Höllerer waren herbeigeeilt, um dem verehrten AS das Brimborium der Preisverleihung durch private Nettigkeiten zu vergolden. Und auch ich, der ich damals gerade im Literarischen Colloquium Berlin zu tun hatte, war in freudiger Erwartung hinzugestoßen, schon weil ich die alte Bekannschaft gern durch einen frischen Händedruck besiegeln wollte. Wie groß war indes mein Befremden und wie schnell wuchs sich der gute Geselligkeitsgeist zur allgemeinen Beklemmung aus, als Schmidt in seinem wetter- und menschenabweisenden Kradmeldermantel herangerauscht kam und uns – statt sich erst einmal unsere Ehrenbezeigungen gefallen zu lassen – auf eine ziemlich unerträgliche und fast schon wachtmeisterhafte

Weise zu examinieren begann. Den Fouqué nur auszugsweise gelesen und auch den unerläßlichen Massenbach nicht mehr ganz auf der Reihe. Von Pape nicht die mindeste Ahnung und auch im Wezel nicht richtig zu Haus. Mit Poe nur sehr oberflächlich vertraut und bei Karl May nie über den *Winnetou* hinausgekommen – wie gesagt, es war kein Vergnügen und alles andere als ein pläsierliches Stück, diese maskenhafte Selbstaufführung, und als Schmidt mich am Ende einlud, nach dem Festakt noch eine private Freundschaftsrunde zu drehen, wich ich dem (ach, ich weiß ja, so herzlich gemeinten) Vorzugsangebot durch freiwillig-heimliches Michentfernen von den Feierlichkeiten aus.

Nehmen wir es, rückblickend, von einer humoristischen Seite und dann auch gleich zum Anlaß einer kleinen Psychopathologie des dichterischen Alltagslebens. Was in *Abend mit Goldrand* nicht bloß so am Rand dasteht («Ich habe nie gelernt, mich richtig zu benehmen, in keiner Gesellschaft») und was wir bereits der *Pocahontas* von 1955 hätten entnehmen können («Der Künstler hat nur die Wahl, ob er als Mensch existieren will oder als Werk; im zweiten Fall besieht man sich den defekten Rest besser nicht»), sollte sich im privaten Miniaturrahmen beinah herzabschnürend offenbaren, obwohl ich es heute nicht geringschätzen will, einmal derart nachdrücklich auf den Wirkungszusammenhang von nervöser Verstörung und poetischer Verklärung hingewiesen worden zu sein. Das zerstückelt unseren unordentlichen Exkurs zwar sichtbar in zwei ungleiche Schachtelhalmenden, aber das soll uns ja wohl nicht trennen, auch von unserem Preispatron nicht, denn wenn er uns eines mit einer ans Tickhafte grenzenden Beharrlichkeit mit auf den Weg gegeben hat, dann diese eiserne Kunst-und-Lebens-Regel, daß der Mensch als Ganzes in der Natur nicht mehr zu haben ist.

Effektvoll formuliert – so daß der angezeigte Bruchladen fast schon wieder aufgehoben scheint – steht das ästhetische Programm bereits im *Faun* zu lesen. «Mein Leben?!: ist kein Kontinuum! (nicht bloß durch Tag und Nacht in weiß und schwarze Stücke zerbrochen! Denn auch am Tage ist bei mir der ein Anderer, der zur Bahn geht; im Amt sitzt; büchert; durch Haine stelzt; begattet; schwatzt; schreibt; Tausenddenker; auseinanderfallender Fächer; der rennt; raucht; kotet; radiohört; ‹Herr Landrat› sagt: that's me!): ein Tablett voll glänzender snapshots.» Wie gesagt also, da haben wir nun den Salat. Was uns aus Verdrängungsgründen oder mangels Tiefenschärfe immer so als Einheit der Person vor Augen schwebt, als ein organischer Zusammenhang ihres Willens und ihrer Vorstellungen, ihrer Antriebe und ihrer Ablenkungen, ihrer Reizbarkeiten und ihrer Amtspflichten, zerfällt bei genauerem Hinsehen in einen Scherbenhaufen unzusammenhängender Beliebigkeiten: herausgehoben gerade ein paar «glänzende snapshots», die uns nicht nur von ungefähr an Nietzsches «funkelnde Bruchflächen» erinnern.

Sollen wir uns darüber aufregen? Sollten wir zetern? Sollen wir den unerbittlich genug registrierten Dachschaden als ein sozusagen antiquarisches Leiden abhaken und es mit einem kritischen Hinweis auf seine lange Herkunftslinie – Heine, Nietzsche, Döblin, Benn – vom Tisch des Hauses zu wischen suchen? Nichts leichter als dies, nichts bornierter als dies: als ob sich ein Jahrhundertjammer einfach mit der Zeit erledigt und der Abgrund zu unseren Füßen und der Himmelsriß zu unseren Häupten gnädiglich wieder geschlossen hätte. Das hat er aber offensichtlich nicht. Da sprechen zu viele subjektive Ausfälle und objektive Leidenswahrheiten dagegen, und über den Rang beziehungsweise Unbelang eines Dichters entscheidet immer noch, ob er das alte Drama unserer Bewußtseinszerrüttung neu zu deuten, neu zu beschreiben, neu auf den Punkt, das heißt einen verbindlichen Nenner zu bringen vermag. Die *Berechnungen I und II* (eine wahrnehmungspsychologisch argumentierende Kompositionslehre aus dem Jahre 1953) führen uns das Problem kritisch genug vor Augen, und sie erinnern uns, mitleidslos und wahrheitsgetreu, an unser aller heillos versiebtes Zusammenhangsbewußtsein. Auf den Kopf zu gefragt: wenn wir uns einmal des abgelaufenen Tages, gar der vergangenen Woche zu vergewissern suchen: «Hat man das Gefühl eines ‹epischen Flusses›? Eines Kontinuums überhaupt?» Arno Schmidt bezweifelt es gründlich, und so läßt er der Suggestivfrage denn auch gleich das wohlpräparierte Verdimian folgen: «Es gibt diesen epischen Fluß, auch der Gegenwart, gar nicht. Jeder vergleiche sein eigenes beschädigtes Tagesmosaik. Auf dem Bindfaden der Bedeutungslosigkeit, der allgegenwärtigen langen Weile, ist die Perlenkette kleiner Erlebniseinheiten, innerer und äußerer, aufgereiht. Von Mitternacht zu Mitternacht ist gar nicht ‹1 Tag›, sondern ‹1440 Minuten› (und von diesen sind wieder höchstens 50 belangvoll).»

Das sind einerseits heikle Wahrheiten, andererseits bekannte Zitate, und ich scheue mich fast, sie vor einem derart elaborierten Kreis noch einmal zum besten zu geben – wer seinen Schmidt von *Alexander* bis *Zettel* intus hat, der kennt auch seine oft wiederholten Thesen zur prästabilierten Disharmonie. Aber unser Zwergschullatein mal beiseite und den Verfasser als das betrachtet, was er wahrhaftigen Wortes ist – ein Verfassungsorgan für eigene und anderer Leute Fassungslosigkeiten –, scheinen mir diese immer noch der eigentliche Angelpunkt unseres Interesses und die Liebe zur Geodäsie erst ein zweiter, nachgeordneter. Erst wenn uns die Löchrigkeit unseres beschränkten Wahrnehmungs- und Erinnerungsapparates hinreichend dubios geworden ist, können wir dem Bemühen des Autors um ein paar verläßliche trigonometrische Angaben den gebotenen sachlichen Ernst entgegenbringen. Erst wo uns das geistverlassene Treiben eines wahllos Leben erbrechenden und Leben verschlingenden Leviathan bis zum Wahnsinnigwerden zusetzt, vermögen wir in der Positionsbestimmung so etwas wie einen vernunftvollen Ansatz zur Selbsterörterung zu erkennen. Abwegig erscheint die Rolle des Landvermessers bei Arno Schmidt nämlich nur auf den ersten flüchtigen Blick. «Das Suchen nach dem Sinn des Lebens ist ja bekanntlich ein Stadium der Unreife» heißt es riskant und süffisant genug in der *Schule der Atheisten*; aber genau in dem Maße, wie allgemein geschätzte Geworfenheitsphilosopheme hier immer fadenscheiniger und geisterhafter werden, rücken so begrenzt operierende Orientierungskünstler wie der Landvermesser, der Astronom, Kartograph zu wirklichen Vertrauenspersonen auf.

Daß wir damit nicht einfach vulkanischen Boden gegen das Spiegelparkett der Spezialwissenschaften eintauschen, zeigen unverkennbar bereits die Erzählungen aus dem *Leviathan*. Auf der einen Seite vermessene Großraumpolitiker und unberechenbare Welteroberer und auf der anderen ihre in menschlichen Proportionen denkenden und von sozusagen natürlich-organischen Zählwerken geleiteten Gegenspieler, so sieht sie aus, die tragische Ordnungswelt des Arno Schmidt, und wenn die Himmels-, Erd- und Heimatkundler hier auch auf ziemlich verlorenem Posten stehen, so wird ihre erhabene Ausnahmestellung doch an keinem Punkt in Zweifel gezogen. Aber das ist es nicht allein, was die Schmidtschen Helden so anziehend macht und sie für geistige Führungsrollen sichtbar prädisponiert. Gerade so, als ob unser Autor die deutsche Nachkriegsliteratur noch einmal von einem archimedischen Sammelpunkt her habe neuverfassen wollen, vereinigen sich in der Figur des mitstenographierenden Landabschreiters, schreibenden Datensammlers, Eindrücke verbuchenden Statistikers die seit langem arbeitsteilig geschiedenen Berufe des Rechenkünstlers und des Sprachartisten, ein Kunststück, das nicht nur Art hat, sondern auch Tiefgang zeigt.

Wilhelm Scherer, der große Positivist und Zusammenhangsforscher des vorigen Jahrhunderts, hat uns diese ursprüngliche Zweieinigkeit der beiden Disziplinen durch eine wahrhaft verführerische Fülle von Indizien vor Augen geführt. Demnach haben wir in den Anfängen unserer Kulturentwicklung eine jederzeit gangbare und auch fleißig beschrittene Landbrücke zwischen beiden Geisterreichen anzunehmen, archaische Arbeitsgemeinschaft zwischen zahlenkundigen Magiern und des Erzählens mächtigen Vergangenheitsbeschwörern, von denen unsere Sprache noch heute beredtes Zeugnis ablegt. Einem naiv auflistenden Das-unddas-unddas (nur ‹tellen› oder schon ‹vertellen›, das ist die Frage) entspricht auf der anderen Seite ein nicht minder schlichtes Dann-unddann-unddann, Wahrnehmungs- bzw. Vermerkungsweisen, die im Kerbholz, im Kalender und schließlich im Tagebuch dann ihre soziologisch diversifizierten Medien gefunden haben. Genau um dieses gesamtheitliche Begreifen der Welt und die organische Überleitung von der statistischen Erfassung zur Lageberichterstattung geht es nun aber auch in Arno Schmidts literarischen Prototypen. Dem seine Schritte zählenden, am eigenen Pulsschlag die Zeit bemessenden Geodäten (3. Tag 623,13 ± 1,04 Stadien – 4. Tag

827,14 ± 1,85 Stadien – 6. Tag 1206,18 ± 2,75 Stadien und so weiter und so fort) folgt der Schriftführer, Buchhalter, Situationsbeschreiber, Stimmungsanzeiger sage und schreibe auf dem Fuße, und was der Autor AS in seinen Namensinitialen immer schon bedeutungsvoll vorausgespiegelt sah, die Personalunion von *Artist* und *Scientist*, wird mit jedem Helden neu zum Sinnbild erhoben.

Eine schöne Lösung mithin der zunächst so bedrohlich erscheinenden Spaltphänomene und für uns genau der richtige Punkt, das alles begradigende Schlußwort zu sprechen? Nicht so ganz – noch nicht ganz. Was der Autor so fein gefügt hat, und was auch Kritik nicht scheiden soll, gerät wie jede Utopie an eine heikle Stelle, wo sie sich in menschenfernen Bereichen und jenseits der lähmenden Erdenschwere zu beweisen sucht. «Da er keine Grenzen in sich fand, haßte er alles, was Grenze und Grenzpfahl war, und wer sie errichtet hatte», heißt es zwar emphatisch genug in den *Schwarzen Spiegeln*. Aber ein Landvermesser ohne festen Anhaltspunkt im Gelände ist doch auch nur ein irrendes Licht, und in der Tat verlieren sich die frühen reinen Helden Arno Schmidts genau in der von uns vorausbefürchteten Unendlichkeit. Wie aber die Verlockung, sich ins Absolute abzusetzen und sein Heil in der Fliehkraft zu suchen, nur allzu gern die Erinnerung an die gute alte Erdenschwere wachruft und das Streben nach Unbedingtheit zwangsläufig vom Beziehungswahn gefolgt wird, sehen wir dem Vereinzelungs-, dem Verinselungstrieb mit der Zeit ganz andere und, wie ich sagen möchte, freundlichere Kräfte entgegenwirken.

Nehmen wir es einfach einmal statistisch und machen uns nichts vor. Während in den leviathanischen Novellen noch die zentrifugalen Gewalten die Oberhand haben – Unmittelbarkeitsbegehren und All-Einigkeits-Vorstellungen, die sich letztlich nur in menschenleeren Weiten stillen können –, macht sich in den folgenden Büchern ein nicht minder heftiges und sicher auch nicht minder universales Assoziationsbedürfnis bemerkbar. Der ganze Wirbel, den der Ich-Erzähler um sich macht, dient ja nichts anderem, als seine positiv oder negativ besetzten Vorzugsobjekte um sich kreisen zu lassen und seine Liebschaften langsam, aber sicher zum Reigen zu führen. Seine ausgefallene Neigung zu Staatshandbüchern und seine fast schon rührend anmutende Liebe zu Baum, Busch und Strauch, sein unstillbares Meliorations- und Aufklärungsbedürfnis und sein gleichzeitiger rabauziger Pessimismus, seine Passion für Planquadrate und Millimeterpapiere und sein Haß auf alles geregelte Uniform- und Ordnungswesen, seine Lust am skatologischen Ausdruck und sein fast schon marottenhafter Reinigungszwang, seine hochgestochenen Bildungsvorstellungen nebst angeschlossenen Off-off-Offerten und sein politischer Sansculottismus-Jakobinismus, sein erklärtes Kriegsverweigerungsethos und sein Hang zu Selbstverteidigungsmaßnahmen (jeder Held führt hier eine, wenn auch noch so unscheinbare, Waffe bei sich), seine Schaubegierde und sein höchst verdächtiger Selbstvermummungstrieb, seine Abneigung gegen Weihwasser, Kirchenglocken und sogar Kirchturmspitzen und seine wunderliche und über alle vernünftigen Erklärungen erhabene Selenomanie: alles paßt nach den gängigen szenenkonformen Vergesellschaftungsregeln überhaupt nicht zusammen und wird dennoch unaufhörlich bezogen und im Kreis um den Ich-Erzähler herumgeführt, bis wir uns diesen Einzigen schließlich gar nicht mehr anders vorstellen können als im magischen Zirkel seiner exklusiven Eigentümlichkeiten.

Was an solchen Beschwörungskünsten bezaubert/entzückt, scheint dabei gar nicht so sehr mit der aparten Zusammensetzung eines literarischen Subjekts zu tun zu haben als mit seiner Aufbereitung zum positiven Helden, zur Imponierperson. Wo haben wir denn das schon einmal erlebt – in der Dispersionsarena der modernen Krisenkünste meine ich –, daß eine derart in Längsschnittfasern und Querschnittscheiben zerteilte Problemnatur sich im Verlauf der Geschichte aufrappelt von ihrem Scherbenhaufen und am Ende sogar als ein leuchtendes Beispiel dasteht?! Beziehungsweise ist uns sonst ein Fall bekannt geworden, wo sich ein vergleichbar gebrochener Charakter von seinen Stoßstellen und seinen Abnormitäten her positiv zu behaupten sucht?! Der Geist als Eckensteher des Lebens – diese wieder und wieder repetierte Glanznummer Thomas Manns – hat uns bei allem Verständnis für ihre kunstvoll drapierten Sorgenfalten doch immer ein bißchen unbeteiligt gelassen. Und wozu hatte uns das von Alptraum zu Alptraum irrende Erlösungsverlangen der Kafkaschen Helden eigentlich konkret verleiten können, als uns endgültig daran krankzulesen? Ich will ja nicht lästern – und ich sehe auch diesen insgeheimen und letztlich unauflöslichen Trauerrand bei unserem Arno Schmidt sehr wohl –, aber was sich dagegenhalten läßt und was wir der mit der Wahrheit unserer Leiden befaßten Entfremdungsliteratur auch selbstbewußt abverlangen wollen, ist ein unangepaßter Überlebenstrotz, der nicht hinnehmen will, was er nicht billigen kann. Mit einem wahrhaft beherzigensüberlieferungswürdigen Wort aus dem *Leviathan*: «Die Natur [d. h. der Leviathan] weist uns nichts Vollkommenes; sie bedarf immer der Korrektur durch gute Geister.» Und mit einem nicht minder aufmunternden aus *Seelandschaft mit Pocahontas*: «Denken. Nicht mit Glauben begnügen: weiter gehen. Noch einmal durch die Wissenskreise, Freunde! Und Feinde. Legt nicht aus: lernt und beschreibt. Zukunftet nicht: seid.»

Das liegt nun kaum noch auf der Leidenslinie des deutschen Expressionismus (siehe beispielsweise Benn: «Verlorenes Ich, zersprengt von Stratosphären») und erinnert eher an den pädagogischen Gestus Brechts, aber vielleicht sollte man einem derart eigentümlich gebildeten Prosadichter gar nicht unentwegt mit Analogieverweisen zusetzen. Mindestens so interessant wie die Wiederaufnahme aufklärerischer oder didaktischer Traditionen ist ja wohl, daß der neu auf die literarische Bühne berufene Vernunfttyp sich der seltsamsten Verkleidungen bedient, überraschender Kostümierungen und spezialgefertigter Überröcke, von denen der Kittel des Landvermessers nur eben der unauffälligste und zugleich reputierlichste ist. Vorbehaltlich und mit dem nötigen komödiantischen Sinn zu betrachten ist auch diese ausgebuffte Paraderolle. «Du: ich bin Landmesser!» heißt es anzüglich-augenzwinkernd genug in der *Pocahontas*, nachdem man sich unter falschem Namen ins Gästebuch eingetragen hat. Und als sich der Freizeitgenealoge Eggers im *Steinernen Herzen* seinen Wirtsleuten notgedrungen eröffnen muß («Aber jetzt auch sein Vertrauen vergelten – verflucht –: was war ich gleich von Beruf? –»), verlieren sich seine folgenden Winkelzüge vollends in der Sphäre des Vexierspiels: «‹Ich bin Einkäufer›. (Geschickt, was?! Wird keine Sau draus schlau; aber er warf pfiffig den Kopf auf, als wüßte er nun Alles.)»

Finden wir uns am besten damit ab, daß Tätigkeitshinweise oder Berufsangaben hier nur insoweit ernst zu nehmen sind, als sie eine herzeigbare Fassade abgeben. Aus abgelegten Schlangenhäuten/Puppenhüllen einer extraliterarischen Vorexistenz (Schmidt war eine Zeitlang Lagerbuchhalter in einer Textilfabrik) und verwegenen Rückgriffen auf naturwissenschaftlich-mathematische Liebhabereien fügt sich ein vielfach in der Wolle gefärbtes Rollen-Ich, das sich mit interesselosem Wohlgefallen auf den unterschiedlichsten Spielebenen hin und her rangieren läßt. Von utopischer Unverwundbarkeit zu sprechen, wäre an dieser Stelle vielleicht noch etwas verfrüht, oder zumindest scheint es verwegen. Trotzdem überrascht bei einem derart berührungsscheuen und kränkungsanfälligen Autor natürlich diese gewisse Weltwendigkeit seiner Helden, ein Stich ins Lockere und ein Zug zum Defraudantischen, die gelegentlich seltsam mit dem Ernst der Lage kontrastieren. «Einen Windbeutel hohen Ranges» nennt sich ausgerechnet der Ich-Erzähler der *Schwarzen Spiegel*, letzter Überlebender eines im Jahre 1951 für das Jahr 1960 vorausgesagten Atomkrieges, was angesicht des martialischen Vorwurfs schon einigermaßen frivol anmutet.

Frivolität oder nicht, Weltuntergangswitz oder guter alter Totengräberhumor, Tragödie wird hier jedenfalls nicht gespielt (in den nachleviathanischen Prosen nicht mehr), und lieber als in der Hülle der beleidigten Leberwurst präsentiert sich der pessimistische Autor im ansprechend anspruchslosen Flickenrock eines Waldläufers/Bärenhäuters. Der Name Cooper – oft genug, aber nirgends so demonstrativ wie in den *Schwarzen Spiegeln* hervorgekehrt – läßt durchaus auf patenschaftliche Bindungen schließen. Seiner Aufklärungslust und seinem Erkenntnisverlangen die erwünschte irdische Robustheit zu verleihen, scheinen die Cooperschen Hinterwäldler-Heroen genau die richtigen Bezugspersonen. Seine Geistesstreiter und Bewußtseinsmatadore auch auf einer populistischen Anschauungsebene zu festigen, greift Schmidt mit besonderer Vorliebe auf die Spurenleser und Fallensteller der alten Indianergeschichten zurück, und da ist er auch schon in Persona (Person im Sinn des antiken Theaters als Maske verstanden, durch die es hindurchtönt): Natty Bumpoo, der vielgeprüfte und wohlgefeite Held der Cooperschen Lederstrumpf-Erzählungen, Repräsentant eines allzeit abwehrbereiten Intellekts und intelligenter Selbstbehauptung, aber auch ein Sinnbild literarisch-mythologischer Unverweslichkeit.

Daß das alles der schönste Beziehungszauber ist, steht außer Frage, es ist eine Identitätsmagie, aber was hier wirklich beschworen wird – über die in wechselnden Kostümen auftretenden Pfadfinder-Falkenauge, Kara ben Nemsi Effendi und Robinson Crusoe hinaus –, sind wohl doch die überlegenen Geistesgaben und Bärenkräfte einer eigenen Heldenjünglingszeit. «In den Werken der später geborenen Dichter die mächtigen, unvermeidlich immer wieder durchbrechenden Spuren intensiver Jugendlektüre nachzuweisen», hat Arno Schmidt einmal als eine Aufgabe unseres biographischen Ermittlungswesens bezeichnet. Und es läßt sich wohl schwerlich ein zweiter Lit-Monomane nennen, der mit vergleichbarer Beharrlichkeit auf seine Anreger oder geistigen Vor-Vorväter hingewiesen hätte – Familien- oder sogenannte Blutsbande fallen dagegen ziemlich erbärmlich ab. Als geheime Seelenführer lenken jene auf verschlungenen Pfaden in die Jugendzeit zurück: selige Gründerjahre, als der junge Zahlen- und Wortakrobat sich seiner Rarität bewußt zu werden und aus genial zerstreuten Neigungen einen eigenen Götterhimmel aufzuführen begann.

Über einen vielfach geknickten, wiewohl beinah schon wieder paradigmatisch-jedermannsmäßig gestörten Lebenslauf hinweg (entfremdetes Berufsleben, Militärdienst, Krieg, Nachkrieg, Gefangenschaft, Flüchtlingsschicksal, Umsiedlung und neuerliche Berufsschwierigkeiten) hat sich die Erinnerung an eine frühe Wesenseinheit der Person seltsam ergreifend lebendig gehalten. Dem alles spurensichernde Bemühen unseres Aufklärer-Fährtensuchers letztlich gilt, *Nobodaddy's Kind* und Nachfahre selbstgewählter Ahnen, es hat ihn nachweislich schon einmal gegeben. Der mit Fahndungsrastern und Theodoliten durch die Zeiten Verfolgte war schon einmal richtiggehend vorhanden, da, präsent, und es war und es ist niemand anderes als der Zögling von eigenen Gnaden, der Liebling der Grazien, der Jüngling. Die an den Mitschüler Heinz Jerofsky gerichteten Briefe des 18-, 19-, 20jährigen Oberschulabsolventen aus Lauban (bei Haffmans demnächst zur Veröffentlichung freigegeben) führen uns diese insgeheime Imago erstmalig in ihrer ganzen Flügelspannweite vor Augen. Was der literarische Latecomer erst im zweiten Ansatz und mit einem Äußersten an Nervenfleiß und konstruktiver Energie zuwege brachte – seinen geteilten Neigungen zum Zusammensehen und zum Auseinanderdenken den gewünschten gesammelten Eindruck verleihen –, hat der frühreife Wunderknabe demnach einfach aus dem Ärmel hingezaubert: «Nun zu mir: (Vorsicht, nicht stürzen! worte!) Der Mond grinste gequaelt in wolken, wind lief mit geschrei schwarz auf raeubersteigen, arno schmidt, ein fremder prinz aus dem buecherlande umging den steinberg. Von meinem lachen schepperte die Oberlausitz! Arno schmidt, the avenger!... Wu hi, der bin ich!!!» So etwas hat doch alles schon seinen unverwechselbaren Schwung und Schmiß und Profil, und es weist auch nicht bloß auf den guten alten Expressionismus zurück, sondern auf dessen Überwindung und Weiterentwicklung voraus, fragt sich nur, was aus solchen astralen Selbstüberhebungen geworden wäre, wenn nicht doch die vermaledeite Geschichte als eine objektive Sorgenquelle und Stofflieferantin hinzugetreten wäre.

Eine kleine biographische Dreingabe kann uns das Suchbild noch einmal von einer anderen Seite her aufhellen – man muß sich, was einem zunächst chinesisch vorkommt, nur korrekt ins Silesische übersetzen. Wie Heinz Jerofsky berichtet, soll der frisch von Hamburg ins schlesische Lauban übergesiedelte Schüler einmal mit der Frage «Wu hi?» (mundartlich für wohin?) in Verlegenheit gebracht worden sein, was er als Erkundigung nach dem Namen mißverstand und mit einem höflichen «Arno Schmidt» quittierte. Die Adaption des Frageadverbs als sprechenden Decknamen geht über den komischen Anlaß freilich weit hinaus und führt uns zu den Wurzeln der Schmidtschen Sprach- und Gedankenspiele. «Wu hi, der bin ich!!!», das heißt ja nicht mehr und nicht minder, als daß ein nach seinem Weg Befragter sein Ich zu seinem Reiseziel bzw. zu seinem eigentlichen Bestimmungsort erklärt. Es heißt aber auch, daß die Fragwürdigkeit der Person bereits in diesen frühen Jahren als Vexierrätsel aufscheint, dem man nur in Masken beikommen kann, enthüllenden Vermummungen, die keinen Anfang kennen und kein Ende absehen lassen – selbst dort nicht, wo der passionierte Entzauberungs-Schamane seine Sonden in den etymistischen Wurzelgrund der Sprache absenkt.

Das schlägt, vier Minuten vor Schluß, noch einmal ein neues Kapitel auf – *Zettels Traum*-Buch und was sich in ihm durch Larven offenbart –, darein können wir uns nicht mehr mit der genügenden Andacht vertiefen. Nur dies lassen Sie mich, seiner objektiven Verwunderlichkeit wegen, noch anfügen, daß die scheinbar siebenfach versiegelten Schriften längst nicht überall für unzugängliche Verschlußsachen gelten und der Versuch der furchtlosen Selbsterörterung auf das breiteste Interesse stößt. Wie anders wäre es wohl zu erklären, daß ein kunstsinniger Wort-Schmied sich vor der Welt verschließt, um in aller Stille seine Komplexe auszukristallisieren, und nun drängt es auf einmal von allen Seiten heran an seine Einsiedlerwerkstatt, um ihm bei der Arbeit zuzusehen?! Beziehungsweise, wie soll man das überhaupt noch interpretieren, daß ein zeitgenössischer Schriftsteller auf alles pfeift, was Mode, Szene oder Strömung heißt, aber die Weise von Assoziations-Alchymie und Wortwurzelkunde geht um die Welt wie eine wahrhaftige Goldmachermelodie, so daß man noch seine allerpersönlichsten Leseempfehlungen nachdruckt und seine Erstausgaben und Autographen wie Nuggets handelt?!

Vielleicht sollte man einen Autor, der sich aus der Öffentlichkeit zurückzog, um sich in seinen Büchern um so rückhaltloser zu eröffnen, auch nicht unentwegt als zugeknöpfte Seele mißverstehen. Und er ist – wo man sich ihm nähert, ohne ihm aufdringlich nahetreten zu wollen – ja auch eher ein herzlich gewinnender Lehrer und ständig werbender Mittelsmann. Wo er seine Liebschaften leuchten läßt, da wird Entfremdung zum Fremdwort und ist Papier nicht mehr von Pappe. Wo er seine Bücherkisten vor uns auftut, als wären es Schatztruhen – immer mit so einem unnachahmlichen Schlenker von Privateröffnung und Sonderservice –, fühlt sich der Bücherwurm beflügelt und die Leseratte in den Rang eines seltenen Fabelwesens erhoben. «Das Erforschliche in Worte sieben; das Unerforschliche ruhig veralbern», ist vielleicht eine seiner despektierlichsten und zugleich erbaulichsten Lebensweisheiten; aber eine andere, bei vergleichbarer Munterkeit noch etwas tiefer einschneidende, möchte ich Ihnen denn doch als letztes Losungswort zum Sonntagnachmittag mit auf Ihren Heimweg geben: «–. –. – noch was tun, eh die Finsternis mich schlingt; zum Trotz n bißchen sein –» Wem zum Trotz? Sagen wir es der Bedenklichkeit des Gegenstandes wegen so schlicht auf Platt, wie unser Arno Schmidt es tut: «dem Dod».

Die Körpersprache der Poesie
– Rede auf Karl Krolow –

Meine sehr geehrten Damen und Herren,
lieber verehrter und nun seit gut vierzig Jahren mit wachsender Leselust verfolgter Karl Krolow, wie wollen wir diesen mit Ravel begonnenen Abend eigentlich mit erörternder Prosa in der Schwebe halten? Da kein Wissenschaftler Ihnen entgegensteht, sagen wir: kollegial, genossenschaftlich, informell. Da es auf der anderen Seite keine zuverlässigen Meßinstrumente für artistische Hochleistungen gibt, sagen wir: so subjektiv wie möglich und immer hübsch an den Ausschlägen unserer Nervenenden entlang. Es haben sich im Laufe Ihres viele Büchermeter langen Lebens ja solche Scharen von Forschern, Exegeten und Doktoranden an Ihre Fersen geheftet, daß wir auf dieser objektiven Auslegeebene gar nicht mehr mithalten können, dann schon eher am Ariadnefaden unserer Neigungen entlang, und wenn der manchmal gewisse Schwankungen aufweist, betrachten Sie das bitte als eine Sache der persönlichen Betonung und auf keinen Fall der Benotung.

Als ich Karl Krolow kennenlernte, nicht als Person zunächst und auch noch nicht in gesammelter und gebundener Form, sondern aus verstreuten Zeitschriftenpublikationen der ersten Nachkriegsjahre, erschien er mir übrigens noch als poetischer Wildemann und robuster Eisenkerl. Ob in der *Wandlung* oder im *Ruf*, ob in der amerikanisch inspirierten *Neuen Zeitung* oder im Ost-Berliner *Eulenspiegel*, überall konnte man damals auf die Ableger oder Nebentriebe dieser lyrischen Pionierpflanze treffen, und daß sie auf unterschiedlichsten Böden hatte Fuß fassen können, hing gewiß mit einem ganz ungewöhnlichen Durchsetzungsvermögen zusammen. Das sind nun alles Begriffe, die sich mit der inzwischen sprichwörtlich gewordenen Empfindsamkeit des Poeten nur schwer überein bringen lassen. Bis zur Durchsichtigkeit verfeinert – oder sagen wir besser, spiritualisiert –, scheint er sich solchen fetten Etiketten wie von selbst zu entziehen. Dennoch hatten seine frühen Nachkriegsgedichte auch etwas Grelles, Buntes, Wuchtiges, was unserem jugendlichen Bedürfnis nach schreienden Farben und krassem Ausdruck entgegenkam. Karl Krolow, dieser eindrucksvoll stabgehämmerte Name stand bei uns für die unverbrüchliche Allianz von Wort und Wahrheit, Sinn und Form, Literatur und Leben. *Gedichte gegen den Tod, Gedicht für den Frieden, Lied, um sein Vaterland zu vergessen, Huldigung an die Vernunft*, das war als Überlebenssignal und Befestigungsschwur nicht bloß für die Kunst, sondern mitten in die Zeit hinein gesprochen. Außerdem kam dieser Dichter, treudeutsch und traditionsverhaftet wie wir, vom deutschen Expressionismus her – von Georg Heym, von Ernst Wilhelm Lotz; wie Wolfgang Borchert, wie Arno Schmidt –, und daß das durchschlug vom rhythmischen Unterbodenbereich bis hoch in die Gedankensphäre, machte die Wahlverwandtschaft erst richtig rund.

Unter den Lumpen tragen verbrannt sie die Haut,
Haben sie Fleisch, schwarz und von Eisen zerrissen,
Blecken die großen Zähne, grölen mit Stimmen laut
Fremde Gesänge, vor denen den Frauen graut,
Und frieren im Ungewissen.

Und sie speien die Hoffnung wie Tabak, im Munde gekaut,
In den Schlamm vor die Füße und hinken vorbei,
Verziehn die gesprungenen Lippen und gehn ohne Laut
Unter im Schweigen, im knisternden Scharbockskraut,
Im Ohr das Gemurmel der höllischen Wahrsagerei.

Diese zwei Strophen aus der *Elegie von den Soldaten*, dies beschwörende Abschwören und «Gemurmel der höllischen Wahrsagerei», sind mir auch heute noch nicht aus dem Herzen, aus dem Sinn, was nicht zuletzt mit ihrer magischen Eindringlichkeit zu tun hat. Das gibt uns gleich ein weiterleitendes Stichwort an die Hand. Wie man weiß, verbinden sich Krolows lyrische Anfänge keineswegs nur mit der expressionistischen Schule, sondern auch mit jenem, nennen wir es einmal etwas despektierlich, Landschulheim der Naturlyrik, das seine Pforten auch während der Nazijahre geöffnet hielt und in dem «naturmagisches Dichten» gewissermaßen auf dem Lehrplan stand. Hier fand sich im Namen Oskar Loerkes, Wilhelm Lehmanns und Elisabeth Langgässers, was dem Zeitgeist nicht recht über den Weg traute und lieber seinen eignen schmalen Fährten folgen wollte am beschaulichen Waldrand oder am Wiesenrain entlang. Hier traf sich in der Zerstreuung – aber im kleinen Rahmen bodendeckend –, was dem Vorwärts-Vorwärts-Geschmetter der hellen Fanfaren die Resonanz verweigerte, ohne schon auf den Namen Widerstand oder Systemkritik getauft zu sein. Der Politik den Rücken kehrend und statt der ungeliebten Zeit dem ungetrübten Ablauf der Jahreszeiten zugewendet, sah man sich selbst in einen magischen Zirkel vegetabilischer Vorgänge einbezogen, in dem die Geschichte ihr Recht verloren hatte und die allgegenwärtige Natur am Ende über Göttermacherei und Götterstürze trumphierte. Wie tief der Marschtritt der Legionen allerdings auch in diese ökologische Nische eindringen konnte und mit welch schmerzlicher Genauigkeit er gelegentlich registriert wurde, können wir einem Gedicht Karl Krolows aus dem Jahre 1944 entnehmen, bei dem der Titel *In der Fremde* zweifellos als Zeitanzeiger verstanden werden will.

Ich hör die fremden Schritte um mich her.
Und harte Stimmen nisten in der Stube.
Im Wiesengrund dreht flackernd ihre Tube
Die Herbstzeitlose, vom Verfalle schwer.
Laut pocht das Herz im Hals aus kalter Grube.

Die Toten nehmen in der Dämmerung zu.
Sie schweben – Bast und Bärlapp in den Haaren.
Wie sie mir dumpf im Blattlicht widerfahren,
Streif ich sie langsam mit dem flachen Schuh
Und fühl sie nahe, die vergessen waren.

Entfremdung, wir lesen es, hören es, ist für diesen jungen Dichter alles andere als ein Fremdwort, und die Erinnerungen an Krieg und

Kriegsgeschrei begleiten Krolows Poesie bis heute hin wie eine dunkle Hadeslinie unter dem bisweilen auch ganz munter plätschernden Lebensstrom. Von den Schüssen der frühen Jahre hallen unheimlich noch die spätesten Gedichte und Erzählprosen wider. Das bedrohliche Blitzen von Messern, Dolchen und Bajonetten pflanzt sich als leitmotivischer Angstreflex bis in die astralen Höhen seines Metaphernhimmels fort. Trotzdem ist in der Literatur mit bloßem Ächzen und Geseufze natürlich kein Blumenkorb zu gewinnen, auch und besonders in der Naturlyrik nicht. Sie kann nur leben und blühen, wo sie uns belebt, durch die positive Beschwörung glückhafter Daseinszusammenhänge; aber wie die Angst bei Karl Krolow alles andere als ein angelesenes Leiden ist, hat auch das ihr trotzig entgegengesetzte Levitationsmotiv aufs erstaunlichste mit privater Biographie und praktischer Erfahrung zu tun. Setzen wir statt des etwas hochgestochenen Wortes «Levitation» nur einmal die von Krolow bevorzugte «Erleichterung» ein und statt ihrer schließlich die medizinisch nüchterne Diagnose «Untergewicht», dann haben wir genau das passende Schlüsselwort zur Hand, das uns biographisch und poetologisch weiterhilft. Wie unzählige andere junge Menschen seiner Generation für ein normales Heldenleben und einen normalen Heldentod ausersehen, wurde Krolow im Jahre 1943 gemustert, vermessen, gewogen – und: für zu leicht befunden (88 Pfund wog der spindelige Kerl bei einer Körpergröße von 1 Meter 77), Grund genug für einen glücklichen Verschonten, seiner Fortuna noch viele Preislieder auf die Leichtgewichtigkeit zu singen.

Wen die Psychologie dabei stört, der kann sich die Zusammenhänge zwischen einer einmaligen Glückserfahrung und den bleibenden poetischen Einbildungen natürlich auch auf einer anderen Ebene zusammenreimen. Was wir gemeinhin «magisches Denken» nennen, und worunter wir den Glauben an die Allmacht der Gedanken sowohl verstehen können wie das Vertrauen der Dichter in ihre Imaginationen, hängt mit dem atavistischen Bedürfnis der Primitivperson zusammen, ihr eigenes Schicksal zum Zeichen zu nehmen. Tritt wie in unserem Fall sogar noch ein überraschender Erfolg hinzu – das heißt, daß ein scheinbarer Makel, ein Minderwert, ein Untergewicht auf einmal existentielle Bedeutung bekommt –, ist des Wunderglaubens natürlich kein Ende und der Versuchung, den glückhaften Zauber zu wiederholen, virtuell keine Grenze gesetzt. Die Unermüdlichkeit, mit der unser Dichter nun seit einigen Jahrzehnten den Wert der Luftigkeit / Leichtigkeit preist und selbst deren mindere Schwestern, die Windigkeit, die Flüchtigkeit, die Verhuschtheit in sein Gebet mit einbezieht, scheint mir immerhin mit solchen fruchtbaren Obsessionen zu tun zu haben. Verbündete für magisches Beziehungsdenken lassen sich dabei allenthalben finden, vor allem in der erfindungsreichen Natur. Sie bringt knorrige Eichen hervor, gewiß, und unerschütterliches Felsgestein, angeblich ewig singende Wälder oder unergründliche Kraterseen. Aber daneben und darüber gibt es dann auch noch den flüchtigen Wind und die wandelhaften Wolken und das Glück eines rasch vorüberhuschenden Regenschauers, Luftgeister der Natur, mit denen man sich fast schon brüderlich besprechen kann.

> Wie ein kurzer Regen, der verhuscht,
> wie der Wind die Vogelhaube bauscht,
> hat Vergänglichkeit mich hingetuscht,
> bin ich selig an die Welt vertauscht.

Das ist nun wirklich der holdeste poetische Beziehungswahn, aber seltsam, weil das Wunder so glänzend in Szene gesetzt ist, empfinden wir es als vollkommen wahr. Trotzdem muß unserm Dichter solches lyrische Vergleichs- und Übertragungswesen («Wie ein kurzer Regen», «wie der Wind die Vogelhaube bauscht») eines Tages als eine etwas beliebige Kunst erschienen sein und auch der Reim als läßliche Balancierstange. Wer bei sich selber bleiben will in Merlins Zauberreich, der muß sich wandeln. Wer sich verwandeln will, dem scheint auch der poetische Vergleich bald nur als öde Wiederkehr des Immergleichen. Wer in den Jungbrunnen will, der muß wortwörtlich zu Grunde gehen, egal, wohin es ihn treibt, aber daß es ihn treibt, ist paradoxerweise die einzige Garantie für sein Überdauern und Vorsicht gerade die Stiefmutter der lyrischen Porzellankiste.

Gänzlich unvorbereitet lassen sich die Metamorphosen der Dichter ohnehin nicht an. Das heißt, wohin sie sich wenden, hängt meist mit in der Stille verfolgten Nebenbeschäftigungen und scheinbar unscheinbaren Liebhabereien zusammen. So hatte sich Krolow in den Jahren 1956 bis 1959 nochmals ausgiebig mit der französischen und spanischen Moderne auseinandergesetzt – er hatte Guillén, Alberti, Apollinaire, Michaux, Valéry, Éluard und García Lorca übertragen, was mit magischem Einverleibungswesen schon eine Menge zu tun hat – und, wie sollen wir sagen, nein, sagen wir es lieber mit den Worten des Poeten: «*Ich holte nach*, wie andere etwas nachholen, schnell, manchmal hastig, aber ungeheuer intensiv: Den Surrealismus in seinen Ausprägungen und Verwandlungen.»

Ob dieser Sprung, dieser Raum und Zeit überfliegende Mutsprung aus dem Bauerngarten der deutschen Naturpoesie in die mittlerweile schon ziemlich leergefegte Arena des internationalen Surrealismus seiner Veränderungslust wirklich gut tat, ich weiß es nicht so recht. Im Jahre seines Erscheinens, 1959, sah mich der neue Gedichtband *Fremde Körper* jedenfalls wie ein ziemlicher Fremdkörper seinerseits an. Von der alten Behendigkeit und Lebendigkeit keine Spur mehr und statt zaubrisch murmelnder Reime («verhuscht» – «bauscht» – «hingetuscht» – «vertauscht») nur noch die metaphorische Beliebigkeit endzeitlicher Schwarzmalerei: «schwarze Tulpen», «schwarze Vögel», «schwarze Bräute», «schwarze Handschuhe», «schwarze Standbilder». Um so positiver elektrisierte es mich dann freilich, als ich drei Jahre später Krolows neuen Gedichtband *Unsichtbare Hände* zu Gesicht bekam, und – o Wunder des dichterischen Gestaltenwandels – von ihm aus gesehen, entpuppten sich die *Fremden Körper* plötzlich als die larvenhafte Vorform einer erst jetzt ans Licht getretenen Imago.

Insektenkunde hin, Surrealismus her, was die *Unsichtbaren Hände* an gewöhnlichem surrealistischen Alltagsleben vor uns ausbreiteten, war nun wirklich erstaunlich. Eine unscheinbare ländliche Nebelszene zum Beispiel, «eine Landschaft mit verbundenen Augen», wie in jeder Hinsicht zaubrisch vertauschten sich hier doch die Eigenschaften von Subjekt und Objekt und wie geheimnisvoll begegneten sich Wahrnehmungsorgan und Wahrgenommenes im gemeinsamen Blindekuhspiel. Beziehungsweise «Sprich Blumen als Fensterglas», wie persönlich behauchte sich da ein Objektträger zum sprechenden Medium. Mit den öden Beliebigkeiten des literarischen Surrealismus verglichen (nach Lautréamont «das zufällige Zusammentreffen eines Regenschirms und einer Nähmaschine auf einem Seziertisch») tat sich dieser neue Karl Krolow ja fast wie ein einsamer Hochspannungsmast in der Landschaft hervor, bestechend durch die Ökonomie seiner Mittel, gewinnend durch kluge Zurücknahmen, betörend durch seine assoziative Treffsicherheit. Während sich seine Vorgänger gar nicht genug tun konnten im Zusammenkegeln disparater Sonderbarkeiten, begnügte sich Krolow damit, uns den sanften Wahnsinn im Gewöhnlichen zu beweisen und die Wunder der Welt an den fünf Fingern einer Hand herzuzählen.

Porträt einer Hand

Fünf Nägelmonde, die aufgehen
über dem Himmel
der rechten Hand.

Sie hält eine schwarze Haarsträhne,
eine Blume ohne Alter,
ein namenloses Lichtbild.

Die Geschichte des Ringfingers
ist nicht die Geschichte
des Zeigefingers.

Diese Hand griff zu.
Sie schlief den Schlaf
ihrer fünf Monde
in einer anderen Hand.

Wie offen der Spielraum Ihrer Vorstellungskräfte dabei bleibt, werden Sie vielleicht an Ihren eigenen Reaktionen beobachtet haben. Haben Sie nicht auch erstaunt, erschreckt und möglicherweise entsetzt Ihre eigenen Finger betrachtet, wobei ja allein der Gedanke an den Finger am Pistolenabzug das traute Miteins seiner scheinbaren Harmlosigkeit entkleidet. Trotzdem macht die nackte Entzauberung ein Gedicht natürlich noch nicht rund und schön und zieht auch keinen neuen Himmel vor uns auf. Was das jäh zum Bewußtsein erwachte Auge auseinandersieht, die gewölbte Himmelsschale mit ihren fünf Nägelmonden, schließt sich am guten Ende zum einverständnisvollen Hand-in-Hand von zwei Verliebten, was einmal mehr beweist, daß poetischer Gleichniszauber oft der reine Liebeszauber ist.

Leider können wir unser bißchen Zeit hier nicht weiter mit solchen interpretatorischen Handlesekünsten verbringen. Wir müssen fort, voran, neuen Gedichtbüchern, neuen Verwandlungen, neuen Imagines zu, auch auf die Gefahr hin, daß wir die folgenden Falter nur noch lieblos an die Pinnwand heften können. Um Ihr historisches Zeitgefühl dabei nicht ganz aus dem Gleichtakt kommen zu lassen, muß ich allerdings anmerken, daß es nun um den uns nähergelegenen und mir persönlich besonders nahestehenden Abschnitt zwischen den Jahren 1966 und 1970 geht. Das ist immerhin ein brisanter und von den unterschiedlichsten gesellschaftlichen Fluoreszenzerscheinungen erleuchtet gewesener Zeitraum. Was alles haben wir in diesen von hoch- und höchstgespannten Veränderungswünschen geprägten Jahren nicht getrieben. Wir warfen uns gegen den restaurativen Obrigkeitsstaat auf mit einem richtigen Titanenzorn und erklärten die Straßen und die Marktplätze zu unserem Forum. Wir fochten das alte Ordinarienwesen an und forderten mit der Formaldemokratie, der Formalgerichtsbarkeit und der Formalpädagogik auch den Formalismus in den Künsten in die Schranken. Wir vertauschten unsere Stubenhockerperspektive mit dem freien Blick auf utopische Höhen und Weiten und schritten aus und marschierten ein und stiefelten mitleidslos über unser eigenes altes Seelenleben weg, unsere geliebten Maroditäten, unser zart besaitetes Innere, unsere kompliziert verwundenen Nervenfäden, und was hat – nun wieder gezielt auf ihn zurückzuführen – unser Karl Krolow eigentlich die ganze Zeit getrieben? Er ist spazierengegangen. Er hat seine Runden gedreht, immer hübsch im Zirkel seines Rosengeheges und an den wechselnden Jahreszeiten entlang, hier einen Augenblick in flagranti erhaschend, dort einen Landschaftsausschnitt in die Totale treibend, und was herausgekommen ist bei diesem scheinbar weltabgewandten Einmannsbetrieb, sind immerhin drei lichterfüllte und diesseitig positive Lyrikbändchen, die *Landschaften für mich* von 1966, die *Alltäglichen Gedichte* (1968) und *Nichts weiter als Leben* von 1972.

Damit will ich nun nicht die eine Biographie gegen die andere ausspielen, dafür sind mir Krolows lyrische Erträge viel zu lieb und die eigenen Erinnerungen zu teuer. Nur zart mit Buntstift unterstreichen, daß der erklärte Respektlosigkeitszug des Zeitalters und sein spontihafter Augenblickskult sich auch in Krolows neuen Gedichten wiederfinden. Fliegenden Wesens, gewiß, das war er eigentlich immer gewesen. Und es ist auch keineswegs so, daß die ihn ständig begleitenden Hadesschatten sich mit der Zeit verflüchtigt hätten; zu nahe wohnen bei diesem peripathetischen Geist die Lust am schnellen Durchgang und die Angst vorm schnellen Vergehen. Trotzdem scheint sich in seinen Versen jetzt etwas zu lichten und mit Lokalfarbe anzureichern, was in seinen kubistischen Jahren schon einmal zur nature morte zu erstarren drohte. Grün, grün, grün, grün sind alle seine neuen Kleider. Grün ist der Atem, grün der Schatten, grün sind selbst noch die Worte, die Silben, es macht fast den Eindruck, als ob ein großes Kind zuviel vom antiautoritären Zeitgeist genossen hätte oder als ob es die vielzitierte Narrenhand wäre, die hier Tisch, Wand und Welt beschmierte. *Aufplatzendes Laub, Frühling im großen und ganzen, Glückliche Fahrt, Glückslinie, Jubel,* das sind nur einige charakteristische Titel dieses poetischen Zwischenhochs, wobei die leuchtenden Farben alla stagione bedeutungsvoll mit dem Zeitkolorit korrespondieren.

Faßlich

das ist faßlich –
auf Kleidern entstehen
Blumen,
auf der bloßen Haut
Schatten von blühenden

Beeten im Vorübergehen.
Das Licht ist faßlich,
die Luft am Gesicht.
Oben ein standfester Himmel
kommt hinzu,
fraglos, mit Gefühl
für die Landschaft unter ihm,
die grün wird
bis in die Bartstoppeln
der Tagediebe.

Ein Stück so richtig nach der Jahreszeit, meine Damen und Herren, und eigentlich genau der passende Farbfleck, um unsere sommerliche Soirée in Wohlgefallen aufzulösen, nur daß wir über einen dunkelheiklen Punkt im Leben des Laudaten leider noch hinwegmüssen. Er findet sich dort, wo der uns lieb und immer lieber gewordene Rosenkavalier sich eines zweifelhaften Tages in ein liederliches Subjekt namens Karol Kröpcke verwandelte. Die 1970 unter Pseudonym und ausnahmsweise im Merlin-Verlag veröffentlichten *Bürgerlichen Gedichte* schienen nämlich alles andere als dies, Ausdruck einer neuen Biederlichkeit zum Beispiel oder Zeugnisse eines wiedergewonnenen Vertrauens in die alten Maßhaltetugenden. Lese ich ihre unverschämte Körpersprache recht – Darstellungen von Geschlechtsakten als lieblose Nummern und das Auf und Ab und Rein und Raus von teilnahmslosen Körperteilen als mechanische Repetition –, scheinen sie eher deren drastisch herausgekehrtes Gegenteil. Statt Bürgeranstand, Ordnungssinn und positivem Leistungsstreben begegnet uns deren böswillige Karikatur zum angestrengten Wiederholungszwang. Statt mit der guten alten Liebe bekommen wir es mit deren entleerter Handelsform, ihrer kondomhaften Larve, dem Sex zu tun. Versuchen wir noch etwas tiefer in die Verse hineinzusehen (d. h. sie nicht einfach als Fauxpas abzutun), dann erkennen wir hinter dem Bocksfuß allerdings den gezielten Fußtritt, der nicht nur dem bürgerlichen Leben und Lieben im allgemeinen, sondern dem eigenen, mehr und mehr im Leerlauf sich verlierenden Curriculum gilt. In der pornographischen Verzerrung enthüllt besinnungsloses Weitermachen sich als seelenlos betriebskonformes Gerammel, was mit frivolem Amüsement dann schon gar nichts mehr, mit dem von Freud so benannten «Unbehagen in der Kultur» aber eine ganze Menge zu tun hat.

Da die *Bürgerlichen Gedichte* uns keinerlei utopischen Durchblick bieten – und sie sind ja auch sprachlich nicht aus jenem Stoff wie dem zum Träumen –, halte ich sie letztlich für unerlöste Puppen und insofern den erwähnten *Fremden Körpern* nicht einmal so unverwandt. Auch poetologisch rechtfertigt sich die schmerzliche Prozedur erst im nachhinein. Unzimperlich mit sich selbst und ungeachtet jener bürgerlichen Reputationsausweise, wie sie Preiskrönungen, Ehrendoktorate und Akademiemitgliedschaften bedeuten können, reinigt der Autor seine kleine Bühne von den Bildern, Masken und Metaphern der Vergangenheit: ein Purgatorium, dessen geheime Gründe wieder einmal in jenem Leiden an der Gewöhnung zu suchen sind, das bei Krolow der Verwandlung vorangeht.

Erst nach dem symbolischen Gewaltakt, erst nach der zwangsweisen Aufhebung seines lyrischen alter ego, kann der Poet mit einer neuen unverstellten Stimme zu sich selber sprechen. Überhaupt erst richtig *von sich* sprechen, was er bisher mit auffälliger Verhaltenheit vermied: von den Beschwerden des Alters, der Hinfälligkeit des Leibes, der entschwindenden Lebenszeit, der Unlust an der Wiederholung, Lust, ganz unvermittelt in Tränen auszubrechen, und, seltsam, diese neue leise furchtlose Stimme scheint mir seine eindrucksvollste. Von hier aus gesehen, muten uns die kunstreichen Reime seiner Jugendjahre fast nur noch wie tönende Relikte aus alter Väter Zeiten an. Aber auch in den überzogenen Vergleichen und Überraschungsmetaphern seiner mittleren Periode war ein Ich ja eigentlich nur vergleichsweise anwesend gewesen. Jetzt tritt es aus sich heraus, der eigenen Stimme folgend, den eigenen Seufzern nachlauschend, den eigenen Ressentiments vertrauend, trotzdem nie larmoyant und noch den schmerzlichsten Befund mit Ironie begleitend: der von Gedicht zu Gedicht neu gewagte Versuch, sich unaufwendig in Verse zu fassen und durch subjektive Wahrhaftigkeit für sich einzunehmen.

Subjektiv II

Streichholz und Blitz –
ich reime mir das zusammen.
Ein Wort gibt das andere.
Aus Fleisch, Käse, Aquavit
wird ein Abendessen,
ein Beilager aus
einem Mädchenfoto.
Ich entscheide mich für nichts,
nehme schöne Tage persönlich.
Die Biegung der Eigenschaftswörter
gefällt mir.
Rotwein und Bleistift
lassen sich zu Wort kommen
bis zum Ende vom Lied.

Als Schlußwort können wir das so natürlich nicht gelten lassen, lieber Karl Krolow, und wie sollten wir auch. Immerhin haben wir von einem reich gestuft/gestaffelten Leben nur erst einige markante Segmente betrachtet, Schachtelhalmabschnitte, abgelegte Schlangenhäute, von Ihnen so benannte «Hinterlassenschaften», aber was heißt in Ihren Zusammenhängen eigentlich «hinterlassen», Sie kommen doch in jeder neuen Gestalt wieder bei sich selber an. Wie ein wahrhaftiger Picasso der Poesie sind Sie von Periode zu Periode, von Verwandlung zu Verwandlung, von Phase zu Phase tiefer nach vorn gedrungen, immer weiter auf ein utopisches Wesen zu, das Wiederholung in der Veränderung heißt. Denn auch nach diesen ein bißchen flüchtig von uns gestreiften Gedichten Ihrer späten fünfziger und unser aller siebziger Jahre haben Sie sich ja noch viele Male selbst umrundet, selbst umrandet, mit diesem unvergleichlich sicheren Kreidestrich. Und als ob dem noch nicht genug gewesen wäre, haben Sie sich in Ihrem siebten Lebensjahrzehnt noch einmal völlig überraschend in Prosa gefaßt – Prosen so leicht im Ansatz und zügig im Duktus wie von einem Jüngling aufs Papier geworfen –, und dann sind Sie in zweiter, dritter, vierter Unschuld sogar noch einmal neu auf den Reim zugestoßen, als ließen sich heute noch Lieder singen. Unter uns, Karl Krolow, sie lassen sich auch. Lassen sich singen und trällern, wenn man sie auf die Zunge nimmt wie Sie und der Volksmund, leichthin, unangestrengt, gewichtlos, und sie im Zweifelsfall dann einfach ihr Bewenden finden läßt als «zersungene Lieder».

Das schreibt sich ins Reine.
Hör zu: es ist nichts.
Nur eine ganz kleine
Sache geringen Gewichts.

Ein Lied und nichts als ein Lied
wie bekannt, über dies und das,
wenn es zwischen Türen zieht
und du denkst dir nichts oder was.

Daß es nun gerade der Zugwind ist, der an dieser Stelle den Rausschmeißer für uns macht, ist natürlich der reinste Zufall, lieber Karl Krolow, und trotzdem wieder kein Zufall, Sie kennen ja Ihre Dämonen. Gehören sie zu den weniger stabilen Elementargeistern, so können sie doch jederzeit und durch den schmalsten Türspalt bei uns eindringen. Sind sie vorüberwehenden Wesens, flüchtig, behende, sprunghaft, an den Augenblick gebunden, so, auf den gesamten Lauf der Welt gesehen, doch auch wieder ständige Begleiter. In der Erscheinungen Flucht etwas Dauerndes und Bleibendes. Genau das scheinen mir Ihre Gedichte.

Über das Fressen und die Moral – zu einem Leitmotiv bei Wolfgang Borchert –

Wolfgang Borchert ist immer schon mehr und immer etwas anderes gewesen als ein Fall der Literatur oder ein Gegenstand der Literaturwissenschaft. Wer ihn auf der Schule zum Wahldichter nahm, ihn einer Dissertation für würdig befand oder sein Theaterstück («das kein Theater spielen will») für die Studentenbühne inszenierte, meinte selten den Schreibekünstler allein, er meinte die gemeinsame Sache; und wo sich jemand auf die Sache berief, nahm er gleichzeitig auch den Menschen, die Person für sich in Anspruch.

Seit der Hamburger Uraufführung des Dramas *Draußen vor der Tür*, einen Tag nach dem Tode Borcherts in einem Baseler Hospital, hat das Publikum sich angewöhnt, die Tragödie auf der Bühne und die Tragödie eines Lebens in eins zu sehen. Borcherts einzigartiger Ruhm war nie allein auf seine literarischen Fertigkeiten gestellt – das wäre ein gänzlich verfehlter Begriff für die hier waltenden Heilserwartungen gewesen. Die professionelle Kritik fand eher allerlei an ihm auszusetzen, verwies auf die durch keine Ironie gemilderten Sentimentalitäten, expressionistische Überladenheiten, bedenkliche Stilgemenge, verbolzte Satzkonstruktionen –; dennoch – und ob auch das *Gesamtwerk* letztlich nur ein Fragment schien, korrespondierte der verhinderte Höhenflug doch so bedeutsam mit der jäh abgerissenen Lebenslinie, daß der doppelte Imperfekt auszustrahlen begann als ein Mythos des Unvollendeten.

Borcherts singulärer Ruhm scheint mir heute fast noch verwunderlicher als zur Zeit seines ersten Aufflammens. Weil keine literarische Begabung neben und keine nach ihm wieder mit einer derart emphatischen Anteilnahme bedacht wurde und mancher verdiente Altmeister (Döblin, Musil, Jahnn) in der öffentlichen Anerkennung vor einem jungen Mann zurücktreten mußte, der auf bisher unerhörte Weise das Ohr seiner mithangenden und mitbangenden Zeitgenossen fand. Er mochte ein gefallener Engel oder ein gestürzter Ikarus sein, doch er verzauberte die Geschlagenen und Gestürzten. Ein schnell verflammender Meteor – nun wählte man ihn sich zum Leitstern. Ein einzelgehender Unbequemer – wer fühlte sich, als das Kollektiv zu Bruch gegangen war, denn nicht als solch ein Fremdling und unwillkommener Einzelgänger. Er hatte die Hoffnungslosigkeit besungen, und galt doch für viele von Entbehrungen geprägte Jahre als die einzige ernst zu nehmende Hoffnung der jungen deutschen Literatur.

Natürlich waren es nicht das Drama einer verdorbenen Heimkehr und der als tragisch oder widersinnig empfundene Tod allein, die ihn zum Auserkorenen machten. Es gab auch andere jung verstorbene Dichter, abrupt unterbrochene Flugbahnen, tragisch gestörte Werkansätze mit diesem seltsam auratischen Schimmer aus Verheißung und Vergeblichkeit (ich denke etwa an Werner Riegel, auch an Alexander Xaver Gwerder oder Rainer M. Gerhardt), und doch war ein trauriges Los noch lange kein Garantieschein für spätere ruhmvolle Erwähnungen – nicht einmal für die Erinnerung. Persönlicher Wagemut, unter Opfern erbrachte Leistungen, leuchtend gegen den allgemeinen Gewöhnlichkeitshorizont ausgezogene Lebenskurven mögen uns viel bedeuten, vor der unerbittlich von der Literatur auf sich schließen wollenden Menschheit zählen sie wenig, es muß schon noch ein kollektives Bindemittel hinzukommen: der rätselhafte Klebstoff, der die individuelle Leidenserfahrung mit den gemeinschaftlich erlittenen Verstörungen und Beleidigungen zum gemeinsamen Gefühlsakkord vereinigt. Während Borchert zum Sinnbild aller unrechtmäßig «draußen vor der Tür» Belassenen erhöht wurde, blieben die erwähnten Namen Randerscheinungen der deutschen Literatur.

Wem das immer noch nicht eingeht oder wer es, von unserer 1977er Star-Warte her schon nicht mehr recht fassen kann, sei erinnert, daß dieser Heldenjüngling der erste seiner Generation war, der eine tragische Außenseitererfahrung an einem allgemein bewegenden Gegenwartsstoff demonstrierte. Zwar war sein spezialgefertigter Lebenslauf keineswegs so bruchlos und widerspruchslos auf einen gemeinsamen Nationalnenner zu bringen – der Mann war praktizierender Antinazi gewesen und insofern alles andere als ein deutscher Jedermann. Trotzdem hat Borchert niemals versucht, sich als leuchtende Ausnahme gegen den feldmarschmäßig angepaßten Durchschnitt abzusetzen und die zahlreich genossenen Sonderbehandlungen auf das Schuldenkonto der Nation zu rechnen. Hinzu kam, daß er ein Mann von drinnen war und sich – seine Leserschaft bei einer gemeinsamen Identität ergreifend – als solcher empfand. Er hatte teil am Schicksal eines geschlagenen Volkes, ohne zugleich in dessen Schandtaten verstrickt zu sein, das hatten im Zweifelsfall alle oder waren alle auch wieder nicht. Er zählte nicht zu den unbequemeren Emigranten, deren Leidenswege sich auf fremden Pfaden verlaufen hatten und deren Abrechnungen allemal auf das Unrecht verwiesen, das man ihnen zu Hause angetan hatte. In einer Zeit, als Gewissensfragen wie die nach der Schuld, der Mitschuld, der Kollektivschuld zu den Dauerbrennern des aktuellen Disputs gehörten, wuchs Wolfgang Borchert zusehends in die Rolle eines deutschen Unschuldslammes hinein, auf das man den besseren Teil seines schlechten Gewissens übertragen konnte. War die Hauptperson seines Dramas *Draußen vor der Tür*, der Spätheimkehrer Beckmann, ein zunächst verschreckender Antiheld, so entsprach die in Skepsis und Selbstgerechtigkeit gefaßte Figur doch genau der Selbsteinschätzung einer heldenmüden und mythenskeptischen Generation. War er ein Opfer der Zeit, so doch jedenfalls gezeichnet und erwählt in einem. Hier hatte ein junger Dichter seinem heimlichen Selbstkonterfei so viele allgemeinverbindliche Züge mit auf den Weg gegeben, daß es als einer «aus der großen grauen Zahl» von zahlreichen grauen Mäusen als das eigene Ich erlebt werden konnte; und daß er zumal die Jugend von allen Schuldzuweisungen ausnahm, gab der möglichen Popularität von Anfang an die genügende positive Angriffsfläche vor.

Zwar hatte der unwillkommene Beckmann-Borchert sogenannte «praktische Lösungen» auch nicht zur Hand; das bekannte Verlangen nach Lösungen läuft in der Psychologie des Alltagslebens ohnehin auf den eigentlich gemeinten Ruf nach Er-lösung hinaus. Aber daß der verstörte junge Mann auf jedes Angebot einen Einwand parat hatte und auf jede Frage eine Antwort, entsprach ja genau der inneren Verfassung einer «Ohne-mich-Generation», deren Verhältnis zu Staat, Nation, Parteien und Gesellschaft am treffendsten mit dem Verhältniswort «ohne» zu kennzeichnen war. Borchert hat diese Generation nicht nur beschrieben, er hat sie auch benannt. «Generation ohne Abschied» heißt sie in einem gleichnamigen Prosastück und dann gleich noch einmal von A bis Z: «ohne Anerkennung», «ohne Bindung», «ohne Glück», «ohne Gott», «ohne Grenzen», «ohne Ja», «ohne Jugend», «ohne Tiefe», «ohne Vergangenheit», «ohne Ziel». Der besitzanzeigende Unterton in der Mängelbilanz ist dabei kaum zu überhören. Obwohl Borchert auf den ersten Blick nur Mängel oder Verluste aufzuzählen hat, führt er diese dennoch mit einem derart ansprüchlichen Trotz ins Feld, daß es einem Bekenntnis zur eigenen Rat-, Hilf-, Mittel- und Maßlosigkeit gleichkommt. Hier schlagen Enttäuschungen positiv zu Buch und werden Versagungen auf der Habenseite geführt, ein umgekehrtes Wertesystem, in dem selbst noch der Hunger an die Stelle eines persönlichen Eigentums tritt.

Das hört sich widersinnig und zugleich plausibel an und sollte uns – weil es sich um ein durchgehendes Leitmotiv handelt – vielleicht noch einmal zum genaueren Hinsehen ermutigen. Es gab einmal eine Zeit, so wollen wir also noch einmal von vorn beginnen, eine graue Vorzeit, und die ist erst 30 Jahre her, wo die Angst vorm Verhungern und die Furcht zu erfrieren zu den ganz allgemeinen und alltäglichen Schrecknissen zählten. Wer sich noch erinnern kann, der erinnere sich. Deutschland hatte den Krieg verloren, weil es den Frieden verspielt hatte, und alles, was von den bombastischen Wohlfahrtsutopien der Nazis übriggeblieben war, war eine kollektive Hungersnot, in der der Kampf um ein paar Wärmeeinheiten einem Kampf ums nackte Überleben gleichkam. Da sich das Elend mit pastosen Pinselstrichen eher zu opulent als in der angemessenen Nüchternheit malt, sei hier ein document humain vorgelegt, das gleichzeitig ein document social ist, weil sich in einem scheinbar monströsen Sonderfall die Überlebensnöte einer ganzen Epoche widerspiegeln.

Wir zitieren aus einem Gerichtsbericht des *Telegraf* vom 3. Dezember 1947. «Der 43jährige Kohlenarbeiter Erich Kramer erschlug am 5. März 1947 seinen gleichaltrigen Freund und Arbeitskameraden Paul Möller. Das Schwurgericht verurteilte ihn zu zwölf Jahren Zuchthaus und zehn Jahren Ehrverlust. Mit seinen 47 kg Körpergewicht bei einer Größe von 1,70 m ist dieser Angeklagte eine menschliche Ruine. Er nimmt das Urteil ebenso unbeeindruckt hin, wie er den Antrag des Staatsanwalts auf Todesstrafe gehört hatte. In seinem dünnen Lazarettkittel vor Kälte zitternd, macht er vor den Geschworenen seine Aussage. Unerschöpflich ist die Geduld des Vorsitzenden, und alles scheinbar Widersinnige im Ablauf des Verbrechens wird entwirrt und erklärt durch das einzige Wort: Hunger! ‹Ich hatte Hunger, da ist alles so gekommen›, sagt der Angeklagte. Seit Tagen hatte er nichts als einige Scheiben trockenen Brotes zu essen. Möller hatte seine Lebensmittelkarten bei sich, er hatte auch noch Vesperbrot im Rucksack! Sie standen im Keller bei ihrer Arbeitsstelle, Möller, mit Kohlenpacken beschäftigt, bückte sich, da erschlug ihn Kramer von hinten mit einer schnell ergriffenen Eisenstange. Mit beiden blutbesudelten Händen riß er das Brot aus dem Rucksack und verschlang es. Dann nahm er dem Toten die Brieftasche ab, schleifte ihn in einen Nebenkeller, verschloß die Tür und warf die Schlüssel fort. Im nächsten Restaurant verzehrte er, was er auf die Marken bekommen konnte, und hielt sich auch am folgenden Tag nur in Eßlokalen auf. Schon am Abend erfolgte seine Verhaftung.»

Um an dieser blutigen Stelle keine voreiligen Trugschlüsse auf die Literatur der frühen Jahre aufkommen zu lassen. Was den Gegenstand einer zeitgenössischen Gerichtsreportage bildet, die direkte Verknüpfung von Mord und Mundraub, ist zwar ein sprechendes Zeugnis für eine kaum noch vorstellbare Elendszeit. Es ist aber der geschilderte Fall weder schon eine Geschichte im literarischen Sinn, noch will uns das Tatmotiv (besinnungsloser Hunger) ein sinnvolles *literarisches* Motiv scheinen. Eine literarische Geschichte – egal ob Kurzgeschichte, Novelle oder Erzählung – passiert nämlich nicht einfach blindlings dahin. Sie kann sich auch nicht mit der bloßen Wiedergabe von schauerlichen Tathergängen und einem ohnmächtig mitleidsvollen Achselzucken ihrerseits zufriedengeben – dafür ist ausnahmsweise mal die Tagespresse zuständig. Auch wo nackter Hunger einen bewegenden Gegenstand bilden kann und Mord und Totschlag eine traurige Folgeerscheinung, wird sie sich eher an den Vor-Vorfällen als an bloßen Greulichkeiten interessiert zeigen, gewissenhaft auf die objektiven Bedingungen von scheinbar nur privaten Wahnsinnstaten erkennend. Um das Beispiel, auf das wir es abgesehen haben, nicht länger für uns zu behalten. Es handelt sich um eine Geschichte, sogenannte «Lesebuchgeschichte» des Dichters Wolfgang Borchert, die uns die ganze Daseinsparadoxie des Nachkriegs in knappen sechs Sätzen aufreißt und die Frage nach den Beweggründen des Verbrechens als Schuldzuschreibung an die Schuldigsprecher weiterreicht: «Als der Krieg aus war, kam der Soldat nach Haus. Aber er hatte kein Brot. Da sah er einen, der hatte Brot. Den schlug er tot. Du darfst doch keinen totschlagen, sagte der Richter. Warum nicht, fragte der Soldat.»

Wolfgang Borchert, Jahrgang 1921, hatte seine eigenen Erfahrungen sowohl mit dem Hunger als auch mit den deutschen Richtern und dem deutschen Krieg gemacht; in seinen eigenen Worten: «ich habe auch viel Ärger mit den Kriegen gehabt». Mit 20 Jahren einberufen und an die Ostfront geschickt, hatte er sich früh eine lebensbedrohliche Gelbsucht zugezogen und war trotz anhaltender Fieberanfälle in den Wintereinsatz gekommen. Im Frühjahr 1942 verdächtigt, sich eine Verwundung an der linken Hand selbst beigebracht zu haben, wurde er wegen «Selbstverstümmelung», «Defätismus» und «Feigheit vor dem Feinde» unter Anklage gestellt und erst nach langwierigen Verhandlungen freigesprochen. Eine neue Anklage, «mündliche und briefliche Äußerungen gegen Staat und Partei» betreffend, mündete ein in einen Elendszirkel aus Gefängnisaufenthalten, sogenannter Frontbewährung, weiteren Wintereinsätzen im Osten, erneuten Gelbsuchtsanfällen, einer Fleckfieberinfektion, schauerlichen Lazarettmonaten in Smolensk und Radom, abermaliger Inhaftnahme und Einkerkerung in Berlin-Moabit und wiederum «Bewährung», die nun schon nichts mehr als das reine Selbstmordkommando war. Erst als er im Frühjahr 1945 von französischen Truppen aufgegriffen wird und während des Transports zum Internierungslager entweichen kann, scheint sich so etwas wie ein Hoffnungsstreif am düsteren Lebenshorizont abzuzeichnen. Für die geringe Gnadenfrist von einem Dreivierteljahr genaugenommen; denn kaum daß Borchert seine Heimatstadt Hamburg erreicht und sich in seinem alten Beruf (der Schauspielerei) ein wenig umgetan hat, beginnen die Gespenster der Vergangenheit ihn wieder einzuholen, Gelbsucht und Fieberanfälle ihn aufs neue zu peinigen, und was ihm an Leben noch bleibt, ist eine heillose Odyssee von Krankenhaus zu Krankenhaus, von Leidensstation zu Leidensstation. Die erzwungene Fesselung eines gewesenen Vaganten/Komödianten bedeutete aber noch etwas anderes. Die auf sich selbst zurückgewiesenen Lebens-, Entfaltungs- und Bewegungstriebe beginnen sich in Gedichten, Geschichten und Dialogen Bahn zu brechen, und in einer fieberhaften Parforcetour durchmißt Wolfgang Borchert noch einmal den ganzen Schreckenskreis von Kriegs- und Nachkriegszeit. Ein Prosastück *Die lange lange Straße lang* soll hier exemplarisch für einen scheinbar voraussetzungslos in Gang gekommenen Produktionsschub und den ihm unmittelbar verbundenen Bewußtseinsstrom stehen, wobei das Leitmotiv «Hunger» eine eigenartig zwielichtige Führungsrolle spielt.

«Links zwei drei vier links zwei drei vier links zwei weiter, Fischer! drei vier links zwei vorwärts, Fischer! schneidig, Fischer! drei vier atme, Fischer! weiter, Fischer, immer weiter zickezacke zwei drei vier schneidig ist die Infantrie zickezackejuppheidi schneidig ist die Infantrie die Infantrie... Ich bin unterwegs. Zweimal hab ich schon gelegen. Ich will zur Straßenbahn. Ich muß mit. Zweimal hab ich schon gelegen. Ich hab Hunger. Aber ich muß mit. Muß. Ich muß zur Straßenbahn. Ich muß mit. Zweimal hab ich schon drei vier links zwei drei vier aber mit muß ich drei vier zickezacke zacke drei vier juppheidi ist die Infantrie die Infantrie Infantrie fantrie fantrie — 57 haben sie bei Woronesch begraben. 57, die hatten keine Ahnung, vorher nicht und nachher nicht. Vorher haben sie noch gesungen. Zickezackejuppheidi. Und einer hat nach Hause geschrieben: ...dann kaufen wir uns ein Grammophon. Aber dann haben viertausend Meter weiter ab die Andern auf Befehl auf einen Knopf gedrückt. Da hat es gerumpelt wie ein alter Lastwagen mit leeren Tonnen über Kopfsteinpflaster: Kanonenorgel. Dann haben sie 57 bei Woronesch begraben. Vorher haben sie noch gesungen. Hinterher haben sie nichts mehr gesagt. 9 Autoschlosser, 2 Gärtner, 5 Beamte, 6 Verkäufer, 1 Friseur, 17 Bauern, 2 Lehrer, 1 Pastor, 6 Arbeiter, 1 Musiker, 7 Schuljungen. Die haben sie bei Woronesch begraben. Sie hatten keine Ahnung. 57.

Und mich haben sie vergessen. Ich war noch nicht ganz tot. Juppheidi. Ich war noch ein bißchen lebendig. Nur ich. Ich, ich war noch nicht ganz tot. Ich muß zur Straßenbahn. Die Straße ist grau. Aber die Straßenbahn ist gelb. Ganz wunderhübsch gelb. Da muß ich mit. Nur daß die Straße so grau ist. So grau und so grau. Zweimal hab ich schon zickezacke vorwärts, Fischer! drei vier links zwei links zwei gelegen drei vier weiter, Fischer! Zickezacke juppheidi schneidig ist die Infantrie schneidig, Fischer! weiter, Fischer! links zwei drei vier wenn nur der Hunger der elende Hunger immer das elende links zwei drei vier links zwei links zwei links zwei...

Und ich will zur Straßenbahn. Die Kanonen haben gegrummelt. Der Boden wankt. Rums. 57. Und ich bin noch ein bißchen lebendig. Und ich will zur Straßenbahn. Die ist gelb in der grauen Straße. Wunderhübsch gelb in der grauen. Aber ich komm ja nicht hin. Zweimal hab ich schon gelegen. Denn ich hab Hunger. Und davon wankt der Boden. Wankt so wunderhübsch gelb von der Welle Welt. Wankt von der Hungerwelt. Wankt so welthungrig und straßenbahngelb.»

Die Geschichte bewegt sich im großen und ganzen in der einmal eingeschlagenen Richtung weiter – obwohl *Richtung*? Sie beginnt nämlich irgendwo in einem schwer definierbaren Niemandsland zwischen Krieg und Frieden, wo ein Geradenochebendavongekommener einfach im alten Takt und Rhythmus weitermarschiert, und was seinen Kurs bestimmt und was ihn Spur halten läßt, ist eigentlich nur der Verlauf jener «langen langen Straße», der weithin von gespenstischen Erinnerungen überschattet und nur gelegentlich von ein paar hellen Hoffnungstupfern aufgelichtet wird. Ob der Leutnant Fischer die von ihm wie eine Utopie herangesehnte «gelbe Straßenbahn» tatsächlich einmal erreicht, scheint vor allem von seiner moralischen Kondition abzuhängen, beziehungsweise von der Übermächtigkeit des Hungers, die seinen Hoffnungen immer wieder ein Bein stellt. Der Hunger, scheint es, ist das Destruktionsprinzip schlechthin. Eine allerprimitivste Behinderungskraft, die das Fortkommen des Helden gefährdet und sein bißchen Weggewinn zunichte macht. Wo wir ihn vorhin ein Leitmotiv der Geschichte genannt haben, scheint er für den weiteren Lebensweg des Leutnants Fischer viel eher ein Brems- und Lähmungsmotiv, weiß der Himmel, wer in dem ungleichen Kampf am Ende die Oberhand gewinnt. Aber halt! – wo wir den Hunger derart fraglos auf der Armesünderbank absetzen, kommen uns doch noch ein paar erhebliche Bedenken. Warum verkehrt sich die elende Hungerwelt hier eigentlich zu einem auch ganz anders zu verstehenden «Welthunger»? Und warum stellt sich die scheinbar nur dem Hunger zu verdankende Orientierungslosigkeit nebst angeschlossenem bedrohlichem Schwanken des Weltgebäudes auf einmal als «wunderhübsch gelbe Wellenbewegung» dar? Und wie dürfen wir das denn verstehen, daß die Hungerhalluzinationen schließlich mit dem Reiseziel zusammenfallen und mit ihm im bunten Verein so etwas wie einen von Grandiositätsvorstellungen getragenen Glückstraum ergeben?! Da die offensichtlichen Widersprüche die Frage nach dem Hunger und der (Durchhalte-)Moral unvermutet auf den Kopf stellen, scheint es geraten, sich noch einmal anderweitig nach klärenden Beispielen umzusehen, und, in der Tat, was uns eben noch ein sonnenklarer Fall schien, entpuppt sich unvermutet als ein überaus zweifelhafter.

So treten in der Kurzgeschichte *Die Elbe* der «Hunger und das Heimweh» fast wie zwei unzertrennliche Fahrtkameraden auf, gefolgt von der wiederum durch den Stabreim abgesegneten Freundschaftsbindung «Hunger und Hoffnung». An anderer Stelle ist von einem «Tier Hunger» die Rede, was auch nicht bloß mit Kohldampf zu tun hat, sondern eher in genossenschaftlicher Nähe zu dem «Tier Heimweh» und dem «Tier Ich» zu sehen ist. Auch in der autobiographischen Erzählung *Im Mai im Mai schrie der Kuckuck* assoziiert frei schweifendes Liebessehnen augenblicklich den bekannten Mischakkord als «Hunger und Heimweh nach einem offenen Fenster». Damit zeigt der Hunger sich uns nicht nur von einer unerwartet positiven Seite, er rangiert im Borchertschen Wertsystem offenbar an einer obersten Stelle und bedeutet in einer von satter Behäbigkeit und sturem Bremsertum behinderten Welt einen unverzichtlichen Elan vital und großmächtigen Beleber und Ingangsetzer. Aus dem Gegensatz heraus betrachtet – heißt im Hinblick auf die von ihm Verschonten –, nimmt der Hunger vollends die Züge eines idealen Reisebegleiters an. Satt, saturiert und vollgefressen erscheinen bei Borchert ja nicht nur Beckmanns erklärte Gegenspieler, der Kabarettdirektor und der Oberst. Als eine zeichensetzende Allegorie der Überfressenheit tritt schon im Vorspiel der Tod auf die Szene – kein erbarmungswürdiges Knochengerippe hier, sondern ein rülpsender und an Verdauungsbeschwerden leidender Beerdigungsunternehmer.

Der alte Mann (nicht jämmerlich, sondern erschüttert): Kinder! Kinder! Meine Kinder!

Beerdigungsunternehmer: Warum weinst du denn, Alter?

Der alte Mann: Weil ich es nicht ändern kann, oh, weil ich es nicht ändern kann.

Beerdigungsunternehmer: Rums! Tschuldigung! Das ist allerdings schlecht. Aber deswegen braucht man doch nicht gleich loszulegen wie eine verlassene Braut. Rums! Tschuldigung!

Der alte Mann: Oh, meine Kinder! Es sind doch alles meine Kinder!

Beerdigungsunternehmer: Oho, wer bist du denn?

Der alte Mann: Der Gott, an den keiner mehr glaubt.

Beerdigungsunternehmer: Und warum weinst du? Rums! Tschuldigung!

Gott: Weil ich es nicht ändern kann. Sie erschießen sich. Sie hängen sich auf. Sie ersaufen sich. Sie ermorden sich, heute hundert, morgen hunderttausend. Und ich, ich kann es nicht ändern.

Beerdigungsunternehmer: Finster, finster, Alter. Sehr finster. Aber es glaubt eben keiner mehr an dich, das ist es.

Gott: Sehr finster. Ich bin der Gott, an den keiner mehr glaubt. Sehr finster. Und ich kann es nicht ändern, meine Kinder, ich kann es nicht ändern. Finster, finster.

Beerdigungsunternehmer: Rums! Tschuldigung! Wie die Fliegen! Rums! Verflucht!

Gott: Warum rülpsen Sie denn fortwährend so ekelhaft? Das ist ja entsetzlich!

Beerdigungsunternehmer: Ja, ja, greulich! Ganz greulich! Berufskrankheit. Ich bin Beerdigungsunternehmer.

Gott: Der Tod? Du hast es gut! Du bist der neue Gott. An dich glauben sie. Dich lieben sie. Dich fürchten sie. Du bist unumstößlich. Dich kann keiner leugnen! Keiner lästern. Ja, du hast es gut. Du bist der neue Gott. An dir kommt keiner vorbei. Du bist der neue Gott, Tod, aber du bist fett geworden. Dich hab ich doch ganz anders in Erinnerung. Viel magerer, dürrer, knochiger, du bist aber rund und fett und gut gelaunt. Der alte Tod sah immer so verhungert aus.

Tod: Na ja, ich hab in diesem Jahrhundert ein bißchen Fett angesetzt. Das Geschäft ging gut. Ein Krieg gibt dem andern die Hand. Wie die Fliegen! Wie die Fliegen kleben die Toten an den Wänden dieses Jahrhunderts. Wie die Fliegen liegen sie steif und vertrocknet auf der Fensterbank der Zeit.

Gott: Aber das Rülpsen? Warum dieses gräßliche Rülpsen?

Tod: Überfressen. Glatt überfressen. Das ist alles. Heutzutage kommt man aus dem Rülpsen gar nicht heraus. Rums! Tschuldigung!

Gott: Kinder, Kinder. Und ich kann es nicht ändern! Kinder, meine Kinder! *(geht ab)*

Die Allegorie vom vollgefressenen Tod ist keine literarische Erfindung Borcherts. Einen «Feisten Tod» gab es schon einmal in Hans Henny Jahnns *Neuem Lübecker Totentanz* von 1931, und auch dieser verdankte seine monströse Gewichtigkeit dem neuen, industrialisierten Massenmord. Interessant scheint bei Borchert aber doch, daß sich der fette Spuk im weiteren Verlauf des Dramas zunehmend personalisiert und in der Figur des Obersten ein beinahe schon unheimlich vertrautes Aussehen annimmt. Die Eröffnung der Szene leitet zielstrebig und mit gestischen Gleichsetzungszeichen auf die unterstellte Wahlverwandtschaft zu. Es wird gespeist. Der ausgehungerte Beckmann platzt mit einem sarkastischen «Guten Appetit!» in die geschlossene Veranstaltung hinein und – was uns im Verlauf unserer kleinen Untersuchung immer mehr zur Gewißheit geworden ist, wird nun auch theatralisch zum Ereignis: Dort wird gefressen – und hier kommt die Moral. Daß ein abgerissener Desperado einem faltenlos ins bürgerliche Nachkriegsleben integrierten Obersten so etwas Abstraktes wie die «Verantwortung» zurückbringen will, muß diesem als die pure Absurdität vorkommen. Der von Beckmann mit allen Anzeichen der Verstörung zum besten gegebene Alptraum von einem (wiederum «äußerst fett» genannten) General, der auf einem menschlichen Gerippe Xylophon spielt, will ihm gerade noch als Kabarettnummer aufgehen. Als der Oberst – übrigens gar keine häßliche Karikatur, sondern eher ein Bonvivant und Anpassungskünstler – dem aufgewühlten Beckmann dann noch ein paar wohlgemeinte Ratschläge fürs wirkliche Leben mit auf den Weg geben will, ist es allerdings mit dem Mittagsfrieden vorbei, ist scheinbare Ruhe dahin, und unmißdeutlich wird die Genreszene zum Tribunal.

Oberst: O mein Gott!!! *(lacht mit Tränen in den Augen und pustet)* Ich hatte ja im ersten Moment gar nicht begriffen, daß Sie so eine komische Nummer bringen wollten. Ich dachte wahrhaftig, Sie hätten so eine leichte Verwirrung im Kopf. Hab doch nicht geahnt, was Sie für ein Komiker sind. Nein, also, mein Lieber, Sie haben uns wirklich so einen reizenden Abend bereitet – das ist eine Gegenleistung wert. Wissen Sie was? Gehen Sie runter zu meinem Chauffeur, nehmen Sie sich warm Wasser, waschen Sie sich, nehmen Sie sich den Bart ab. Machen Sie sich menschlich. Und dann lassen Sie sich vom Chauffeur einen von meinen alten Anzügen geben. Ja, das ist mein Ernst! Schmeißen Sie Ihre zerrissenen Klamotten weg, ziehen Sie sich einen alten Anzug von mir an, doch, das dürfen Sie ruhig annehmen, und dann werden Sie erstmal wieder ein Mensch, mein lieber Junge! Werden Sie erstmal wieder ein Mensch!!!

Beckmann (wacht auf und wacht auch zum erstenmal aus seiner Apathie auf): Ein Mensch? Werden? Ich soll erstmal wieder ein Mensch werden? *(schreit)* Ich soll ein Mensch werden? Ja, was seid ihr denn? Menschen? Menschen? Wie? Was? Ja? Seid ihr Menschen? Ja?!?

Mutter (schreit schrill und gellend auf; es fällt etwas um): Nein! Er bringt uns um! Neiiin!!! *(Furchtbares Gepolter, die Stimmen der Familie schreien aufgeregt durcheinander)*

Schwiegersohn: Halt die Lampe fest!

Tochter: Hilfe! Das Licht ist aus! Mutter hat die Lampe umgestoßen!

Oberst: Ruhig, Kinder!

Mutter: Macht doch mal Licht!
Schwiegersohn: Wo ist denn die Lampe?
Oberst: Da. Da ist sie doch schon.
Mutter: Gott sei Dank, daß wieder Licht ist.
Schwiegersohn: Und der Kerl ist weg. Sah mir gleich nicht ganz einwandfrei aus, der Bruder.
Tochter: Eins, zwei drei – vier. Nein, es ist alles noch da. Nur der Aufschnitt-Teller ist zerbrochen.
Oberst: Zum Donnerwetter ja, worauf hatte er es denn abgesehen?
Schwiegersohn: Vielleicht war er wirklich bloß blöde.
Tochter: Nein, seht ihr? Die Rumflasche fehlt.
Mutter: Gott, Vater, dein schöner Rum!
Tochter: Und das halbe Brot – ist auch weg!
Oberst: Was, das Brot?
Mutter: Das Brot hat er mitgenommen? Ja, was will er denn mit dem Brot?

Eine Szene wie aus dem Tollhaus, aber für die Gewissensprüfungsdramaturgie des Nachkriegs gar nicht so ungewöhnlich. Ein Beschädigter und Schlechtweggekommener versucht einem von Gewissensskrupeln oder Schuldgefühlen nicht im mindesten beleckten Verdrängungskünstler die moralischen Leviten zu lesen, eine Bekehrungsnummer, die normalerweise nicht nur auf der Bühne schiefgeht. Es ist hier sogar noch ärger. Der idealistische Bußprediger steht am Ende als ein ganz gewöhnlicher Gelegenheitsdieb und Gesetzesbrecher da, als welcher er wohl auf ewig und drei Tage in der Erinnerung der Obristenfamilie weiterleben wird.

Daß etwas Spirituelles sich gelegentlich aufs handgreiflichste versachlichen, beziehungsweise Geistiges sich in etwas so Bescheidenem wie einem Stück Brot materialisieren kann, gehört bei Borchert gleichwohl zu den feineren Geheimnissen einer ständig präsenten Verwandlungsdramaturgie. Wer ihm erst einmal auf die Schliche gekommen ist, entdeckt freilich allenthalben solche Zeichen insgeheimer Transsubstantiationsprozesse, in denen sogenannte höhere Werte unvermutet auf den Namen von einfachen Nahrungsmitteln hören und, umgekehrt, die schlichtesten Futteralien in den Rang von bedeutenden humanen Symbolisationen aufrücken. Da das Wort HUNGER bei ihm sozusagen zu den Urwörtern gehört – die nach Sigmund Freud immer ambivalent zu betrachten sind –, kann ein «Teller Suppe» zum Beispiel soviel wie «Heimat» bedeuten und «eine Handvoll Haferflocken» oder ein «Strich Margarine» so etwas wie «Liebe», «Güte», Zuwendung und einen Hauch von überirdischem Daseinsglück. In solchen Zusammenhängen verdreht sich aber auch die Slapsticknummer mit dem Obersten überraschend zur Schwarzen Messe. Einer, der auszog, einem ehemaligen Übergeordneten/Vorgesetzten die «Verantwortung» zurückzubringen, bedient sich im Gegenzug der erwünschten Viktualien, nennen wir sie einmal BROT und WEIN, was dann auch wieder Manna, Nektar und Ambrosia heißen kann, beziehungsweise Lebensstoff und Himmelsspeise in einem.

Werner Riegel – «beladen mit Sendung, Dichter und armes Schwein»

Als Arno Schmidt seinen Romanen noch versifizierte Widmungen vorausschickte, konnte man in der Erstausgabe des *Steinernen Herzens* folgende erstaunliche Gedichtzeilen lesen: «Wehe die wankenden Reihen des Geistes! : / Brecht stirbt; Benn ist tot; macht ein Kreuz hinter Riegel.» Das bemerkenswerte Memento – ein junger Unbekannter Seite an Seite mit den großen Hingeschiedenen des Jahres 1956 – ergänzt sich uns durch eine nicht minder bewegende Stelle in Kurt Hillers Memoirenband *Leben gegen die Zeit* von 1969. «Am häufigsten schrieb ich zwischen 1949 und 1955 im *Vorwärts*, dem damals von Gerhard Gleißberg geleiteten Zentralorgan der Sozialdemokratie. In den frühen bis mittleren fünfziger Jahren auch an der (hektographierten) sehr geistgeladenen und tapferen Zeitschrift *Zwischen den Kriegen*, die der junge Danziger Werner Riegel herausgab, ein Talent nicht nur, sondern vor allem ein Charakter; schrecklicherweise starb er ganz jung, 1956 mit 31 Jahren.» Das sind immerhin erstaunliche Zeugenaussagen. Ein rasanter politischer Publizist (auch ehemals Wortführer und Promotor der expressionistischen Bewegung) und der bedeutendste Prosaautor der deutschen Nachkriegsliteratur einigen sich auf einen Namen, der Mitte der Fünfziger gerade hundert oder zweihundert Leuten etwas sagte, den Lesern der Zeitschrift *Zwischen den Kriegen*, und dessen mittlerweile ziemlich verdunkeltes Bild vielleicht am besten durch ein paar persönliche Erinnerungen aufzulichten ist.

Als ich Riegel kennenlernte – 1951 und insofern in der Gründerphase unseres ersten Restauratoriums –, war er ein junger Mann von 26 Jahren, Schreiber von Bänkelliedern und Gelegenheitsfeuilletons aus Neigung, Bürobote von Beruf und aus Not, und was uns dann für eine ganze Weile zusammenband wie ein literarisches Dioskurenpaar, war das gemeinsame Verlangen nach einer eigenständigen und durch keine weltliche Macht genierte Zeitschrift. Sie sollte der Publikation von Gedichten dienen, zumal unserer eigenen aus dem seinerzeitigen Rahmen fallenden, aber auch der Verbreitung von politischem Widerstandsgeist. Sie war als Tribüne für junge unerhörte Talente gedacht, aber auch als poetologisches Leitorgan für die zahlreich und ziellos zwischen unterschiedlichsten Literaturtheorien herumirrenden Einzelgänger. Sie formulierte sich aktivistisch und verbesserungsbesessen, wo es um den immerwährenden Kampf für den ewigen Frieden (und den aktuellen gegen die bundesdeutsche Wiederaufrüstung) ging, und konnte die verhängnisvolle Entwicklung der deutschen Dinge doch nicht einfach mit dem Aufklärwedel aus dem Bewußtsein scheuchen, weshalb sie sich schließlich, halb fatalistisch und halb überlebenswütig, *Zwischen den Kriegen – Blätter gegen die Zeit* nannte. Was ihr an vaterländischer Gesinnung scheinbar abging, wurde durch ein erklärtes literarpatriotisches Engagement sicher mehr als wettgemacht. «Deutscher Expressionismus», das war für uns immer auch eine heimatliche Erkennungsmelodie, in der wir uns nach den Längs- und Querverwerfungen der deutschen Nationalgeschichte ungebrochen wiederfinden konnten. Das heißt, so naht- und bruchlos natürlich auch wieder nicht, denn wenn wir es statt mit den neuen Erfolgsautoren lieber mit den Vergessenen und Verfolgten hielten, war die Dissonanz zur bundesdeutschen Nachkriegsgesellschaft gewissermaßen programmatisch vorgegeben.

Wo junge Außenseiter unterschiedlicher Herkunft sich unter einem gemeinsamen Götterhimmel wiederfinden, weht im erbaulichsten Fall ein Geist der wettbewerblichen Konspiration. Während Riegel, und das noch im Kriege, die Bekanntschaft zu Kasimir Edschmid gesucht hatte (er hatte einen Fronturlaub genutzt, dem Idol in seiner Darmstädter Wohnung zu huldigen), konnte ich ihm immerhin mit ersten Publikationen in Döblins *Goldenem Tor* imponieren. Während ich auf ziemlich frühe und, nach einigen Mißverständnissen, durchaus herzliche Verbindungen zum Hause Hans Henny Jahnn verweisen konnte, gebot Riegel über eine damals absolut unvergleichliche Bücherwand mit den kostbarsten expressionistischen Erstausgaben und fast schon jenseitigen Exklusivdrucken. Die für mittellose Verrückte damals gerade noch eben erschwingliche Kurt-Wolff-Reihe mit den aufgepappten Titeletiketten so lückenlos vorhanden wie die Serienpublikation *Der rote Hahn* mit des Jakob van Hoddis' *Weltende* oder Otto Freundlichs *Aktive Kunst*. Die großen Anthologien des Aufbruchs (Von Kurt Hillers *Condor* über Rubiners *Kameraden der Menschheit* und Wolfensteins *Erhebung* bis zu Pinthus' *Menschheitsdämmerung*) so selbstverständlich zur Hand wie Kasimir Edschmids *Tribüne der Kunst und der Zeit* oder Schickeles *Weiße Blätter* oder Alfred Richard Meyers *Lyrische Flugblätter* oder *Die Silbergäule* aus dem Paul Stegemann Verlag, Hannover. Aber natürlich war damit nicht Schluß, sondern reihte sich fort und zog sich wie das Spektralband einer imaginären Genossenschaft durch die Regale hin: Das Verbotene und Verbrannte von damals, das in unseren neuen Gründerjahren dann noch einmal verdrängt und vergessen wurde; und das schlagende Argument, mit dem Riegel einem Besucher einmal sein Sammelprinzip erklärte, ist mir auch heute noch nicht aus dem Sinn: «Da haben die Nazis schon genau die richtige Vorauswahl für uns getroffen.»

Ein Jäger, Sammler und glücklicher Finder war auch ich mein Leben lang gewesen, aber Riegel war doch entschieden der Mann mit dem schärferen Objektiv und einem unvergleichlich feinen Nerv für das antiquarische Beschaffungswesen. Auf seinen Botengängen durch die Hamburger Innenstadt setzte er sich oft mehrmals täglich in die Asservatenkammern der Buchhandlungen Hennings, Thiergard, Simon, Frensche und Laatzen ab, immer auf der Suche nach verschollenen Logenbrüdern und heimlichen Geistesverwandten. Sein Verhältnis zu Büchern war dabei kein eigentlich bibliophiles, das heißt nostalgisch unfruchtbares. Bücher entfalteten sich ihm unter der Hand wie wahrhaftige Lebewesen, Flügelwesen, die erfreut schienen, gerade von ihm entdeckt und erobert worden zu sein. Selbst im empfehlenden Weitervermitteln – wenn ein Text sich ihm beim Vorlesen zusehends beatmete – spürte man ein seltsam augurisches Einverständnis zwischen dem gedruckten Wort und seinem Propheten und Ausbreiter, ein Beziehungszauber, der oft genug auf den Adressaten übergriff und aus Zuhörern Mitverschworene machte.

Riegel war ein Magus des Bücherwesens, ganz ohne Zweifel, und wenn die Fafnire der Antiquariatsbuchhandlungen ihm ihre Schatztruhen meist schon vor der Preisauszeichnung eröffneten, so war auch das ein Zeichen. Daß etwas Besonderes an ihm war, mochten selbst die nüchternen Geschäftsführer der Firma Arnold Otto Meyer (Südfrüchte, Häute, Gewürze) herausgespürt haben, die ihm mehr als einmal eine weiterführende Laufbahn als Prokurist zu ebnen suchten; nur daß Laufbahndenken so gar nicht auf seiner Linie lag und die eigenen Abenteurerfährten durch die Boukinistenreviere ihm verlockender schienen als die Aussicht auf eine bürgerliche Karriere im Im- und Exporthandel. Anziehend und bewundernswert fand ich damals beides, seine hohe Selbsteinschätzung als literarisches Medium zwischen Genien- und gemeiner Menschenwelt und diese äußerste Bedürfnislosigkeit in allen Alltagsdingen. Vermutlich habe ich niemals vor ihm und auch nachher nie wieder einen lebenden Dichter getroffen, der sich derart selbstverständlich und perfekt in eine Doppelrolle fügte – hier der Büro- und dort der Götterbote –, wobei der gewaltige Anspruch nicht den geringsten Beigeschmack von Dünkel hatte. Was er vor uns wißbegierigen Freunden ausbreitete wie eine frisch an Land gezogene Wahrheit, das hatte er sorgsam studiert und bis auf den Grund gelesen. Wogegen er sich wandte und was er dann mit Lust auf die gefährlich geschärfte Feder nahm, das konnte gewiß sein, daß er es bis in die letzten Intimitäten eines schief angesetzten Gedankens durchschaut hatte. Reelles Wissen, positive Kenntnisse, im Alleingang ergrabene Fakten und ein gegen das allgemeine grandiose Drüberhin der Fortschreibungswissenschaften ermitteltes Zahlenmaterial war das Basiskapital, mit dem er wucherte, und daß er es stets für die gemeinsame Sache und niemals gegen unbeschlagene Kameraden verwandte, verschaffte ihm in unserem kleinen Glaubenszirkel bald die Aura einer unfehlbaren Autorität.

Als autodidaktischer Privatgelehrter verkörperte Riegel sozusagen die edelste Form des kleinen Privat- und Einzelunternehmers. Aus bescheidenen sozialen Verhältnissen stammend – der Vater war Handlungsgehilfe, die Mutter Hausfrau; zwei Geschwister waren noch mitzuernähren und hochzuziehen gewesen –, hatte kleinbürgerliches

Aufstiegs- und Bildungsstreben bei ihm schon früh eine Wendung zu geistigen Höhenflügen genommen. Vorzeitig hatte er lesen gelernt, aus eigenem Antrieb und indem er sich Buchstaben aus einer Zeitung ausschnitt und sie probeweise wieder zu neuen Wörtern zusammenfügte. Noch im Knabenalter von acht, neun, zehn Jahren hatte der Vater ihn mit Haeckels *Welträtseln* und Goethes *Faust* bekannt gemacht, was ja gemeinhin auch nicht ohne Folgen bleibt. Nur daß die Zeitläufte dann sehr bald zu Kriegsläuften wurden und das so benamste «Professorchen» in die «Schule des Lebens» abkommandiert wurde, die für seine Generation vor allem eine Schule des Sterbens war.

Auskunft über die unfreiwilligen Irrfahrten eines jungen Intellektuellen vom Jahrgang 1925 geben zwei winzige Notizbüchelchen mit Tagebucheintragungen. Danach ist Riegel am 28. August 1943 eingezogen und auf lothringischen und pfälzischen Truppenübungsplätzen für den Krieg zurechtgeschliffen worden, um zunächst in Mittelitalien und später an verschiedenen französischen Frontabschnitten eingesetzt zu werden. Mindestens so aufregend wie die lakonisch mitnotierten Kriegserlebnisse (Jabo-Angriffe, Panzerschlachten, Trommelfeuernächte im Schützenloch, Artillerieüberfälle, Späh- und Stoßtruppunternehmen, Fahrt auf eine Mine, zwei Verwundungen) scheinen mir allerdings die immer unkonformen Nebenbemerkungen eines späteren Zeit- und Gesellschaftskritikers. Besonders die Eröffnung des Tagebuches vom Januar 1944 reißt auf einen tollkühnen Zug den persönlichen Abweichungswinkel auf: «Tag für Tag im Bitsch-Lager (Truppenübungsplatz in Lothringen). Sturer, mal leichter, mal schwerer Dienst. Oft interessante, öfter aber hassenswerte LMG-Ausbildung bei Unteroffizier S., der zum Inbegriff des starren preußischen Drillers wird. Reminiszenzen aus Remarques Himmelstoß-Episoden. Neue Freunde, so z. B. H. aus Köln-Bad Kreuznach und L. aus Laudan. Der eine Schüler, der andere Chemiestudent, beide fanatische Gegner der herrschenden Idee.» Solche lebensgefährlichen, weil direkt an das zentrale Nervensystem des braunen Obrigkeitsstaates rührende Stellen müssen zwar im weiteren Verlauf des Tagebuches notgedrungen in den Hintergrund treten, aber ein gewisser zäh verneinender Widerstandsgeist und kritisches Herumgeschmirgel an den nationalsozialistischen Tugendidealen bilden dennoch einen bleibenden roten Faden bis zu den letzten Aufzeichnungen im Mai 1945.

Was der Tagebuchschreiber haßt und verachtet, sind chauvinistische Großmäuligkeit, Rekrutenschinderei und Mangel an Zivilcourage («Leck mich am Arsch, Herr Feldwebel. 3 Tage Bau»). Was ihm immerhin der Aufzeichnung wert scheint, sind Hinweise auf geheime Informationsquellen, sprich die sogenannte «Feindpropaganda» («27.7. 1944: Radio Beromünster. Hier spricht der amerikanische Sender für Europa» – «21.10: Interessante Flugblätter»). Was bei dem geringen zur Verfügung stehenden Platz verwunderlich ist, sind die zahlreichen Eintragungen im Hinblick auf Jazz, Swing und «Negermusik». («20.4. Hitlers Geburtstag. London bringt Negermusik» – «27.4. Anni tanzt Swing» – «22.5. Der Jazzlui» – «7.9. Ich finde Rumbaplatten» – «31.8. Alix Chambelle et le Jazz de Paris» – «21.1.45. Mississippi-Melody»). Was sich gegenüber dem Schlachtgetöse und dem täglichen Todesgrauen allerdings am deutlichsten als Gegenmelodie behauptet, ist das nicht enden wollende und von Station zu Station sich neu eröffnende Bedürfnis nach Geist, nach Büchern, nach Lektüre: «15.3. 1944. Gibt es in Meran denn keine Bücher?» – «15.5. Ankunft in Danzig. Sofort zur Stadtbibliothek.» – «18.6. Leihbücherei. Ich lese wieder Interessantes. Manfred Hausmann. ‹Aufstand der Fischer von St. Barbara›. Edschmid schreibt.» – «6.10. Ich finde Arsène Lupin 813.» – «18.11. Körrenzig/Jülich Welo: Ich suche Bücher.» – «28.1.1945. Sonntags im BVD-Heim. Der Schrei nach dem Buch!»

Bei einem Dichter geht nichts verloren, ein Gedanke, der gegenüber dem mörderischen Verlustgeschäft der Geschichte fast schon wieder etwas Tröstliches hat. Oder er tritt doch verwandelt und vielfach umgearbeitet wieder hervor, als ein zwanghaftes Ausderrichtungweichen seiner Bilder und Metaphern oder unermüdlich aus der Tiefe in die Oberfläche wirkendes Ressentiment. In seinem schönen Aufsatz *Vorwelt der Verse* berührt Riegel mit leichter Hand und fast nur im Vorüberwehen solche frühen Prägungen, die dem Jugendlichen in einer östlichen Landschaft zuteil wurden, und die nicht minder nachhaltigen, die der brutal egalisierende Marschstiefel in seinem Bewußtsein hinterließ. «Ich bin über dreißig, genug um mitreden zu können. Was die Zeit nahm ist eins, was sie gab, das andere. Ich gehöre einer Generation an, die der Erde nah war, sie ist großenteils auch wieder zu Erde geworden, noch vor dem Leben; mich ließ es ein. Ich trage mit mir herum, was unsere Jahre damals zu tragen gaben: Landschlachten, Nah- und Häuserkämpfe, die zerschlissenen Baumstümpfe, das Blut, das seine Bestimmung verfehlte, die brandigen Himmel hinter den brennenden Dächern. Zeit ist in mir und wird in die Zeilen strömen wie der Rauch der Feuer in die Winde, ‹Die Hamadryade im Hürtgenwald steigt aus der Feuchten Erde›.»

Die dem mythologisch Unbewanderten vielleicht ein wenig hergeholt erscheinende Hamadryade (eine Baumnymphe also) möchte dabei natürlich genau den Fremdkörper abgeben, den sie im geschändet-zerschossenen Hürtgenwald mit seinen «zerschlissenen Baumstümpfen» wirklich darstellt. Das kritische Nebeneinander von mörderischer Zeitgeschichte und feenhaften oder mythologischen Naturbildern gehörte für Riegel schon früh – das heißt längst vor der Lektüre von Loerkes, Benns oder Lehmanns Gedichten – zu den alltäglichen Wahnsinnsvorstellungen, wovon das Tagebuch sinnfällig Kunde gibt. So findet sich im Anhang zu den Aufzeichnungen nicht nur eine Kartenskizze mit dem aktuellen Frontverlauf («Der amerikanische Frankreichfeldzug»), sondern auch ein säuberlich gezeichneter Stammbaum des griechischen Göttergeschlechts, was den alten Olympos ziemlich schartig gegen den von Mündungsfeuern und Leuchtspurgarben zerrissenen Kriegshimmel stehen läßt. Zur Vorwelt der Verse müssen wir jedenfalls beides rechnen. Ein junger Geistmensch mit nichts als Literatur im Kopf (wenn auch nicht gerade dem sprichwörtlichen Hölderlin im Tornister) muß erfahren, daß die im Lesen erlebte Welt nicht im mindesten mehr mit der zur Zerbombung freigegebenen zusammenhängt, und jeder scheinbar rüde Bildbruch, jede kreischende Katachrese der Gedichte ruft noch einmal diesen tief erlittenen Widerspruch herauf.

Trotzdem war, ehe wir uns kennenlernten, Expressionismus nicht eigentlich eine nacheifernswerte literarische Methode für ihn, sondern ein mit Fleiß und Liebe verfolgter Studiengegenstand. Schon in den späten vierziger Jahren hatte er sich an die Vorarbeiten zu einer modernen Literaturgeschichte gemacht und mit autodidaktischer Zähigkeit versucht, dem streckenweise auf reichlich tönernen Füßen ruhenden Lehrgebäude eine Basis aus haltbaren bibliographischen Angaben einzuziehen. Der gar nicht so kleine Nachlaß rekrutiert sich dementsprechend vornehmlich aus stramm gestopften Zettelkästen mit zahllosen Karteikärtchen und unendlich pingelig verzeichneten Spezialdaten. So absonderlich wie zu Anfang erscheint mir diese melioristische Bodenarbeit freilich heute nicht mehr. Wer es sich in den restaurativ durchdunsteten Nachkriegsjahren zur Aufgabe genommen hatte, einen Augiasstall auszumisten – und das war die beinah problemlos aus völkisch-antisemitischen Landwehrkanälen ins atlantisch-antikommunistische Fahrwasser überwechselnde Literaturwissenschaft immerhin –, der hatte den Fälschern vom Fach zuerst einmal zu beweisen, was redliche Forschungsarbeit war, ein herkuleisches Unternehmen, auf das Werner Riegel viele Jahre seines jungen Lebens verwendet hatte. Von Vorteil für die gemeinsam von uns vertretene Sache war Riegels pedantische Fußnotenfuchserei in jedem Fall. Während wir studentische Gesinnungssozialisten uns in der öffentlichen Diskussion nur immer mit Gewissensgründen hatten zur Wehr setzen können, konnte Riegel uns jetzt mit den fehlenden Zahlenangaben und Zitaten versorgen, was unsere wackelige Stellung in der Welt natürlich mächtig festigte.

Von seinen literarischen Methoden und von seinem Arbeitsbegriff her schien uns Riegel poeta doctus in seiner reinsten Ausprägung. Äußerlich ein wenig an den Typus des jungen Gelehrten erinnernd, wie wir ihn aus chinesischen Opern kennen, hatte auch seine Physiognomie etwas asiatisch Ruhevolles, ein von innen her erleuchtetes Leselampengesicht, von dem nur die Lausbubenohren drollig deutsch und frechverwegen abstachen. Ein Vagant und Außenseiter war er ja wirklich nur im Geiste. Als literarischer Schreckensmann und Exzentrikkünstler trat er, mit Vorsatz, nur im Medium in Erscheinung. Papier war seine Basis und *Zwischen den Kriegen* seine Bühne, von der aus er in die Welt hineingewitterte, daß bei der neudeutschen Bürgerlichkeit öfter als einmal die Sicherungen durchbrannten. *Mit Pornosophie gegen die Zeit – Kein philosophisches oder literarisches Phänomen, sondern ein psychiatrisches – Ihre Zeitschrift ist für mich eine Manifestation des Teufels – Jung und revolutionär? Mitnichten, vergreist und verlogen*, das waren so die üblichen Reflexe, mit denen wir seinerzeit zu rechnen hatten, aber natürlich, wir hatten es darauf angelegt und wetteiferten in dem Bemühen, solche Blitze auf unser Haupt zu lenken. Peinlich für den peinlichst auf eine larvenhafte Außenschale bedachten Kleinbürgerdarsteller (bis auf die reichlich langen Haare der vollendete Clerk mit Schlips, enganliegendem Baumwollhemd und gebügelter Gabardinehose) wurde es nur einmal, als ein leitender Herr der Firma eine Nummer der Zeitschrift *Zwischen den Kriegen* in Riegels Büroschublade entdeckte und – «Wir haben da Gedichte in Ihrem Schreibtisch entdeckt, Herr Riegel... Wie kommen Sie nur dazu, solchen Unrat zu Papier zu bringen, Sie haben doch Familie» – die totale Entgeisterung der normalen Geschäftswelt wie ein Alptraum in sein heimliches Poetendasein einbrach.

Allerdings hatte Riegel Familie: eine junge Frau, die an seine literarischen Träume wirklich glaubte (was unter Geistesmenschen längst nicht immer Regel ist); ein wohlerzogenes Söhnchen, dem schon früh der Respekt vor Vaters Schreibtisch eingebleut worden war und das wohl oder übel die Spielregeln im Hause eines Wort- und Gedankenspielers befolgen mußte; ein gemütliches, aber äußerst beengtes Heim, das aus einem einzigen 40-m²-Wohn-Schlaf-Hausarbeits-Studier- und Empfangszimmer bestand und das wirklich nur mit preußischem Ordnungsreglement in einem bürgerlichen Rahmen gehalten werden konnte. Haushälterisch, wie die Not es erzwang, war auch Riegels Zeit- und Arbeitseinteilung. Schreiben konnte er nur, wenn er sich innerlich vor der Welt verschloß, das heißt vor dem allabendlichen familiären Gemuse mit Hausarbeit, Kinderpflege, Kochen, Waschen, Bügeln, oder wenn er zu nachtschlafender Zeit mit sich und seinem Schreibtisch allein war. Dann brachte er mit feiner Brause-Stahlfeder zu Papier, was ihm auf seinen Botengängen alles durch den Kopf gegangen war, Gedichtstrophen, Essays, raumgreifende und Zeiten und Epochen überspannende Literaturtheorien oder lyrisch-kosmologische Rechtfertigungen des Bewußtseinskünstlers als eines neuen Zusammenhangstifters und Weltenschöpfers. Zusammenhangstifters auf Abruf, muß ich allerdings sofort hinzufügen, denn wenn Riegels, wenn unser Schreiben von einer wirklichen Zwangserscheinung begleitet war, dann war es der Verfolgerschatten einer äußerst kurzen Lebensfrist zwischen Verhängnis und Verhängnis.

«Integration. Und die Abende über Kristallen
– Und sonderbar süße Gezeiten – von Syntax und Substantiv.
Nun mögen die Schwaden steigen, die Scherben hintüberfallen,
Und schweife der Mond, den ich bilde und abermals widerrief.»

Daß auch unsere Redaktionskonferenzen in diesem Allzweckraum stattfanden, war selbstverständlich, aber was hieß in unserem Rahmen schon «Konferenzen». Es waren nächtliche Geistergespräche, an denen als unaufdringliche Zeugen allenfalls Frau Lilo und meine Freundin Almut Bock teilnahmen, weiß der Himmel, wie wir als einzelne sonst den Mut gefunden hätten, mit unseren übersteigerten Ansprüchen vor die Welt zu treten. Andererseits entwickeln sich auch die groß angelegten Ideen zuweilen aus solcher zwangloser Geselligkeit, und manche poetische Erfindung (siehe Gottfried Benns *Morgue*-Gedichte, siehe *Das Weltende* des Jakob van Hoddis, siehe auch die frühen Kartengrüße Arno Schmidts an den Schulfreund Heinz Jerofsky) hat ihre heimlichen Wurzeln in einem Jugendspaß, einem Künstlerulk, Studentenscherz. Da ich mich selbst aus diesen frühen Zusammenhängen nicht ganz herausnehmen kann, darf ich hier vielleicht einmal zum besten geben, wie es zur Titelschöpfung des Richtungsnamens «Finismus» kam. Daß wir Richtung, Bewegung, literarische Gruppierung sein oder werden wollten, stand für uns überhaupt nicht in Frage. Daß wir unsere löchrigen Reihen (neben uns, wenn auch nicht strikt mit uns auf einer Linie, die Literaten Klaus Röhl, Albert Thomsen, Richard Anders, Norbert Reinhardt, Eugen Brehm und Kurt Hiller; und als Graphiker Horst Sikorra, Rolf Wernitz und Wolfgang Hartmann) freizügig mit Heteronymen auffüllten, machte uns auch keine großen Kopfschmerzen – das Kopfzerbrechen ging erst später bei den Auseinanderdividierern an. Was uns bis zu unserer dritten Nummer allerdings fehlte, war ein einprägsamer Name, eine richtungweisende Parole, und die fiel mir – nicht schwierig, das nach 35 Jahren zu gestehen – auf der Toilette ein. Wir hatten getafelt, Käse- und Blutwurstschnitten, die uns Frau Riegel zubereitet hatte; auch der Ananas gehörig zugesprochen, die der Bürobote unentgeltlich aus der Firma bezog; als wir dann allerdings beim Kapwein angelangt waren und ich mich kurz um die Ecke empfehlen mußte, rief mir der immer nur an literarische Resultate denkende Riegel aufmunternd drängelnd nach: «Daß du mir aber nicht ohne eine epochale Prägung wiederkommst!» Als ich dann mit dem zwar nicht gerade epochemachenden, aber doch wohl Epoche ausläutenden Begriff «Finismus» wieder in die Runde trat, war des beifälligen Kopfschüttelns allerdings kein Ende. Auch des entzückten Abschmeckens und des assoziativen Fortspinnens nicht, und als im Februar 1953 unsere dritte Nummer erschien, wurde unsere gemischte Leserschaft zum erstenmal mit der «Lyrik der Finisten» bekannt gemacht. «Finismus ist kein Negativismus. Er verneint nicht, er bejaht das Ende», hatte Riegel noch als Motto an den Rand geschrieben, aber das war natürlich ein Scherz, denn in den folgenden Monaten wurde es – vorbehaltlich des immer geltenden Belustigungsauftrages der Künste – mit der Finismus-Debatte richtig Ernst. Daß wir regelrechte Verrückte waren – Kleinbürger, die von der Haynstraße-sieben-ganz-hinten aus in den Gang der Literaturgeschichte einzugreifen suchten –, erwähne ich nur nebenbei. Daß der Zeitschriftentitel *Zwischen den Kriegen* aber nicht bloß Jokus-Schnokus war und die Parole «Blätter gegen die Zeit» auch «Blätter gegen den Zeitgeist» hätten lauten können, möchte ich der nachgewachsenen Tango- und Tempojugend doch mit einem gewissen emphatischen Nachdruck ins Stammbuch gravieren. Was wir unter Finismus verstanden, hing aufs bedenklichste mit dem Lebensgefühl einer Generation zusammen, die sich ohnmächtig in ein Zeitalter zwischen die Kriege versetzt sah, einen totalen, den wir noch in den Knochen hatten, und einen final atomaren, der schon wieder Anlaß zu neuen Planspielen gab; und daß wir nicht nur der Vernichtungsangst zum poetischen Ausdruck verhalfen, sondern auch dem Haß auf die potentiellen

Vernichter, gab dem literarischen Finismus sein teils fatalistisches, teils aktivistisches Doppelprofil. So unerbittlich perspektivlos und illusionsarm, wie unsere eigenen Gedichte den Weltzustand widerspiegelten, durfte er eigentlich gar nicht sein, weshalb wir in unseren politischen Prosen die Unheilsgewißheit unserer Verse trotzig wieder in Frage stellten.

«Schizographie» war übrigens der Begriff, den Werner Riegel für unsere zweigeteilte Art zu schreiben gefunden hatte, und ich darf wohl sagen, er machte den Widerspruch erst richtig scharf. Wo wir das schwer vereinbare Gegeneinander konkurrierender Schreibantriebe oft genug als Selbstanfechtung erfahren hatten, begriffen wir sie nun als unzertrennliche Kombattanten. Wo die Entscheidungsqual, entweder dem Grauen vor der gens humana rückhaltlosen Ausdruck zu verleihen oder verändernd in die Tatsachenwelt hineinzufunken, uns manchmal bis zum Verrücktwerden zugesetzt hatte, verklärte Schizographie den Makel zur Methode und schrieb ihn als Pariazeichen in unseren Identitätspapieren fest. In den grandiosen, von eigenen Grandiositätsanwehungen sicher emporgetragenen Aufsätzen – *Vorwort zum Finismus; Ende und Erschütterung; Politik und Individuation* – hat Riegel immer wieder diesen kühnen Gedanken der gespaltenen Unteilbarkeit variiert, eine Vorstellung, die das berühmte «Verlorene Ich, zersprengt von Stratosphären» fast schon etwas rückständig erscheinen ließ, weil, wo das Soziale gar nicht erst mitgedacht wird, auch die Nervenspannung eigentlich im Niedervoltbereich verbleibt.

Daß wir von Benn viel gelernt haben, steht außer Frage, und wo hätte man sich in seinen Lehrjahren anders mit einem derartigen Gewinn verköstigen können. Zumal die *Gedichte* Riegels zeigen hier eine dem bewunderten Vorbild deutlich zugeneigte Schlagseite, aber das bildet gewissermaßen nur den ersten Eindruck, die bevorzugte Achtzeilerstrophe und den mythologischen Grundbaß betreffend. Heute, nach 35 Jahren Abstand und nach immer wieder neuen Realismen und neuen Wilden hat sich mit dem geschärften Sinn für bestimmte Wiederholungszusammenhänge der Moderne auch das Sensorium für die persönlichen Aneignungen und die weiterführenden Abweichungen verfeinert, Grund genug, noch einmal tiefer in die Riegelschen Verse von Ende und Erschütterung hineinzuhorchen. Aus dem Nichts kommen sie jedenfalls nicht, und Nihilismus-einfach hat auch nicht das letzte Wort. Den Gesang vom «gezeichneten Ich» dialektisch-dialogisch unterwandernd, mischt sich von Anfang an ein unverwechselbares Gruppenidiom ins Konzert, eine so vor uns noch nicht vernommene Melodei von gemeinsam ertragenen Zumutungen und gemeinsam zu genießenden Restbeständen, wobei die Erste-Person-Einzahl sich beziehungsvoll in den Pluralis sozialis ergießt. «Wir singen die Serenaden», «Wir gehen weiter vor im Ufergebüsch», «Wir, in Zahlen und Zunder gesenkt», «Wir waren, o Mensch, dein Herz, deine Tränendrüse», das bildet doch bereits von der sozialen Grammatik her einen ganz anderen Cantus firmus als die allenfalls zum geduzten Selbst vorangedrungene Gesprächsbereitschaft des «lyrischen Ich», und nur wer der Liebe nicht hat, der Menschen-, Welt- und Nächstenliebe, kann über diese gesellschaftliche Gebärdensprache hinwegsehen. Schon die poetischen Anfänge Riegels standen unter gänzlich anderen Sternen als der lyrische Solipsismus Benns:

Wenn der stinkbesoffene Dichter Riegel
aus der Hafenkneipe torkelt,
wenn der sehnsuchtskranke Schreier Riegel
in der Hurengasse ferkelt,
wenn der hungerarme Sternguck Riegel
Ranzspeck in der Pfanne spirkelt,
schaut er im zerschrammten
Kritzkratzspiegel
Stückchen der verdammten
Welt.

Faß der Welt unter den Rock, Dichter,
klopf die Welt mit dem Stock, Dichter,
doch hab sie lieb.
Spuck der Welt in das Gesicht, Dichter,
höhn die Welt im Gedicht, Dichter,
doch hab sie lieb.

Wenn das abgetriebne Holzfloß Riegel
in das Flußschlammdickicht heddert,
wenn den blankgeriebnen Anzug Riegel
grauer Regen vollgesoddert,
wenn die scharfe Guillotine Riegel
Mörderrümpfe blutbequaddert,
Riegel schaut im krummen
Kucklugspiegel
Stückchen dieser dummen
Welt.

Faß der Welt unter den Rock, Dichter,
klopf die Welt mit dem Stock, Dichter,
doch hab sie lieb.
Spuck der Welt in das Gesicht, Dichter,
höhn die Welt im Gedicht, Dichter,
doch hab sie lieb.

Seit unserer Bekanntschaft und mit dem gemeinsamen Durchgang durch den literarischen Expressionismus (es war eigentlich schon mein zweiter) verdichtete sich sogar noch der gute Kameradschaftsgeist seiner Verse. Die frühe Herkunft vom Song, vom Shantie, vom geselligen Lied klang auch aus den neuen Gesängen von der versprengten Fechtertruppe, von «uns paar Mann», vom vielleicht verlorenen, aber trotzdem nicht unterzukriegenden Partisanenhaufen heraus, wiewohl «Hurengasse» und «Hafenkneipe» nicht für immer die bevorzugten Kommunikationsörter blieben.

Nun schwelt es grenzenlos
Abends um uns paar Mann.
Gegen der Sterne Feuerstoß
kommt keiner an.
Legt euch und laßt euch liegen:
Späne und Splint
Auf den lautlosen Beutezügen
Des Beachcombers Wind.

Autarkie gegenüber den konjunkturellen Schwankungen des Lit-Betriebs und seiner unerbittlichen Verkaufsmoral war unser edelstes Streben, und Riegel war ihr Prophet. In seinem ersten richtungweisenden Artikel *Proklamation des Hektographismus* hatte er die materielle Bedürfnislosigkeit zu einem eigenen Überlebensethos erklärt und Geduld und Spucke für ein unabdingliches Betriebskapital, was nicht ausschloß, daß er unermüdlich um neue Bundesgenossen warb und die schmale Basis in die Breite zu treiben suchte: «Wir hoffen, daß wir nicht die einzigen Schriftsteller bleiben, die auf diese Weise versuchen, der Polizeiaufsicht der gewerbsmäßigen Literaturunzuchtler zu entgehen.» Da er den Schriftverkehr so ungeniert wie energisch an sich gezogen hatte (was mir nur recht sein konnte, weil ich zwischen den Irrungen meines Studiums und den Wirrungen der Liebe kaum noch die Zeit für postalische Pflichtübungen fand), wuchs ihm mit der Last der Korrespondenz zugleich ein neues Offenbarungsmundstück für sein literarisches Sparprogramm zu. Seine meist handschriftlich abgefaßten Briefe schreiben den Katechismus des Heimwerkertums auf ihre Weise fort und lassen doch in jeder Zeile den hohen Anspruch des Tafelenthüllers erkennen. «Riegel denkt wie gedruckt», hatte ich gelegentlich im Freundeskreis geäußert, aber er schrieb auch wie gedruckt, zierlich, exakt, geradlinig, zeilenbündig, ein seiner selbst fast beängstigend sicherer Duktus, der emotionale Ausrutscher oder aus der Reihe weisende Impulse gar nicht zu kennen schien. Tatsächlich sind selbst seine kühn ausgreifenden und sinnreich gegliederten poetologischen Essays fast auf *einen* zweifelsfreien Zug niedergeschrieben worden. Nur selten stößt man auf Nachbesserungen. Kaum daß sich ein einmal eingeschlagener Weg bei der weiteren Ausführung als ungangbar erweist und Riegel seine Marschrichtung ändern muß. So unwahrscheinlich es klingt: er hatte sich seinen Text vorher bis ins Feinste im Kopf zurechtgelegt, und eine mir fast ein bißchen unheimlich erscheinende eidetische Apparatur gestattete es ihm, die gedanklichen Entwürfe wortgetreu abzulesen.

Ob er dagegen ein originärer Lyriker war oder seine Liebe zur Poesie eher einer sentimentalischen Sehnsucht entsprang, ist für mich eine kratzige Frage geblieben. Sicher beherrschte er, was im lyrischen Ausdruck erlernbar oder vermittelbar war, bis ins allerfeinste Eff-eff, und er konnte auch eine Neutönerflöte schon im ersten zarten Anhauch erkennen. Sein stupendes Einfühlungsvermögen war so weit entwikkelt, daß er über eine beiläufig aufgelesene Fundsache oder einen im Vorüberwehen erlauschten Naturlaut sofort aufs brillanteste zu improvisieren verstand, manchmal lockerer als der von ihm entdeckte Originalpiepmatz. Nur daß Natur ihm recht eigentlich nur über das Medium der Literatur zugänglich schien, was Riegel einmal zu folgenden halb entsagungsvollen, halb hochgemuten Worten verleitet hatte: «Es muß jemand sein, der vor mir auf die Schanze, auf die Barrikade springt – dann bin ich aber auch gleich der nächste und überwinde sie.»

Die Psychologie des literarischen Erben ist eine Sache für sich, trotzdem eins der bedenkenswürdigsten Kapitel der Kulturgeschichte, und Karl Kraus, ein wirklicher Seelenverwandter Riegels, hat ihm viele ergreifende Lieder gesungen. Von der Macht der frühen Imagines beherrscht wie von einem spirituellen Vaterkomplex, und den verworfenen und verachteten Werten verbunden bis in die äußersten Nervenspitzen, muß er zwanghaft wiederholen, was er nicht untergehen sehen will, und zu neuem Leben erwecken, was der Zeitgeist bereits mit der Asche des Vergessens überdeckt. So besehen war auch der Finismus – letzter und äußerster aller Ismen – ein literarisches Wiederholungsprogramm. Er beschwor, angesichts eines neu vor uns aufgezogenen Katastrophenhimmels, ein geistiges Genossenschaftsreich zwischen erster Vorkriegsgeneration und der unseren, gerade mal auf Abruf verschonten, und jedes von Riegel gezeichnete Expressionistenporträt war auf seine Art ein Votiv. Aus dem Rahmen des Restauratoriums fallend waren diese Memorials ohnehin. Sie drängten der Erinnerung auf, womit kein Gebildeter damals etwas zu schaffen haben wollte, und erhoben zu einem obersten Wert, was nicht einmal der Kunsthandel auf der Rechnung hatte (Ludwig-Meidner-Bilder waren noch für ein unbelegtes Butterbrot zu haben), aber der immer heimlich mitgeführte Anspruch auf ein literarisches Erbe war natürlich gar nicht zu übersehen. *Links im Bücherschrank* hieß etwas später die Neuauflage von Werner Riegels Porträtgalerie im *Studentenkurier*, womit wir den äußersten Pariawinkel allerdings schon sichtbar verlassen hatten beziehungsweise ihn im kühnen Zug nach vorn als linksliterarisches Pantheon eröffneten.

Künstlerische Richtungen leben nicht allein von ihren Verwahrungen und Konterschlägen, sondern von der Kraft ihrer Imaginationen und dem Mut, etwas Unerkanntes an den Himmel zu erheben. Da unsere eigenen Leitsterne keineswegs schon insgesamt in elysische Weiten entrückt waren, vielmehr nur in der Diaspora lebten, fühlte Riegel sich gefordert, sie mit werbenden Worten in unsere Mitte zu zitieren. Damit begann der zweite Aufzug eines Partizipationswunders, das wir uns derart real eigentlich gar nicht vorgestellt hatten. Kurt Hiller – ehemaliger intellektueller Impresario des «Neopathetischen Cabaret», Herausgeber der ersten expressionistischen Lyrikanthologie *Condor* und Begründer des literarischen «Aktivismus» – begrüßte uns wie ein deutsches Pfingstereignis: *Nach der Lektüre fühle ich mich um vierzig Jahre jünger als ich wirklich bin, nämlich 27!* Alfred Döblin funkte Wohlgefallen aus seinem zweiten Pariser Exil und konstatierte überrascht und ergriffen: *Man lernt von mir.* Hans Henny Jahnn, nach der Repatriierung auch nie wieder richtig heimisch in seiner Vaterstadt geworden, war häufiger Gast in unserem Literatur- und Jazzkeller «Anarche» und sprang uns mit Manuskripten bei. Richard Huelsenbeck, bedeutender Dada-Mann der zwanziger Jahre und mittlerweile als Dr. Charles R. Psycho-Hulbeck in New York praktizierend, spendete postalischen Beifall *(I appreciate the youthfull aggression of your magazine)* und gestattete den kostenlosen Abdruck seines Romans *Verwandlungen.* Schließlich gelang es Riegel sogar, den zeichnenden Chronisten des Expressionismus, Ludwig Meidner, in einem Frankfurter Altersheim aufzuspüren und ihn zur Niederschrift seiner *Erinnerungen an Jakob van Hoddis* zu bewegen, eine herzrührende Skizze, die inzwischen häufig nachgedruckt worden ist, ohne leider den mindesten Hinweis auf ihren ersten Erscheinungsort.

Mitte der fünfziger Jahre war es uns wahrhaftig gelungen, einen magischen Freundschaftszirkel zwischen zwei durch Zeit und Raum getrennten Generationen zu schlagen. Was mir heute beinah schon unwahrscheinlich vorkommt, wenn ich mir das hären-holzhaltige Gewand, den flauen Druck und das ganze Juxwesen neben den Wahnsinnsanwandlungen vor Augen führe, war gleichwohl keine nur zufallsgelenkte Ausschüttung der blind herumtappenden Fortuna. Mit Druck dahinter gestanden hatte allen voran unser unermüdlicher Maschinist und Schlattenschammes Werner Riegel, der sich nie zu fein war, unsere Sternenfähre mit irdischem Treibstoff zu versorgen. Er war es ja zunächst, der das Papier zum Einkaufspreis heranschaffte und den auch noch aus eigener Tasche berappte. Er beschriftete die Matrizen, bediente den Vervielfältigungsapparat und hütete die Bürostube des Finismus, wo ich gerade beim Verpacken und Versenden behilflich sein konnte und die Linolschnitte unserer Graphiker auf der Wäschemangel durchnudelte. Gerechtfertigt vor der Genienwelt stehen / standen wir aber wohl vor allem seiner astralen Essays wegen da. Während ich meine eigenen Jugendprosen nur mit einem Beigefühl von Peinlichkeit wiederlesen kann (na ja, blitzen konnte man damals schon ganz nett, aber eben noch nicht richtig bauen und gliedern), sehen mich Riegels ohne Kitt und Mörtel aufgeführte Prosagebäude heute beinah schon klassisch an. Geschult an den großen Essayschreibern der Moderne, an Karl Kraus, Alfred Kerr, Heinrich Mann, und durchzugsweise auch Gottfried Benn, setzte er dem Nissenhüttenprogramm der deutschen Nachkriegsästhetik eine Gedankenkühnheit und eine Baugesinnung entgegen, die gar nicht mehr von dieser Welt schienen, von der geistigen Bretterbudenlandschaft des Wiederaufbaus nicht, was allerdings auch Riegels fremdkörperhafte Stellung in der Szene erklärt.

Was zu bestaunen bleibt, ist eine mittlerweile vom Moos der Zeit übergrünte Tempelruine, aber gerade die unvollendeten Werke nehmen ja oft einen Vorzugsplatz in unserer in den Imperfekt verliebten Erinnerung ein. Zu ergänzen gegenüber dem Limes-Gedächtnisband von 1961 wäre vielleicht noch, daß sich unsere literarischen Aktivitäten im Jahre 1955 deutlich auf andere Bühnen verlagerten, zum Beispiel den von Klaus Röhl begründeten *Studentenkurier* (das spätere *konkret*), und daß Riegel dort sogar eine Festanstellung als Feuilletonredakteur ins Auge faßte. Der Übergang vom Hektographismus / Finismus zum linksperspektivischen Bilderblatt schien ihm dabei mehr Kopfzerbrechen zu bereiten als mir. Einer rigorosen Auffassung von literarischer Hochform zuliebe hatte er Röhl ein paar Jahre zuvor den Zugang zu *Zwischen den Kriegen* verwehrt (wofür ich ihm im Gegenzug den Verzicht auf seinen Compagnon Albert Thomsen abverlangt hatte), und der Gedanke, andersherum in Abhängigkeit zu geraten, verfolgte ihn wie eine Autonomieneurose. Erst als der taktisch immer sehr klug operierende Röhl uns sachte, aber sicher an den Zugfäden unserer Pseudonyme zum Kurier hinüberzulotsen begann und ich mich, einer China-Reise wegen, für einige kritische Wochen von Hamburg entfernen mußte, fühlte Riegel sich hinreichend gedrungen, in die ungesicherte Bresche zu springen und mit dem politischen Leitartikel auch die Patenschaft über meinen herrenlos gewordenen nom de guerre «John Frieder» zu übernehmen.

Die kleine Anekdote ist nicht bloß unseres bunten Maskentreibens wegen interessant. Auch nicht, um die notwendig scheinende Tarnung eines Decknamens zur Zeit des zugigsten Kalten Krieges zu illustrieren. Ich möchte damit nur sagen, daß wir mittlerweile bis in unser politisches alter ego zusammenhingen und Riegels früher Tod eine gemeinsame Identität jäh auseinanderriß. Es war übrigens kein in irgendeiner Hinsicht auratisch umflorter Abgang, dieser Krebstod, sondern bis in die sozialen Begleitumstände hinein beleidigend. Irgendwann begannen Riegels scheinbar unerschöpfliche Kräfte zu verfallen. Irgendwann konnte er nur noch mühsam die im vierten Stock gelegenen Redaktionsräume in der Kaiser-Wilhelm-Straße erreichen und seine Artikel für den Druck einrichten (zuletzt eine Rezension von Bronnens *Aisopos*: «– ist er ein Held? Er stirbt so menschlich wie möglich, klein, voller Todesangst. So werden wir sicherlich sterben. Für mich ein Held.») Und dann fanden wir uns auch bald zum Abschied in einer entwürdigend vollgebunkerten Abstellkammer des Eppendorfer Krankenhauses zusammen, Kurt Hiller, Peter Martin Lampel, Klaus Röhl, Albert Thomsen und ich, die beiden Alten wie schuldbewußt die kahlen Schädel gesenkt, weil auch sie zu den Überlebenden zählten.

Da die Menschen dazu neigen, sich einen Daseinssinn über den Tod hinaus zu erfabeln, sahen wir in der tragisch verkürzten Flugbahn Riegels natürlich sofort die expressionistische Schicksalsfigur. Den Ikariden der literarischen Moderne nacheifernd, als gelte es das eigene Leben, schien er nun leibhaftig in ein Erbe eingetreten, dessen äußerste Konsequenz nur Leidensgenossenschaft heißen konnte. Grund genug für solches mystische Vermuten boten die Riegelschen Verse von Ende und Erschütterung immerhin. Nachfolge im Sturz, Genossenschaft im Scheitern, Wiedereinholung von verehrten Abgeschiedenen waren seine zwanghaft wiederholten Leitmotive gewesen, und auch daß sein letzter, Fragment gebliebener Aufsatz dem jung gefallenen Ernst Wilhelm Lotz galt, schien uns damals ein Zeichen.

> Und keine besonderen Wünsche, keine blutigen Male.
> Gar nichts für später, nur einen Lungenzug,
> den letzten besabberten Kippen, in der Totale
> sieht alles ganz anders aus, dein Leid, dein ikarischer Flug.

Ein Abgesang? Sicher. Als daktylischer Sechsheber wiederum auf das große Vorbild Lotz verweisend? Gewiß. Aber als lyrischer funeral blues eben doch nur die halbe Wahrheit des finistischen Doppelkonzerts. Wie der Finismus alles andere war als eine endzeitliche Dämonenlehre (wir sahen hinter den Schreckensszenarien der Zeit sehr genau unsere bundeseigenen Schreckensmänner), so der von Riegel strategisch ins Treffen geführte Begriff der «Schizographie» das Gegenteil von eingestandener Geistesverwirrung. Er setzte dem blinden Sog der Massenanziehung eisern den Individuationsauftrag der lyrischen Einzelseele entgegen und dem eitlen Vergnügen an der bloßen Selbstdarstellung die Gebote der Gleichheit, Brüderlichkeit und Verbesserlichkeit. Gegenüber der guten alten Ambivalenz bedeutete das gleichzeitig Anschärfung und Aufhebung des Widerspruchs in der literarischen Praxis. Wo wir zum Beispiel Ausdruck sagten – Ausdruck ohne jede Rücksicht auf öffentliche Illusionen und bis an den Rand der Verzweiflung –, nährte gerade der radikal vorangetriebene Wahrheitsanspruch des Subjektes das ihm entgegengesetzte Bedürfnis nach der perspektivischen Durchdringung unheilvoller Weltzusammenhänge.

Wo wir andererseits mit unseren Prosabesen durch die politische Arena fegten, als könnten wir dem Dunkelmännerwesen auf einen furiosen Streich ein Ende machen, wies uns die Ergebnislosigkeit unserer Mühen immer wieder auf das private Verfassungsorgan der Lyrik zurück. Aber was heißt in solchen Bewegungszusammenhängen überhaupt noch «zurück» und was «progressiv». Daß unsere konkurrierenden Schreibantriebe sich wechselseitig unter Spannung hielten, war das eigentliche Unruhprinzip des literarischen Finismus, auch Grund zur Beunruhigung, weshalb es einer eigenen Ästhetik bedurfte, sie vor uns und der Mitwelt faßlich zu machen.

Ein bloßes Kunstprogramm war der Finismus dennoch nicht. Was scheinbar nur der Literatur zugedacht war, war in gleichem Maße für das Leben gesprochen, für jedes zwischen «Politik und Individuation» gespannt zerteilte Leben, ein ganz gewöhnlicher Bruch, den Riegels gleichnamiger Aufsatz auf einen wahrhaft menschlichen Nenner brachte: «Es scheint, das Ende einer großartigen Epoche der Menschheit tritt in die letzte Phase; es scheint, die Fülle dieser Epoche versiegte im ungeheuren Flußbett; es scheint, beide Ströme abendländischen Geistes, der weiße der Aufklärung, der Klarheit, des politischen Ingeniums, und der blaue des schweifenden Traumes, des umgetriebenen Herzens enden im gleichen Ort: die Ströme der großen Toten unseres Geistes, Styx und Acheron abendländischen Denkens und Dichtens münden in eine Brust, in die Brust des Jungen, des Unbekannten, dessen Bild wir zu zeichnen versuchten. Der Erbe beider steht auf und atmet, ärmer als die vor ihm und reicher. Er wird den Weg gehn, zwiefach gehöhnt, zwiefach geschlagen, zwiefach gesegnet – wir wissen eines gewiß: er ist der geborene Mensch.»

Vom großen Gerneklein
– zu Robert Gernhardts gesammelten Satiren –

Daß die Literaritäten des Zeitalters – bescheidener, der Saison – aufs wunderlichste mit der moralischen Verfassung der Gesellschaft zusammenhängen, scheint sich seit unseren Wendejahren fast gänzlich aus dem Bewußtsein verloren zu haben. Um so bemerkenswerter neben der Zeiterscheinung des «Aussitzers» (dem geistigen Antipodex des Aussteigers, wenn ich ihn recht verstehe) eine mittlerweile schon nicht mehr so zaghafte Neigung unserer Dichter und Schriftsteller zu kritischen Kehrtwendungen. Man blickt ratsuchend hinter sich oder ahnungsvoll an sich herunter, fragt sich, wer man ist, wer man war und was die Einzelseele im Innersten zusammenhält: ein Bemühen um Sammlung, das in zahlreichen Aufsatzsammelbüchern seinen angemessenen literarischen Ausdruck gefunden hat. Robert Gernhardts «ausgesuchte Satiren» stehen da also gar nicht so einsam auf weiter grauer Flur. Sie fügen sich mit Wolfgang Hildesheimers, Heinrich Bölls und Erich Frieds vor kurzem erschienenen Kollektaneen zu einem Reigen ernst zu nehmender Selbstvergewisserungen, obwohl – aber lassen Sie uns hier nicht vor-, sondern lieber ein bißchen zurückgreifen.

Wie das Publikum des seligen *pardon* sich erinnern und die Kundschaft der erstaunlich seetüchtigen *Titanic* vielleicht bestätigen wird, handelt es sich bei Gernhardt um einen Autor, der seiner Sache immer sehr sicher, aber seiner Person nie ganz gewiß war. Der Blick auf die künstlerische Einzelerscheinung verschwimmt in dem Maße, wie sie sich in genossenschaftlichen Produktionen verliert/verlor und die ehrgeizige Hervorkehrung ungeteilter Subjekte offenbar nicht im Sinne gemeinschaftlich genossener Lacherfolge war. Nicht ohne einen Anflug von Gruppenstolz und im nostalgischen Nachgeschmack gehabter Paradieseswonnen hebt Gernhardt in einem biographischen Begleittext hervor, daß die Zeichner des frühen *pardon* auch texteten und dichteten und die Dichter gleichzeitig malten und fotomontierten, ein genialisch sorgloses Sichhinwegsetzen über die Zwänge der Arbeitsteilung, das mit dem Verschwinden der Einzelpersönlichkeit in der Kooperative gewiß nicht zu teuer erkauft war. Man darf es sich vielleicht auch so ausmalen: im Feuchtgebiet des Humors sind offensichtlich viele Dinge fließend, die Namen und die Talente, die individuellen Prioritätsansprüche und die kollektiven Hervorbringungen, und es spricht gewiß für den guten Geist der frühen Jahre, daß die höchste Form des höheren Blödsinns (das Periodikum *WimS = Welt im Spiegel*) eine anonyme Schöpfung des Gruppensubjektes Robert Gernhardt, F. W. Bernstein und F. K. Waechter war.

So anonym freilich auch wieder nicht. Gerade so, als ob sich der dreigestrichene Subjektivismus mit der Namenlosigkeit nur schwer hätte abfinden können, entäußerte er sich in einem irrwischhaften Pseudonymentreiben – sechs Decknamen / Necknamen allein für unseren Robert Gernhardt – die niedlichste Geistererscheinung vielleicht jener allerbescheidenste «lützel jeman» (kaum irgendwer, nur eine kleine Wenigkeit), der fiktive Autor der unvergeßlichen Schnuffi-Geschichten. Wie es mit dem Widergängerwesen aber einmal so geht: mit der Zeit und mit den Umständen drängt es die zerstreuten Talente doch wieder zu einer Sammeladresse und den Einzelnen zu seinem Eigentum. Gernhardt sagt es uns deutlich genug: «Dieses Buch versammelt vor allem das, was auch Satiriker früherer Zeiten gern zwischen zwei Buchdeckeln präsentiert haben: *meine Texte*.» Die Beziehung zwischen Produkt und Personalpronomen bleibt trotz allem einigermaßen fragwürdig, und sie macht uns auch dort zu schaffen, wo uns Satire als *die* Kunst der uneigentlichen Rede zu beschäftigen hat. Sie verfügt – was ihre Liebhaber schon beunruhigen kann – ja nicht zunächst über eine unverwechselbare Eigenstimme, sie äußerst sich durch Medien. Das kann, wie bei Gernhardt, eine Fibelfolie sein oder eine Präsidentenrede, eine Gerichtsverfügung oder ein Leserschreiben, die Textsorte Schulaufsatz oder die Tonlage Presseverlautbarung, wobei der Satiriker / Ironiker sich bis zur Gefahr der Selbstaufgabe mit seinen Unterhaltungsgegenständen gemein macht.

Im Gegensatz zur Kritischen Theorie (die wir nur deshalb erwähnen, weil die *Titanic*-Truppe sich verwegen zur «Zweiten Frankfurter Schule» erklärt hat) hält es Satire eher mit der praktischen Vernunft. Statt aufgebauschte Trompeusen mit dem ausgestreckten Zeigefinger zu beweisen oder dem immer wieder neu erblähten «Jargon der Eigentlichkeit» begrifflich nahezutreten, schlüpft der Satiriker in seine Untersuchungsobjekte hinein, Ausbeulungen oder Verstiegenheiten teilnahmsvoll überdehnend, und siehe da, was wir schon immer ahnten, aber nur schwer belegen konnten: auch unverfängliche O-Ton-Unschuld kann sich gelegentlich als bloße Dressurleistung entpuppen, freiheitliches oder gleichheitliches Pathos als hohles Bauchrednertum, moralische Entrüstung als sexuelle Obsession, Ganz-besonders-für-Sie-Offerten der Werbewirtschaft als gesinnungslose Anmache.

Mit sogenannter «Blödelei» oder der aus Mangel an Begriff immer viel zu früh und meist auch noch falsch zitierten «Nonsensliteratur» hat solche Art von kritischer Unterwanderung allerdings gar nichts zu tun. Sie setzt den feinsten Nerv für öffentliche Bewußtseinstäuschungen voraus und macht sich ein Vergnügen aus der Kunst, Lügengespinste in Lächerlichkeit aufzulösen. Die Gefahr, daß mit den schnell verweslichen Anlässen auch der Spaß an ihrer parodistischen Verkehrung verblassen könne, scheint dabei weitgehend aufgehoben – die Gernhardtschen Schelmenstreiche haben ihre aktuellen Stichwortlieferanten durchweg glänzend überlebt. Wer einmal ein gewisser Herr Zoglmann war, der einem auch nur noch schwach erinnerlichen Herrn Mende die nötige Formulierungshilfe bei Abfassung eines nun schon gänzlich in der Versenkung verschwundenen FDP-Programms leistete, wen würde es noch interessieren – wenn der Entlarvungskünstler seine Larven nicht so zierlich-despektierlich am Bandel tanzen ließe?! Was es einmal mit einem Mitglied des Bundestages und sogenanntem «Sittenprofessor» Süsterhenn auf sich hatte, der vor etwa zwei Jahrzehnten die Freiheit der Kunst durch neue Tugendklauseln zu regeln suchte, wen könnte es heute noch aufregen? – Aber wie die

Hebammenkunst der Satire dem Sittenapostel seine Zwangsvorstellungen Stück um Stück aus der Nase zieht, bis am Ende die schiere Unsittlichkeit herausschaut, das ist schon ein Sittenstückchen von der bleibenden Sorte. Allgemein scheinen die Opfer der Gernhardtschen Satiren (von lat. satura = mit verschiedenen Früchten gefüllte Opferschale) nicht annähernd so interessant wie die Kunst der stufenweisen Bloßstellung, die betreibt der Verfasser mit einer Grazie, als gelte es, der Torheit unvergängliche Kränze zu winden.

Gernhardt selbst spricht statt von Kränzen oder Opferschalen allerdings lieber von Salatschüsseln, was seiner «Letzten Ölung» dann einen deutlichen Schlenker ins Kulinarische verleiht: «[...] es sei mir noch erlaubt, das Ganze mit einem letzten Schuß Essig und Öl abzuschmecken.» Wem das Sakrileg mißfällt, dem ist mit der Versicherung wahrscheinlich auch nicht gedient, daß dem Satiriker von Berufs wegen überhaupt nichts heilig ist, nicht einmal die eigenen Tätigkeiten. Bedenklich kommen sie ihm auf jeden Fall vor. «Er – doch von wem reden wir eigentlich?» fragt sich der uneigentliche Robert Gernhardt spiralbohrend in das eigene Rollenspiel hinein: «Ist der da überhaupt noch ein Satiriker? Dieser unauffällige Zeitgenosse, der immer seltener den achtlos Vorbeidrängenden den schwankenden Spiegel entgegenhält und statt dessen immer häufiger selber hineinschaut? Hat der überhaupt noch etwas mit unserem Thema zu tun? Oder das, was er so stetig wie ungeordnet vor sich hindenkt –: Daß es der Satire immer um Wahrheit, also um Enthüllung gegangen sei... Daß man heutzutage aber nichts mehr enthüllen könne, ohne selbst die Hosen runterzulassen... Daß man sich mit heruntergelassenen Hosen schlecht auf ein Podest stellen könne... Daß die Froschperspektive daher wahrscheinlich der angemessene Blickwinkel sei... Daß allein möglichst mißtönendes, und das meine zugleich: möglichst artistisches Gequake all jene stören, vielleicht sogar verstören könne, die da immer noch ihre stramm objektiven Wahrheiten hinausposaunten oder von ihren hochsubjektiven Erfahrungen flöteten... Daß es dem Quaker selbstquakend ebenfalls um Wahrheit und Erfahrung gehe, daß er jedoch gerade deswegen den Mut aufbringen müsse, trotz des markigen, ringsum angestimmten ‹Sei kein Frosch›-Geschreis auf seinem Froschsein zu beharren...» – was uns – die wir bei so viel Kontorsionsartistik allmählich an unserer eigenen Erdenschwere nebst nachschleifendem Rezensionsvokabular zu zweifeln beginnen – nur noch flehentlich bitten läßt, ja-ja von diesem Froschtum nicht zu lassen.

Der Nutzen der Froschperspektive und die Ausnahmestellung des «kleinen Moritz» als eines nie bei einer bösen Absicht zu ertappenden Wahrheitsermittlers (siehe z. B. das gesellschaftskritische Vexierstück *Der kleine Moritz und die großen Bosse*) stehen ja auch ernsthaft gar nicht in Frage – sie tun es nur zum Scherz. Sieht man sich die scheinbar untergeordnete Rolle nur einmal auf ihre subversiven Möglichkeiten hin an und fragt nach Sinn und Gewinn des Sichkleinmachens, dann erkennt man auf einmal einen mit strategischem Bedacht heruntergezogenen Bühnenboden, von dem aus sich die Große Welt vorzüglich in Zweifel ziehen läßt. Denn wer ist unser kritischer Quakefrosch schließlich anderes als der ewige Simplizius, dem es behagt, «mit Lachen die Wahrheit zu sagen»? Und was trennt unseren kleinen Moritz eigentlich von unseren anderen hochgeschätzten Minimaxen, dem kleinen Muck, dem kleinen Hävelmann, kleinen Asterix, kleinen David? Allenfalls dies: daß wir seine aufgeblasenen Gegenspieler sämtlich aus dem wirklichen Leben kennen.

In Entsagung gefaßt – zum Gedichtband «Die Illusion des Unglücks» von Guntram Vesper

Hieße das Buch «Die Illusion des Glücks», könnte der Titel bestimmt mit einem einverständnisvollen Kopfnicken rechnen, denn «Glück und Glas», so macht sich schon der Volksmund seinen Reim auf haltlose Augentäuschungen, «wie leicht bricht das?!». Trotzdem – kenne einer die täuschungsgierige Menschheit – haben selbstverständlich auch der Schmerz und die Schwermut und die bitternisvolle Entsagung ihre schillernden Schauseiten, anders wir unsere Helden nicht so herzlich gern scheitern sähen und literarische Trauerfälle wie Tragödien gar keinen Spielboden in unserer Seele fänden. Ein stromlinienförmig von Erfolg zu Erfolg voraneilender Erfinder und Entdecker, ein bruchlos zu Ruhm und Anerkennung kommender Dichter, Maler, Musikus scheinen beinah schon Widersprüche in sich, denn unsere höhere Heldenkunde bedarf notwendig eines dunklen Hintergrunds aus Leiden und Entbehrung, eine Rührmechanik, der wir uns anscheinend gar nicht entziehen können.

In solcher Hinsicht ließe sich Guntram Vespers *Illusion des Unglücks* mit dem attraktiven Feuerbachbild *Medea auf der Flucht* auf dem Cover durchaus als Traktat über sentimentalisches Mitempfinden bezeichnen. Was zur Debatte steht, beziehungsweise sich als Leitmotiv empfiehlt, ist die schier unbegreifliche Anziehungskraft des Elends auf unsere Partizipationsnerven – weiß der Himmel, warum es uns immer wieder zu solchen herzlichen und nie ganz ernst gemeinten Anteilnahmen drängt. Eine Zwischenbemerkung scheint freilich vonnöten – die Leser, die wir diesem Gedichtbuch dringend wünschen möchten, könnten sich sonst bald enttäuscht von ihm abwenden. Was sich bis hierher ganz plausibel anhört, entschlüsselt sich auch bei der wiederholten Lektüre weitaus schwieriger und – leider erst richtig – unter der

Zuhilfenahme eines gleichzeitig und andernorts erschienenen Privatdrucks mit dem Titel *Nordwestpassage*. Warum der Autor uns diese unverzichtbare Entzifferungshilfe nur im nebenbei vergönnt hat, bleibt dabei schwer begreiflich, zumal sich Verbindungsfäden die Fülle entdecken lassen und eine in beiden Büchern vertretene Textpassage sogar einen direkten Übergang bahnt.

Das Versäumnis ein wenig wettzumachen, sei uns also verstattet, zunächst auf dieses nicht im Handel erhältliche Heft zu sprechen zu kommen und dem Erkenntnistransfer von einer Wahrnehmungsebene zur anderen – sprich vom Erkennen ziemlich banaler Dreckswahrheiten zu ihrer Verklärung ins Mythische – ein wenig zuzuarbeiten. Was Vesper in diesem Balladenzyklus exemplifiziert, ist nämlich zunächst nichts anderes als die Vergeblichkeit, ja Nichtigkeit unserer kühnsten Entdeckermühen und Eroberungsphantasien. Am Beispiel des leidensvollen Kampfes um eine schiffbare Polarroute führt er uns die Helden eines Jahrhunderte währenden Abenteurerzuges noch einmal einzeln vor Augen, ihre phantastischen Träume und ihre namenlosen Niederlagen, und was bleibt – als eine gewissermaßen idealische Hinterlassenschaft –, ist eigentlich nur ein absolut demotivierender Vanitasschauder. «Franklins Mannschaft» zum Beispiel (Vesper spricht von dem englischen Polarforscher John Franklin) verkommt am Ende im undurchdringlichen Packeis, «halb totgeschlagenen Robben ähnlich», die «kraftlos am Besatz der Pelzmäntel kauten» – ein Bild von infernalischer Frostigkeit und kaum der Stoff, aus dem die Träume sind. Auch das Expeditionskorps des Kapitäns De Long – auf den Spuren Franklins nach dessen sterblichen Überresten forschend – gerät nur wieder auf die gleiche Unheilsfährte mit der allenfalls dramaturgisch überraschenden Pointe am Schluß: De Long «verhungerte als letzter». Folgt der schwedische Ballonpionier und Polarforscher Salomon Andrée mit ganz neuen technischen Mitteln und einer eigenen, bereits durch die Schule der Desillusion gegangenen Abenteurerphilosophie («Von allen Lügen wähle ich den Ruhm»), aber auch dieser Höhenflug gipfelt nur wieder in einem besonderen, heißt besonders grotesken Theatereffekt:

Auf Sachalin sahen Verbannte Andrées Ballon
zehn Jahre nach dem Verschwinden
als winzigen Punkt unbeweglich
zwischen Erde und Sternen stehen.

So also geht es weiter, Ballade für Ballade, Zug um Zug und Niederlage nach Niederlage, bis am allerletzten Schluß dann doch noch so etwas wie ein erbaulicher Sinn aufscheint: der Eispalast einer zeitgenössischen Arktisstation mit allem nur denkbaren technischen Komfort und Klimbim, allein, wo verliert sich schließlich unser erlöstes Aufatmen, beziehungsweise «Wo enden die Drähte? / Im Nichts». Da rückt das eigene unbewegte Leben («Höchstens auf einer Harzreise einen Ausweis verloren») ja beinah schon zu einem Bild von eisern behaupteter Selbstbescheidung auf und das stille Dasein eines «Privatgelehrten» (so die öfter verzeichnete Berufsangabe Vespers) zu einer hieronimeischen Stillhaltevorstellung.

Beinah – denn so eindeutig beruhigt lesen sich die in Entsagung gefaßten Verse Guntram Vespers auch wieder nicht. Zwischen den mit stoischem Gleichmut verbuchten Abenteurerfährten glückloser Bahnbrecher und Entdecker und der Friedlosigkeit eines sich selbst überlassenen Kopfes bestehen geheimnisvolle Durchlässe, Übergänge, «Passagen», wenn man nicht überhaupt von Wesensverwandtschaft sprechen will.

Erst gegen Abend wache ich auf
nach tiefem Schlaf voller schwerer Bewegung
in einer verwüsteten Wohnung
in der jeder übervolle Aschenbecher
jedes Blatt auseinandergerissener Zeitungen
alle fremdgewordenen Kleidungsstücke mir
die Geschichte der Nordwestpassage als
ganz vertraut einflüstern
lauter Verwirrung, Gewalt
Unmut und das
Gurgeln des Alltags

der grausamen Gewohnheit:
ewiges Eis zwischen Felseninseln
der falsche Weg.

Wem das zu schwierig ist, dem hilft vielleicht der Hinweis, daß sich mancher Poet schon so tief ins Unglück gedichtet hat, daß er von seiner ständigen Begleiterin, der lieben «Frau Sorge» nun gar nicht mehr lassen mag. Die Frage «Zu welcher Göttin betest du?» wird von unterschiedlichen Dichtern ja immer sehr unterschiedlich beantwortet. Während der eine vielleicht an oberster Stelle die «Schönheit» nennt, hält es ein anderer eher mit der «Wahrheit», ein Dritter mit der «Freiheit», und ein professioneller Melancholiker wie Vesper eben mit der «Tristitia», die wird bei ihm ja gar nicht zum erstenmal besungen, obwohl selten vor ihm so schön und mit so viel systematischem Bedacht. Obwohl der verlockende Sog der «Nordwestpassage» in der «Illusion des Unglücks» mittlerweile überwunden scheint, wird der aussichtslose Versuch von Gedicht zu Gedicht aufs neue gewagt («neue Gedichte decken / immer die alten zu»), bemerkenswerterweise in dramatisch bewegten Balladen. Worin sich der dumpfe Bewegungstrieb gerade noch zu fangen vermag, sind freilich keine gemeine irdischen Tröstungen und schon gar keine ungemeinen himmlischen, sondern so bedenkliche Kunstfiguren wie das Stilleben, die «nature morte».

Ich meine, das kann man natürlich auch, und sollte es sogar, politisch lesen: ein dem Sog der Zeitströmungen lange genug ausgeliefert gewesener Autor hat mit anderen seinesgleichen versucht, dem Fortschritt Beine zu machen und eine gangbare Passage zur gesellschaftlichen Utopie zu finden, das erscheint ihm nun auf einmal als besonders verfängliche Sinnestäuschung. «In meiner hübschen Wohnung / einfach und sauber», lesen wir in einem lakonisch bilanzierenden und gleichzeitig nostalgiekritischen Sinngedicht,

«mit herrlichen Stichen geschmückt
die den Aufruhr als Heldenlied malen
versuche ich, die Freunde auf dem Foto

mit der Stimmung von 1972 zu sehen.
Alles
unerbittliche Liebhaber
des Wortes
vorwärts.»

Erkaltete Zukunftsprospekte von Anno Dunnemals, dahin ist es also gekommen, obwohl sich das trauerumflorte Stimmungsbild, mit den Hoffnungen von gestern verglichen, natürlich schon ein bißchen bescheiden ausnimmt. Ob nur idyllisch oder eher auf eine selbstheroische Art zurückgenommen, das ist natürlich eine bleibende Gewissensfrage, und die Antwort wird immer davon abhängen, wem wir mehr vertrauen wollen: den guten alten Fiktionen von Aufbruch und Auflehnung oder dem furchtlos-ohnmächtigen Blick ins Auge der Medusa: «Wenn man nicht mehr / geradeaus lebt, bekommt alles ein neues / doppeltes Gesicht.» Damit berühren wir zum Schluß noch einmal den empfindlichsten Nerv der Vesperschen Leidens-Ästhetik. Wo unsere weit ausgreifenden Weltumsegler = Weltumwälzerphantasien sich im Rückblick schon nur noch wie ein perspektivischer Bluff ausnehmen, gewinnt die trügerische Ruhe des Stillebens fast den Anstrich einer neuen Glaubwürdigkeit. Zwar scheint es zunächst durchaus im Sinne dieses fanatischen Buches, schlechthin jede im Medium der Kunst geoffenbarte Wahrheit als Blendwerk zu betrachten, die vorgespiegelten Leidenswahrheiten von Kreuzabnahmen, Märtyrerszenen und dramatischen Schiffsuntergängen sowohl wie die scheinbar restlos geklärte Oberfläche einer «nature morte». Wer uns indes mit einer an Besessenheit grenzenden Desillusionswut auch der Scheinbarkeit der eigenen künstlerischen Hervorbringungen versichert, der steht – so paradox es anmutet – am Ende völlig entsichert vor uns und gibt schon wieder Anlaß zu einer eigenen Verläßlichkeit. Zu einem Trugschluß fürs Leben taugen Vespers in voller Irritation zur Ruhe gekommenen Balladen ohnehin nicht recht. Wer genau genug hinblickt, liest ja aus jeder Zeile, jeder Strophe, jedem dichterischen Vergleich den immensen Kunstaufwand mit heraus, dessen es bedurfte, die Unruhe des Kopfes nur für einen Augenblick zu stillen. Aber er spürt auch die wirkliche und gar nicht mehr eingebildete

Angst vor der Tatsachenwelt, die der Dichter manchmal nur mit wahrhaftigen Wahnsinnbildern von sich abhalten konnte.

Wort für Wort
ist es die Angst
vor der Macht gewesen.
Im Tod sich
an das Leben klammern, indem man
auf die Kolben
ihrer Gewehre beißt.

Dreizehn deutsche Dichter

Dreizehn deutsche Dichter, eine ziemlich bunte Gesellschaft und ohne den Dirigentenstab des Stabreims kaum auf einen gemeinsamen Nenner zu bringen – aber natürlich gab es da auch noch die Wünschelrute ihres Liebhabers und Rezensenten. Daß es auch dreizehn ganz andere hätten sein können, kann ich nicht einmal völlig von der Hand weisen: Ludwig Tieck (der «Lovell»), Arno Holz (der gesamte), Christian Morgenstern, Alfred Döblin («Die babylonische Wandrung»), Hans Henny Jahnn («Die Niederschrift des Gustav Anias Horn»), Oskar Panizza, Alfred Lichtenstein, Walter Mehring, Peter Gan, Hans Magnus Enzensberger, Hubert Fichte, Rolf Haufs und von Robert Gernhardt dann tatsächlich die Gedichte, aber ob das am Ende einen ordentlicheren Eindruck gemacht hätte oder nicht ebenfalls den Beigeschmack der Gelegenheitslese gehabt?!

Wenn ich mein Auswahlverfahren rechtfertigen sollte, würde mir wahrscheinlich wirklich nichts Besseres als das Prinzip Gelegenheit einfallen. Hier ein Festvortrag und dort eine Preisrede, hier eine Buchrezension und dort eine Zeitschriftenumfrage, so sortiert sich aus gegebenen Anlässen schließlich ein kleiner Fächer zusammen und aus schwebenden Neigungen eine Art von bleibender Tafelrunde. Daß ich die Spuren der jeweiligen Anregungen nicht getilgt und auch die kleinen Reverenzen gegenüber dem Augenblick unretuschiert habe mitgehen lassen, hat seine Gründe und macht vielleicht seine Schmerzen. Bei Jubiläumsbeiträgen läßt sich auch im nachhinein nicht davon absehen, daß sie manchmal mit einer allgemeinen Jubelstimmung zusammenfielen, da hat sich die Feder schon manchmal gegenläufig im Papier verhakt. Oder es wollte sich eine private Passion so schwierig mit dem gerade herrschenden Zugwind übereinbringen lassen, daß man nur noch kräftig dagegenblasen konnte. Andererseits haben sich dann auch wieder umstandsbedingte Mängelrügen in Wohlgefallen aufgelöst (ich denke an die neue und fast schon kritisch zu nennende Werkausgabe Ringelnatzens) oder Befürchtungen über nicht wiedergutzumachende Versäumnisse als nicht ganz so gravierend erwiesen (über eine Tucholsky-Briefedition ohne entstellende Zensurschnitte wird wohl noch zu unseren Lebzeiten entschieden werden), da mögen sich Leser und Leserinnen freundlichst an die nachgestellten Erstdruckvermerke halten. Wenn ich mir bei nochmaliger Lektüre meiner Protagonisten wenigstens eins als bleibende Lehre zugezogen habe, dann diese beherzigenswerte, daß unter Logenbrüdern gerade die Gelegenheiten mit zur Sache gehören und es im Zweifelsfall der zufällige Lokalton ist, der die Musik macht.

Allerdings scheint in manchen Passagen auch wieder kein Stein auf dem anderen geblieben, was uns hoffentlich nicht trennen soll. Gerade im kritischen Bereich der Miniaturabhandlung ist es immer wieder die Frage, über welchen Bogen sich die Argumente am günstigsten führen lassen und die lichten Ahnungen zum Gottesbeweis verknüpfen, ein in jeder Hinsicht skrupelvolles Abwägen des Allgemeinen gegen das Besondere, das sich nachweisbar nicht zu bloßem Kopfwiegen, Stirnrunzeln oder Achselzucken aufgelöst hat. Die mit Lust verfolgten Umwege, die Probierphasen, Vorläufe, Nebenbahnungen haben sich konkret nicht nur im Kopf, sie haben sich auf dem Papier abgespielt, das im Verlauf der Arbeit dann seine eigenen Sedimente gebildet hat. Wenn man nachträglich daran rührt und sich die Versuchungen von Anno Dunstemals noch einmal vor Augen führt, sehen einen die Zweifel von gestern gar nicht einmal so altbacken an. War das einmal die ganze Wahrheit unserer Mühen, was als polierter Dünnschliff in der Samstagsbeilage einer Zeitung zu bewundern war? Oder ist sie nicht eher bei jenen einstmals verworfenen Ecksteinen und geköpften Säulenrümpfen zu suchen, die unsere antiquarischen Ablagerungen durchsetzen wie die Bruchstücke einer nie auszukämpfenden Gigantomachie? Warum ich einer scheinbar nebensächlichen Frage überhaupt so viel nachträgliche Liebesmüh gönne? – nun, man kennt seine Herren Kritiker und seine Damen Rezensentinnen, und für die einen hat der Autor post festum noch an sich herumgefummelt und für die anderen zu wenig an sich gearbeitet, was beides nicht sein soll. Ich selbst habe aus meiner Verbesserlichkeit freilich nie ein Hehl gemacht – sie gehört erklärtermaßen zum Programm –, und gegen die Lust der letzten Hand scheint mir das Verlangen nach Authentizität wie die Beschwörung einer Chimäre. Wo wäre sie denn wirklich in der erwünschten Reinlichkeit anzutreffen, etwa in einer zugegebenermaßen durch Platznot und redaktionelle Einrichtungslust pressierten Druckfassung oder in dem ihr vorausgegangenen Hin und Her und Auf und Ab versuchter Annäherungen, das noch den bescheidensten Deutungsversuch begleitet wie ein furor comparationis . . . aber natürlich, irgendwann will auch der neu geweckte Beziehungswahn in einem gütlichen Vergleich zur Ruhe finden und das Erstaunen vor den Vermummungs- und Enthüllungsgelüsten der Kunst sich im überschaubaren Beispiel fassen.

Auch wo Meliorismus mittlerweile in den Rang eines politischen Imperativs aufgerückt ist, liegen die Gefahren des Verbesserungswesens auf der Hand: so lange an gewachsenem Gewebe herumzuoperieren, daß am Ende nur noch toter Stoff übrigbleibt. Aus Begeisterung oder einer persönlichen Aha-Berührung zu Papier geschlagene Initialen sollte man immerhin so lassen stân, egal, ob sie im nachhinein einen etwas windschiefen Eindruck machen. Da das ganze Leben ein Balanceakt ist, Fortschritt ein Kompromiß und die Kunst ein Schwindelunternehmen, muß man behutsam versuchen, einen modus scribendi mit seinem alten alter ego zu finden, wobei mir nur eines schlechterdings verboten scheint: ein beschränktes historisches Einsichtsvermögen zu einem späteren Ich-hab-es-gleich-gesagt umzufälschen. Da mein Schreibtisch seine Position in den letzten zehn, fünfzehn Jahren kaum merkenswert verändert hat, glaube ich mich von solchen Versuchungen allerdings vergleichsweise frei –; allein, was reden wir, ein Buch wie dies hier will ja gar keine Fassungsfragen aufwerfen, es will dem Verkannten auf die Beine helfen und dem Überschätzten runter vom hohen Podest, und manchmal gehören einige anerkannte Schmuckstücke auch nur raus aus der Vitrine und erneut in den Streit der Meinungen. Wem Gottfried Benn etwa das bedeutet, was Heine in

Goethe sah, und Ringelnatz, was für Nietzsche Heine war, ein artistisches Vorbild, dem ordnen sich scheinbar zerstreute Neigungen leicht zur einverständnisvoll korrespondierenden Galaxis. Allerdings habe ich unter dem Begriff Artistik niemals bloß technische Fertigkeit und sogenannte Virtuosität verstanden. Bei den wirklich großen Balanciernummern haben die Götter und -Innen vor das mit Bangen ersehnte Equilibrium zunächst einmal die Gleichgewichtsstörung gesetzt, den Schlag ins Genick oder den Schubs in die Kniekehlen, wovon sich unsere mittlerweile zu Tausenden zählenden Diplomdadaisten vermutlich gar keine rechte Vorstellung machen. Die ständig vom Schatten der Gleichheitsguillotine begleiteten Freiheitsvorstellungen Heinrich Heines oder die Verzweiflungen eines Volksschriftstellers wie Tucholsky vor dem deutsch-nazistischen Volksentscheid, die Flucht des lebenslang vom Odium der Lächerlichkeit verfolgten Ringelnatz in die Selbstkarikatur oder die auf Inferioritätsgefühlen aufgebauten Überlegenheitsphantasien Arno Schmidts, das sind doch alles keine normalen Karrieren unter normalen Geschäftsbedingungen und mit normalen zirzensischen Herausforderungen: was zur Balance steht, ist jedesmal das Leben selbst, beziehungsweise das Bewußtsein einer durch Bewußtsein am allerwenigsten zu begradigenden Schiefstellung in der Welt, und wie sich das am Ende doch in Kunst-gleich-Heiterkeit löst, wird mir bis zum Ende meiner Tage eine Anlaß der Neugier und der Verwunderung bleiben.

Vor dem, was heute allgemein Weltgeltung heißt, steh ich mit meinen paar Helden verständlicherweise rettungslos in der Minderzahl da; deutsche Kunst und deutsches Wesen gelten im Ausland zwar schon wieder für schick, aber nicht als eigentümlich romantische Brechungen von Rationalität, sondern als ohnmächtig in der Tiefe steckengebliebenes Gedankentum. Was mir Tränen der Rührung entlockt – weil ich die Bürden des Erdendaseins für ein paar Gedichtzeilen oder einige himmelleichte Prosaseiten aufgehoben sehe –, zählt im Windkanal der Kunstgalerien, Auktionssäle und Sparkassenfoyers Nullkommagarnichts. Wovor ich anbetend und, ich muß schon sagen, manchmal sogar zerschmettert ins Knie gehe – weil neben den Eindruck von leuchtenden Beispielen augenblicklich der Entsagungsschmerz der Unerreichlichkeit tritt –, steht mittlerweile gegen eine Weltkultur von Saisonware, die unseren lieben Kleinen als froheste aller Botschaften das durch nichts zu ersetzende Hochgefühl eines «Das kann ich auch» beschert. Die Verklärung von Mastochsen zu heiligen Kühen stellt dann, billig, die andere Seite der Medaille dar. Wenn mir mein unansehnliches Gastspiel als «documenta-Schreiber» eine alte Vermutung wirklich zur Gewißheit erhärtet hat, dann den Verdacht, daß der Devotionalienhandel vergleichende Produktschelte schon gar nicht mehr duldet, und daß du heute Kanzler, Könige, Staatsoberhäupter, Zeitungszaren und katholische Päpste nach Herzenslust lästern darfst, nur um Allahs und Christie's Willen den Ajatollah Chomeini und den Heiligen Joseph Beuys nicht. In den teils von Mitleid, teils von rüdester Unduldsamkeit geprägten peinlichen Verhören, denen ich nach meinen paar Sottisen in der Zeitschrift *art* immer wieder unterworfen war, wurde ich tatsächlich einmal gefragt, ob ich mir solche Unverschämtheiten auch gestattet hätte, als der Herr noch auf Erden wandelte. . . aber ladies and gentlemen, er geht ja immer noch um, dieser Geist, und gibt sein ungares Innenleben für Deutschdämonie und sein koprolithisches Gekrumpel für Zeitgeist aus, die Polke, Penck und Baselitz und Kiefer – alles arme Verkannte, weil erbarmungslos Überschätzte – aber wer weiß, vielleicht entspringen die hier geäußerten Bedenken ja nur den Ressentiments einer weltmarktmäßig längst ins gesellschaftliche Outback abgedrängten Kunstgattung.

Dreizehn deutsche Dichter also noch einmal, und wenn «deutsch», so ausnahmsweise mal keine teutonischen Dröhnbässe oder odenwäldlerische Bärenhäuter. Daß man die meisten von ihnen bisher ein bißchen flach anvisiert hat, hängt vielleicht ebenfalls damit zusammen, daß ihnen Vaterland und Mutterboden nicht wie lehmige Klumpen an den Hacken kleben. Wer bei Heinrich Heine auf ewig und drei Tage den «revolutionären Freigeist» assoziiert und wem bei Thomas Mann nur gerade der «Parodist und Ironiker» einfällt, bei Tucholsky das «Herz mit Schnauze», bei Kästner das Wort «Gebrauchslyrik», bei Arno Schmidt der «Wortmetz», bei Gottfried Benn «Das Gedicht, an niemanden gerichtet» und bei Ringelnatz «Publikum noch stundenlang / wartete auf Bumerang», tritt ja nicht bloß Allgemeinplätze fest;

er dringt weder in die Komplexität einer Einzelerscheinung ein noch über sie zu den allerdings komplexträchtigen deutschen Verhältnissen vor. Was sich bei unseren unterschiedlichen Protagonisten an charakteristisch gebrochenen Identitäten, verklemmten Nervenfäden, schiefen Sozialisationsansätzen und ressentimentalen Schräglagen feststellen läßt, hängt aufs merkwürdigste mit deutscher Geschichte und deutscher Heimatkunde zusammen, ein Wolfgang Borchert so unverwechselbar deutsch wie ein Guntram Vesper oder ein Werner Riegel und ein Bertolt Brecht so gut wie ein Arno Schmidt oder ein Karl Krolow oder ein Robert Gernhardt. Obwohl man im Rahmen unseres Freundeskreises vergebens suchen wird, was uns die Deutschmeister eines neuen Irrationalismus gerade in effigie vorqualmen, bleibt es verwunderlich, daß bei diesem eher links und lichtseitig orientierten Flügel der deutschen Nationalliteratur dennoch nicht Aufklärung das letzte Wort behält. Was sich als verbindende Kennungslinie über den Häuptern unserer Lieben abzeichnet, ist ein merkwürdig gebrochenes und fluoreszierendes Licht, sagen wir einmal eine Art von St.-Elms-Feuer, das an allen Ecken, Kanten und Nasenspitzen auf die besonderen atmosphärischen Spannungen in einem besonderen Teil der Erde verweist; aber wie der alte Meyer schon sagte, «es beruht auf der Ausgleichung entgegengesetzter Elektrizitäten», und das kann man dann schon wieder als besonders schöne Umschreibung des Begriffes *Artistik* lesen. Nichts für ungut, es ist und bleibt in unseren Landen ein Fremdlingswort, und mit der Verachtung von Fremdwörtern beginnt bekanntlich die Xenophobie.

Erstveröffentlichungen

Suppentopf und Guillotine – zu Heinrich Heines Frauengestalten
HEINE-JAHRBUCH 1985, Hamburg (Hoffmann und Campe Verlag) 1985
(Rede zur Verleihung der Ehrengabe der Heine-Gesellschaft, 1984)

Thomas Mann oder die Lust an der Angstpartie
Frankfurter Allgemeine Zeitung, 15.2.1986, unter dem Titel «Mein neuer Zeitvertreib. Thomas Mann». Auch in «Was halten Sie von Thomas Mann? Achtzehn Autoren antworten», herausgegeben von Marcel Reich-Ranicki, Frankfurt (Fischer Taschenbuch Verlag) 1986

Joachim Ringelnatz, das vervielfachte Original
Frankfurter Allgemeine Zeitung, 28.2.1976, unter dem Titel «Von Kuttel Daddeldu kam er nicht los. Joachim Ringelnatz, das vervielfachte Original»

«Und aller Fluch der ganzen Kreatur» – Gottfried Benn zum 90. Geburtstag
Frankfurter Allgemeine Zeitung, 19.6.1976

Gottfried Benn 100 Jahre oder «teils-teils das Ganze»
Deutsches Allgemeines Sonntagsblatt, Köln, 6.7.1986
(Rede vor der Bayerischen Akademie der Schönen Künste, April 1986)

Einkreisung im Exil – Kurt Tucholskys «Briefe aus dem Schweigen»
Frankfurter Allgemeine Zeitung, 9.4.1977, unter dem Titel «Tucholskys Krankheit und die deutschen Zustände»

Vom Liebes- und vom Lehrgedicht – zur Lyrik Bertolt Brechts
Frankfurter Allgemeine Zeitung, 26. 3. 1983, unter dem Titel «Freche Kußhände aus der Luftschaukel. Bertolt Brechts ‹Gedichte aus dem Nachlaß›». Auch als Nachwort zu «Bertolt Brecht, Gedichte», Stuttgart (Deutsche Verlagsanstalt) o.J.

Gesang aus dem Inneren der Larve – Rede auf Erich Kästner
Süddeutsche Zeitung, München, 3./4.3.1979, unter dem Titel «Rationalist und Romantiker. Verteidigung von Kästners linker Melancholie». Auch als Nachwort zu «Erich Kästner, Gedichte», Frankfurt/M. (Bibliothek Suhrkamp) 1981
(Rede aus Anlaß der Verleihung des Preises der Erich-Kästner-Gesellschaft 1979)

Bausteine zu einem Arno-Schmidt-Denkmal
Frankfurter Allgemeine Zeitung, 12.7.1986, unter dem Titel «Wu hi – ein Deckname als Programm. Der Aufklärer in der Rolle des Spurenlesers: Arno Schmidt»
(Rede aus Anlaß der Verleihung des Arno-Schmidt-Preises 1986)

Die Körpersprache der Poesie – Rede auf Karl Krolow
Frankfurter Allgemeine Zeitung, 8.10.1988
(Laudatio auf Karl Krolow bei der Verleihung des Friedrich-Hölderlin-Preises)

Über das Fressen und die Moral – zu einem Leitmotiv bei Wolfgang Borchert
Nachwort zu Wolfgang Borchert, «Die traurigen Geranien und andere Geschichten aus dem Nachlaß», Reinbek bei Hamburg (Rowohlt) 1962, und «Literaturmagazin 7», Reinbek bei Hamburg (Rowohlt), Juni 1977

Werner Riegel – «beladen mit Sendung, Dichter und armes Schwein»
Einleitung zu «Werner Riegel», Zürich (Haffmans Verlag) 1988

Vom großen Gerneklein – zu Robert Gernhardts gesammelten Satiren
Frankfurter Allgemeine Zeitung, 2.2.1985, unter dem Titel «Sittenstücke von der bleibenden Sorte. Robert Gernhardts gesammelte Satiren»

In Entsagung gefaßt – zum Gedichtband «Die Illusion des Unglücks» von Guntram Vesper
Frankfurter Allgemeine Zeitung, 7.3.1981, unter dem Titel «Von der Unruhe des Kopfes. Guntram Vespers Gedichtband ‹Die Illusion des Unglücks›»